대입 논술 완전정복

논술 짱 도전하기

매일경제 교육팀
대성논술아카데미 공저

매일경제신문사

우리나라의 입시 환경은 늘 급변해 왔습니다.

특히 2008학년도 입시부터 우리 수험생들에게 뜨거운 감자로 다가온 것이 바로 통합 교과형 논술고사의 본격적 도입입니다.

2008학년도 입시에서는 학생부와 수능에서 9등급제가 시행됩니다. 이는 점수를 없애고 모든 학생의 학생부와 수능 성적을 9개 등급으로만 구분하여 나타내는 제도입니다. 그런데 학생부 9등급제는 학교 간 학력차를 반영하지 못하고, 수능 9등급제는 표준점수나 백분위에 비해 변별력이 떨어집니다. 따라서 대학들은 학생부와 수능 9등급제의 문제점을 보완하기 위해 논술고사를 강화할 계획입니다.

2008학년도 입시에서 논술고사의 비중은 작년에 비해 훨씬 높아졌습니다. 금년에도 여전히 전체 전형요소 중에서는 수능 비중이 가장 크지만, 논술고사의 비중 역시 무시할 수 없을 정도로 높습니다. 2학기 수시 모집의 일반전형에서는 서울 소재 주요 대학들이 논술고사 성적을 50% 이상 반영합니다. 또한 정시모집에서는 논술고사 성적을 10% 반영하는 대학들이 많습니다.

지난 20여 년간 입시전문가로서 수많은 수험생 및 학부모들의 고민을 경청해 온 본인의 경험에 비추어 볼 때, 대다수 수험생들이 늘 그 중요성은 인식하고 있으면서도 막상 어떻게 준비해야 할지 갈피를 잡지 못하고, 결국 준비도 제대로 하지 못한 채 시험을 치르게 되는 것이 바로 논술 고사라는 것입니다.

그럼에도 불구하고, 그런 수험생 및 학부모들의 고민에 대한 조언을 드릴 때마다 막상 시중에 나와 있는 수많은 논술 교재 가운데에서 선뜻 도움이 될 만한 교재를 추천하기는 쉽지 않았습니다.

특히 난해한 배경 지식이나 막연하기 짝이 없는 원칙들만 나열하는 식의 추상적인 교재 및 강좌들의 범람으로 인해, 오히려 많은 수험생들이 더 혼란스러워하고 자신감을 잃고 있는 것은 심히 안타까운 현실입니다.

이러한 상황에서 대성논술아카데미와 매일경제신문사가 공동으로 《논술짱 도전하기》를 발간하게 되었음은 크게 반가운 일입니다.

본인 역시 그동안 매주 매일경제신문에 연재돼 온 '술술논술'을 애독해 온 독자 가운데 한 사람입니다. 기본 이해부터 주제 학습, 그리고 실전 훈련에 이르는 체계적인 지상(紙上)강좌를 접할 때마다, 세심한 부분까지도 구체적이고 상세하게 알려주는 그 놀라운 '날카로움'에 그간 답답했던 가슴 한구석이 뻥 뚫리는 듯한 후련함을 느꼈습니다.

대성논술아카데미의 정원석 본부장을 비롯한 수많은 강사진과 연구진들은 우리나라 입시에 처음 논술이 도입되었던 원년으로부터 10여 년간을 오로지 논술 하나만을 연구하고 지도해 온 이 시대의 '진짜' 논술 전문가들입니다.

그러한 '대한민국 대표' 전문가들이 모여 '논술이란 무엇인가?', '논술은 어떻게 채점되는가?'하는 기본 이해에서부터 '어떻게 하면 논리적인 논술을 작성할 수 있는가?', '어떻게 하면 창의적으로 내용의 깊이와 폭을 확보할 수 있는가?', '어떻게 하면 감점 요인을 최소화하여 높은 평가를 확보할 수 있는가?' 하는 구체적 방법까지, 바로 학생들의 옆에서 직접 지도하듯이 체계적으로 담아낸 것이 바로 이 책입니다.

이제 수험생들의 고민을 크게 덜어드릴 수 있는 실전 논술 교재가 탄생하게 되었습니다. 수험생 여러분들 이제 더 이상 '논술'을 두려워하지 않으셔도 됩니다.

전국 수석을 차지한 어떤 학생은 말했습니다.

"할 수 있는 사람과 할 수 없는 사람이 따로 있는 것이 아니다. 단지 누가 더 적극적으로 먼저 시작하는가의 차이일 뿐이다"라고 말이죠.

여러분들 모두 과감한 선택과 도전을 통해 자신 있게 '논술고사'에 도전하기를 기원합니다.

대성학원 평가이사
이영덕

✳ ✳ 감사의 글

'논술'이라는 한 단어에 참으로 많은 의미가 숨어있는 것 같습니다. 시험과목으로서의 논술에는 한국 교육정책이 수십 년간 빚어낸 무수한 오류들이 함축돼 있고, 일반적 의미의 논술에는 우리가 살아가는 세상의 복잡한 변화들이 내재되어 있습니다.

지금까지도 우리 교육정책에 대해 많은 사람들이 다양한 논쟁을 하고 있습니다. 물론 논술고사는 싫든 좋든 대학진학을 희망하는 학생들에게 피할 수 없는 현실이고, 거쳐야 할 관문입니다. 당연히 못하는 것보다는 잘하는 게 훨씬 낫겠지요.

논술이라는 단어에 '세상의 복잡한 변화'가 내포되어 있다고 한 것은 우리 실생활과 관련된 이야기입니다. 사람은 누구나 성장해가면서 더 합리적이고 더 과학적인 판단을 하려고 합니다. 인간은 혼자 살 수 없고, 여러 구성원이 함께 모여 살아가기 때문입니다. 많은 사람들이 모인 사회에서 나를 지켜내는 최선의 방법은 '강력한 주먹'이 아니라 '상대를 설득하는 논리력'이라는 말입니다.

더욱이 21세기는 디지털 세상입니다. 이른바 '좌뇌(左腦)사회'라고도 하지요. 세상이 컴퓨터처럼 움직이니 변화의 속도 역시 과거보다 훨씬 빨라지고 변화의 양태도 다양해지고 있습니다. 이러한 숨 가쁜 변화 속에서 좀 더 논리적인 사고를 하려면 과거보다 훨씬 더 많은 지식과 지혜를 습득해야 합니다. 그러니 꼭 입시정책의 변덕이 아니더라도 논술고사가 점점 중요해지는 것은 당연한 현상이라는 생각을 합니다.

사실 개인적으로는 감성과 낭만이 넘치는 '우뇌(右腦)사회'를 더 좋아합니다. 아리스토텔레스가 말한 물, 불, 흙, 공기의 4원소를 뛰어넘어 인간세상을 완성시키는 제5원소는 틀림없이 '사랑'같은 아날로그적 감성일 것입니다.

하지만 그건 어디까지나 다른 차원의 이야기이고, 우리의 현실은 현실대로 받아들여야겠지요. 체계적이고 합리적인 사고를 키우는 교육은 모두에게 필요한 일입니다.

그래서 우리는 사회현상을 논리적으로 바라보는 기술을 훈련해야 합니다. 생각하는 방식이 모호해서는 얽히고설킨 수많은 이해관계를 풀어갈 수가 없습니다. 그런 기술을 '디지털 사고방식(Digitalized Way of Thinking)'이라고 부르고 싶군요. 색깔이나 모양조차도 0과 1 단 두 개의 숫자로 표현해내는 컴퓨터처럼 말입니다. 사람이 컴퓨터처럼 살 필요는 없지만 어쨌든 '논리적 인간'이 된다는 것은 멋진 일이고 도전해볼 만한 가치가 충분하겠지요?

이 책이 여러분의 손에 쥐어지기까지는 많은 사람들의 노고가 있었습니다. 대성논술아카데미 강사님들과 매일경제신문의 기자들이 심혈을 기울인 작품입니다. 정말 눈코 뜰 새 없이 바쁜 와중에도 이런 멋진 책을 엮어낸 분들에게 진심을 담아 감사드립니다. 이 책이 수험생 여러분에게 좋은 길잡이가 되길 바라며, 멋진 파이팅을 기대합니다.

매일경제신문 사회부장
이동주

본 교재의 집필은 이런 생각으로부터 출발했다.

우리의 입시 환경에 '통합 교과형 논술'이라는 새로운 패러다임이 도래했다.
이러한 과도기일수록 혼란과 시행착오를 피하기 위해 가장 근본적인 것부터 반추해 보는 것이 필요하다.

과연 논술이란 무엇일까?

그 해답을 얻기 위해서는 '논술에 정답이라는 것이 존재할까?'라는 보다 근원적인 의문부터 되짚어 보는 것이 좋겠다.

혹자는 말한다. "논술에 정답은 없다. 논술은 창의력이다"라고.
물론, 비단 논술뿐만 아니라 모든 학문적 활동이나 창작 활동에 정답이란 있을 수 없다. 더욱이 현대는 다양한 가치가 공존하는 다원주의적 시대다. 근래 교육계에서는 과거의 주입·암기식 교육 환경에 대한 반성으로 획일화를 지양하고 있다. 게다가 논술의 평가 요소 가운데서도 창의력 항목이 가장 큰 비중을 차지한다. 학생 개개인의 역량에 따라 편차가 가장 크게 벌어질 수 있는 항목이기 때문이다.

하지만 논술이 오직 창의력만을 평가받는 글이라고 착각해서는 안 된다. 창의성과 독창성이라는 요소는 객관적 평가에 한계가 있기 때문이다. 가령 똑같이 기술된 내용이라 할지라도, 어떤 학생의 경우에는 그 출처가 기억력일 수도 있고, 다른 학생의 경우에는 독창적 발상일 수도 있다. 즉 '독창적이다, 아니다' 하는 가늠은 제3자가 확단할 수 있는 영역의 것이 아니다.
게다가 완전히 독창적인 사고란 현실적으로 거의 불가능한 일이다. 기본적으로 한 개인이 현재 사고하고 있는 능력 자체가 이루 헤아릴 수 없이 많은 외부 정보의 영향과 도움을 받아 형성돼 온 것이기 때문이다. 결국 '어느 정도까지를 독창적인 것으로 인정해야 하는가'라는 기준 역시 애매모호할 수밖에 없다.

단기간에 다수의 수험생들을 공정하게 평가하기 위한 입시 수단으로서의 논술 고사는, 필연적으로 좀 더 표준적인 평가 기준을 전재할 수밖에 없다. 즉, 논제를 통해 '정답'은 아닐지라도 최소한 정답의 '기준'만큼은 제시하게 마련이다. 만약 논술이 '정답'의 기준을 기본 전제로 요구하지 않는다면, 누구나 훌륭한 논술문이나 논문, 교과서 등을 여러 편 외워두었다가 출제된 문항과 유사한 소재의 내용을 선택해 옮겨 적는 것만으로도 충분히 만점을 받을 수 있을 것이다. 그런데 과연 그럴까?

그렇지 않다. 논제 및 제시문을 정확히 '이해·분석'하고, 그 정답의 '기준'에 부합하는 '주제성'을 확보했을 때 비로소 그 논술은 평가의 대상이 된다. 결국 출제자의 의도를 벗어나지 않는 한도 내에서 '창의적'이어야 한다는 것, 그것이 바로 입시 논술의 기본 전제다.

또한 너무나 당연한 말이지만, 구술이 '말하기'이듯 논술은 엄연히 '글쓰기'다. 동시에 입시 논술은 문예적 재능을 평가하는 백일장도, 현학적 소양을 평가하는 논문 심사도 아니기에, '글쓰기' 능력에 대한 평가는 논리적 서술 능력에 초점을 맞춘다. 훌륭한 논술을 작성하기 위해서 인문·자연 계열을 막론하고 선명한 의사 표현 능력 및 조리 있는 서술 능력부터 키워야 하는 이유가 바로 여기에 있다.

본 교재의 구성은 다음과 같다.

본 교재의 기본 목표는 철저히 '실제적'이고, '실전적'이어야 한다는 것이다. 그 골자를 이루고 있는 강의들마다 대체로 다음과 같은 목표를 지향하고 있다.

무결점 논술

매사에 기본기가 중요하다는 격언은 비단 스포츠계에서만 통용되는 것이 아니다. 적어도 '논술 공부를 제대로 해 보겠다', '논술짱이 되어 보겠다'라는 목표를 세웠다면, 기본 개념부터 정확하게 이해해야 한다.

학생들마다의 각기 다른 능력과 입장들을 초월해 논술에서 가장 '우수한 평가'를 확보하기 위한 최선의 길이 있다. 바로 '논술의 기본 개념과 세부적인 평가 항목부터 정확히 이해하고, 불필요한 감점 요인을 줄여나가는 것'이다.

논술짱 도전하기

철학서나 다름없는 교재, 추상적인 강의들이 범람할수록 수험생들은 더 목마르다. 이제 논술 달인에게서 직접 노하우를 전수받자. 논제 분석에서 제시문 분석, 개요 작성에서 논술 작성에 이르기까지 도대체 '어떻게' 논술을 작성해 나가야 할지 구체적으로, 상세하게 배울 수 있다. 더 이상의 시행착오는 없다.

교과 연계 시사이슈 스크랩

통합 교과형 논술에 대비하기 위해서는 교과적 지식과 현실적 문제점과의 연관을 통해 사고의 확대를 꾀하는 창의적 사고력을 키워야 한다. 만약 교과 과정 공부에 쫓겨 사정이 여의치 않다면 차선책이 여기에 있다. 시사 이슈를 통해 교과과정의 핵심을 정리하고 심화된 주제 학습까지 동시에 해결하자.

시각적 자료 분석의 비결 익히기

통합 교과형 논술의 차별화된 특징 가운데 하나는 각종 양식의 텍스트는 물론 도표나 통계자료, 그림 등 다양한 형태의 시각적 자료까지 제시문으로 활용한다는 것이다. 오감(五感)을 총동원해 어떠한 자료도 해석해 낼 수 있는 훈련법이 여기 있다. 현상과 원리를 연결짓는 메타적 사고력을 키우자.

이 책을 활용하는 수험생들은 직접 강사에게 일대일 지도를 받는다는 기분으로 학습에 임할 때 더 큰 효과를 거둘 수 있다.

자, 이제 편한 마음으로 첫 장을 펴도록 하자.

대성논술아카데미 본부장

정 원 석

❋❋❋ 집필진 소개

매일경제 교육팀 **황형규 기자** 연세대 경영학과 졸업
서울대 대학원 경영학과 석사
매일경제 산업부, 지식부, 경제부를 거쳐 현재 사회부 교육팀장
저서: 《미션 20,000달러》(공저) 《율곡 한국경제를 꾸짖다》(공저) 《머니워킹코리아》(공저)

박준모 기자 연세대 경영학과 졸업
매일경제 증권부, 금융부와 뉴욕연수를 거쳐 현재 사회부에서 활동 중
저서: 《금융 IQ를 높이자》(공저) 《주식투자 IQ를 확 높이자》(공저)

이소아 기자 서울대 경영학과 졸업
매일경제 사회부

김대원 기자 고려대 경영학과 졸업
매일경제 사회부

대성논술아카데미 **정원석** 고려대 법과대학 졸업
1996년~2006년 대성학원 논술 첨삭지도팀장
전국 수석·차석 합격자를 비롯해 대성학원생 연 인원 2만 7,000여 명 첨삭 지도
대성 전국모의고사 출제 위원
〈논술과 면접〉 집필 위원
논술모의고사 예시답안 및 해제 200여 편 저술
대성논술아카데미 본부장
매일경제신문 〈술술 논술〉 주간

정재원 서울대 원자핵공학과 졸업
서울대 법과대학 졸업
대성논술아카데미 연구원
매일경제신문 〈술술 논술〉 필진

박민건 서울대 법과대학 졸업
대성논술아카데미 연구원
매일경제신문 〈술술 논술〉 필진

김기량 서울대 법과대학 졸업
대성논술아카데미 연구원
매일경제신문 〈술술 논술〉 필진

조관형 성균관대 철학과 및 동대학원 졸업
대성학원 수험논술 연구원
매일경제신문 〈술술 논술〉 필진

Part I '논술' 바로 알기

Part II 실전 know-how 익히기

Part Ⅲ 세상을 읽고 창의의 나래 펴기

부록 : 대학입시와 논술 대비전략

'논술' 바로 알기

논술이란 무엇인가?(공통)
-기본 개념, 구성 편

1. 개념부터 정확히 알자

창의성과 논리력이 중요하다는 것은 삼척동자도 안다.

논술을 준비하는 수험생들은 늘 목마르다. 과연 논술을 잘 쓸 수 있는 비결은 무엇일까?

하지만 수많은 논술 참고서나 기사들을 보아도 언제나 그 대답은 약속이나 한 듯이 두루뭉술할 뿐이다. 바로 '논리적이고 창의적으로 논술을 작성하라'는 것이다. 하지만 그런 대답에 수험생들은 오히려 더 답답하다.

"누가 그걸 모르나? 그런데 도대체 어떻게 하면 그렇게 할 수 있는지…. 그 방법이 있다면 누가 제발 구체적으로 좀 알려줘~!"

수험생들에게 필요한 것은 공허하기 짝이 없는 추상 원론적 방향 제시 따위가 아니다. 바로 구체적인 방법론이다.

왜 '무결점(無缺點) 논술'일까? 입시의 수단으로 작성되는 논술은 과연 어떤 기준으로 평가되는 것일까?

많은 학생들이 논술이 항목별로 세부적으로 구분된 가점(加點) 단계에 의해 평가가 이루어지는 것으로 혼동하고 있다. 하지만 우리나라 입시에 논술 시험이 주요 수단으로 등장하게 된 1994년 이래 주요 대학들이 실제 논술 채점에 사용하는 채점 기준표를 분석해 보면 오히려 대부분의 항목들이 감점(減點) 단계로 구성되어 있음을 알 수 있다. 심지어 사고력이나 창의력과 같은 추상적인 범주의 평가 항목조차 말이다.

다시 말해 입시에서 논술이란 가점 항목이 아닌 감점 항목에 의해 평가되는 시험 유형이다. 게다가 논술에 있어 가장 중요한 평가 항목인 사고력과 창의력 영역만큼은 타율적 교육에 의한 몫보다는 독서 등 학생 스스로의 자율적 노력에 의해 장기적으로 계발되어야 할 몫이 더욱 큰 것이 사실이다.

그렇다면 현시점에서 학생들마다의 각기 다른 능력과 입장들을 초월해 논술에서 가장 '우수한 평가'를 확보하기 위한 최선의 길이 있다면 무엇일까?

바로 '논술의 기본 개념과 세부적인 평가 항목부터 정확하게 이해하고, 불필요한 감점 요인을 줄여나가는 것'이 첩경일 것이다.

A학생이 작성한 글에 대해 친구인 B학생이 "이 글은 논지에서 빗나갔어"라고 지적했다고 가정하자. 과연 그 지적은 정확한가? 사실관계를 따지지 않고서도 바로 그 답을 말할 수 있다. "아니오"라고 말이다.

그렇다면 어떻게 A학생의 글은 읽어보지도 않고 바로 B학생의 지적이 잘못되었다고 판단할 수 있을까?

그것은 바로 A학생의 글과는 별개로 '글이 논지에서 빗나가다'라는 B학생의 표현 자체가 이미 어불성설(語不成說)인 잘못된 표현이기 때문이다. 그렇다면 이 표현의 어떤 점이 잘못된 것일까? 그 답은 '논지'의 개념을 정확히 이해하게 되면 쉽게 찾을 수 있을 것이다.

이처럼 우리는 주변에서 논술과 관련된 기본 용어나 개념조차 잘못 이해하고 혼동해 사용하는 경우를 쉽게 발견할 수 있다. '매사에 기본기가 중요하다'라는 명언은 비단 스포츠계에서만 통용되는 것이 아니다. 적어도 '제대로 논술을 준비해 보겠다', '논술짱이 되고 말겠다'라는 분명한 목표를 세웠다면, 적어도 논술의 기본부터 착실하게 익히기 위한 경로로 주요 용어와 개념부터 정확히 재인식하려는 각오가 필요하다.

(1) 주요 개념만 이해해도 '논술'이 보인다

'논술짱'이 되기 위한 첫걸음은 논술의 기본 개념과 세부적인 평가 항목부터 정확히 이해하고, 불필요한 감점 요인을 줄여나가는 것임을 강조했다. 그 첫 걸음으로 논술에서 사용되는 주요 용어들에 대한 개념부터 본격적으로 학습해 보자.

1) 논제

우리는 회의나 세미나 등의 활동에서 흔히 '논제'라는 용어를 사용한다. 그럼 논술에 있어서의 '논제'란 무엇을 말하는 것일까?

상당수 학생들은 물론 선생님들조차 '논제'의 의미를 정확히 이해하지 못하고

'주제'라든지 '화제', '의제' 등의 의미와 혼동하고 있다. 그렇다면 '논제'의 정확한 의미는 무엇일까? 답은 아주 간단하다.

'논제'란 바로 출제자가 특정한 논술을 요구하는 문장, 다시 말해 '문제' 자체를 지칭하는 용어다. 더 쉽게 말해 '논제'란 다름 아닌 '논술 문제'를 두자로 줄인 용어라고 기억해 두면 더 이상 혼동은 없을 것이다.

2) 논점

그동안 각 대학에서 출제되어 온 논술 문항들은 대체로 제시문이나 시각적 자료에 대한 독해나 해석부터 요구하고 이를 특정 사회 현상과 연관지어 평가 · 응용하게 한 후 대안 모색의 논의 단계로까지 발전시키는 형태를 취해 왔다. 이처럼 논의의 범주나 관점, 단계별로 논제가 요구하고 있는 세부적인 논의점들을 '논점'이라고 한다.

따라서 하나의 논제 속에 두 개 이상의 '논점'이 포함될 수도 있다는 점을 늘 염두에 두어야 한다. 논제를 접했을 때는 먼저 '논점1, 논점2…'하는 식으로 논점이 모두 몇 개인가부터 크게 분류해 본 후에 비로소 세부적인 논제 파악에 들어가는 습관을 갖도록 하자. 그래야 어느 한 논점을 빠트리거나 논점 간의 논의가 불균형해지는 등의 심각한 오류를 피할 수 있다.

3) 주제

어떤 서술에 있어 일관된 관점과 의식이 총체적으로 내재되어 있다면 그것이 바로 그 글의 '주제'다. 그렇다면 논술에서도 이처럼 일관된 관점만 확보한다면 주제성을 인정받을 수 있을까?

논술은 엄연히 '주어진 문제에 대한 답을 서술하는 양식의 시험'이기 때문에 그것만으로는 부족하다. '논제'가 요구하는 세부적 논의점, 다시 말해 '논점'에 부합하는 논의 대상은 물론 논의 관점과 범주, 그리고 단계에까지 정확히 부합하는 일관성을 확보했을 때 비로소 논술로서의 주제성을 인정받게 된다는 점을 명심하자.

가령 논점은 사실 관계를 분석하는 '사실판단' 단계의 논의를 요구했는데, 주관적 해석·평가가 개입된 '가치판단'의 단계로 논의가 확대된다든지, '방안(구체적 방법론 모색의 범주)' 단계의 논의를 요구했는데, 포괄적 '방향' 제시 수준에 논의가 머무는 등의 미묘한 차이로 인해 출제자의 요구와 전혀 동떨어진 주제의 논술이 되는 경우가 허다하다.

➡ 논점 파악에 있어 논의 '단계' 및 '범주'의 파악에 세심하고 각별하게 유의하자.

과거 인문 논술 유형('~을 논하시오')과는 달리 2008학년도부터 출제되는 '통합교과형 논술'은 세분화된 논의 성격을 요구함을 명심하자. 가령 주요 대학의 기출 및 예시 문항에 등장하는 '구상하라', '기술하라', '요약하라', '반론하라', '설명하라', '비판하라', '방안을 제시하라', '대책을 마련하라', '해설하라', '추정하라', '예측하라', '비교하라', '밝히라', '해석하라' 등과 같은 다양한 서술 성격을 구분하지 못하고 막연히 '논술하라' 정도로 두루뭉술하게 인식한 채 논술 작성에 임한다면, 출제자가 요구하는 글의 성격조차 모르면서 마음대로 답안을 작성하는 것과 마찬가지다.

일단 상기한 논의 성격들에 대해서부터 반드시 개념을 정리해 기억하자. 또한 되도록 많은 논제 훈련을 통해 여러 논의 성격들을 빠짐없이 접해봄으로써 어떠한 논의 성격을 요구하더라도 대응할 수 있도록 준비하자.

➡ '논점'을 파악할 때는, '무엇을' 뿐만 아니라, '어떻게' 논하라고 요구하는지 그 논의 성격까지 정확히 파악하는 것이 기본 중에 기본임을 선명히 인식해 두자.

우리나라의 입시 논술에서 논제와 함께 반드시 결부되는 것이 바로 제시문과 같은 '텍스트 자료' 또는 그림이나 도표 등과 같은 '시각적 자료'이다. 그런데 논제 파악에 있어 학생들은 그저 '제시문을 활용하라고 요구했구나'라는 막연한 이해 정도에 그치는 경우가 많다. 이 또한 큰 감점을 만들 수 있는 요인이다.

➡ 논제의 제시문 활용 조건에도 대단히 다양한 정도 차이가 있다는 점을 깨닫자. 가령 제시문을 '바탕(또는 '토대')으로 할 것'과 '근거할 것', '고려할 것(또는 '염두에 둘 것')', 그리고 참조(또는 '참고')할 것' 등의 문구 각각은 서로 엄연히 다른 결부 정도를 요구하고 있는 것이다(결부 정도가 강한 표현부터 약한 표현 순으로 나열).

(2) 논술을 이루는 '뼈'와 '살'은 무엇일까?

논술의 구성 요소라고 할 수 있는 '논지'와 '논거', 그리고 핵심 요건이라 할 수 있는 '논리'의 개념에 대해 학습해 보도록 하자.

1) 논지

'논지'란 용어 자체가 '말하고자 하는 뜻'으로 풀이되기 때문에, 많은 이들이 이를 논술 전체를 관통하는 '주제' 정도의 추상적 범주의 개념으로 혼동하고 있다. 하지만 논술에서 사용되는 용어로서의 '논지'란 좀 더 구체적 범주의 용어로 이해될 필요가 있다.

바로 논술을 이루는 문장들 가운데 글쓴이의 '주장'이나 '해석', '견해' 등에 해당되는 문장, 다시 말해 글쓴이의 주관을 직접적으로 표현하는 문장들 하나하나가 모두 '논지'에 해당한다.

2) 논거

단편적 주장만 나열해서는 타인을 설득하기 힘들다. 하물며 논리가 생명인 논술에 있어서 '논지'만으로는 부족하다. 그렇다면 필요한 것은 무엇일까?

바로 주장에 설득력을 확보해 주는 '뒷받침 서술'일 것이다. 이처럼 어떠한 논지를 뒷받침하는 '근거'에 해당하는 서술 부분을 바로 '논거'라고 한다. 특히 논거는 구체적 사례 제시를 지칭하는 정도의 단편적 범주의 용어로 혼동되는 경우가 많은데, 논거란 논증을 형성하는 서술 전체를 지칭하는 '포괄적' 범주의 용어임을 꼭 기억해 두자.

그런데 어떠한 글에 주장만 있고, 그 근거가 빈약하다면 설득력을 확보하기 어렵다. 반면 구체적인 설명은 장황한데 정작 주장하고자 하는 바가 선명하지 않다면 주제를 상실한 글이 될 것이다. 결국 논술에 있어 논지와 논거는 바늘과 실처럼 떼려야 뗄 수 없는 유기적 결합 관계라는 점을 분명하게 인식하자.

3) 논리

'주제'가 논술의 '목적'이라면, '논리'는 논술의 '이유'다. 그렇다면 이렇게 중요한 '논리'라는 추상적 영역은 도대체 어떤 기준으로 평가받는 것일까?

'논리'는 다름 아닌 '논지와 논거의 결합에서 확보되는 조리 타당성(표현하고자 하는 내용을 정확한 문장으로 선명하게 표현해 낼 수 있는 문장력이 뒷받침되어야 한다)' 및 '단락 구성의 체계성'이라는 두 가지 측면에서 평가된다는 것을 반드시 기억해 두자. 이에 대해서는 차후 '기본 구성' 및 '논증'편에서 좀 더 상세히 살펴보도록 하겠다.

- 어떠한 주장이나 뜻을 표현할 때는 그 취지나 뜻을 간단명료하게 전달하는 데 초점을 맞추게 마련이기 때문에 논지는 자연스럽게 일반론 범주의 문장으로 표현되는 경우가 많다. 반면 어떠한 주장에 신빙성을 확보하기 위해서는 당연히 상세한 설명을 보충하게 마련이므로 논거는 구체적인 현상론 범주의 문장인 경우가 많다는 점을 명심하자. 또한 논지는 주관적 가치판단 범주의 서술임에 비해 논거는 객관적 사실판단 범주의 서술일수록 신빙성을 확보하는 데 효과적이라는 점도 꼭 기억해야 한다.
- '논지'는 논술의 주제 형성에 토대가 되는 중심 문장들인 반면, 논거란 논지를 도와 논술을 완성시키는 재료가 되는 문장들이다. 따라서 '논술'을 '몸통'이라는 전체에 비유하자면 논지는 '골격', 논거는 '살'이라는 구성요소에 해당되는 것으로 기억하자. 이 비유를 기억해 둔다면 이후 '개요작성' 편의 강의도 쉽게 이해할 수 있을 것이다.

확인 학습

이제 앞서 언급한 "이 글은 논지에서 빗나갔어"라는 지적이 왜 잘못된 것인지 이해할 수 있을 것이다. 논술을 이루고 있는 문장 가운데 학생의 주관적 의사가 담긴 문장들이 모두 '논지'에 해당하는데 '글'이라는 전체가 개별적 구성요소에 불과한 '논지'에서 '빗나가다'라는 표현 자체가 이미 관념적으로나 현상적으로 성립될 수 없는 것이다. 물론 그 역의 표현은 성립될 수 있다. "이 '논지'는 '논제'가 요구한 '논점'의 △△(논의 대상, 범주, 관점, 단계, 성격 등)로부터 벗어났어" 정도로 말이다. 이제 이해가 가는가?

논술의 개념

전제

논술은 엄연히 주어진 문제(논술에서는 이를 '논제'라 칭함)에 대해 글로 답을 서술하는 형식이다.

10여 년간 논술고사를 시행해온 각 대학의 가장 큰 고민은 추상적인 범주의 논술 문제를 출제해 오다 보니, 사실상 객관적이고 공정한 평가가 어려웠다는 것이다. 따라서 '답'이 전제된 유형의 논술 문제를 출제함으로써 누가 평가해도 동일한 객관적 평가가 가능한 형태로 논술을 출제하는 것이 불가피한 선택이다.

게다가 '교과 영역별 통합 논술'의 환경에서는 교과 영역이 중심이 되다 보니, 자연계 논술의 경우 본고사 부활 논란까지 낳을 만큼 '답'으로서의 서술 성격이 강화되고 있다.

> ➡ 논제의 세부적 논점이 요구하는 논의 대상은 물론, 논의 관점(주로 논제가 제시문 간의 연관 짓기나 별도의 요구 사항을 통해 설정함), 범주, 단계, 논의 성격, 제시문의 결부 정도 등 세부적인 사항까지 면밀하게 분석·파악해 본 후 비로소 개요 작성에 임해야 한다.

평가 요소

논술은 제시문을 비판적(반성적)으로 독해하고, 주어진 문제 상황을 창의·독창적으로 설정·해결하여, 논리적인 글로써 서술해야 하는 양식이다.

이 개념부터 정확히 인식한다면 최소한 논술의 전제와 목표들까지 선명하게 기억할 수 있을 것이다.

> **논술의 생명 : 주제성 확보**
>
> 논술에 있어서 정확한 주제성 확보는 평가의 대상이 아니다. 논술이 평가의 대상이 되기 위해 반드시 갖추어야 하는 기본 조건이다. 논제의 요구를 정확히 파악하고, 그 요구에 충실한 논술문을 작성해야 한다. 따라서 논제 및 제시문 분석에 투자하는 시간을 아까워해서는 안 된다.

논술은 '문제'에 대한 '답'으로서의 조건을 충족해야 해야 하며, 그것이 바로 논술에 있어서의 '주제'에 해당한다는 점부터 기억해 두자. 즉, 논술에 있어서의 기본 전제는 완벽한 주제성이다.

많은 이들이 논술과 관련하여 착각하고 있는 것 중 하나가, 대충 논제가 요구한 논의 대상이나 소재 정도라도 등장하면 전혀 엉뚱한 내용의 글이 아닌 이상 주제 면에서 무난한 논술이라고 오해하는 것이다. 그리고 내용적 깊이나 논리성이 우수하다면 일단 훌륭한 논술이라고 오해하는 것이다.

하지만 논술에 있어서의 기본 전제는 완벽한 주제성이다. 가령, 아무리 뛰어난 문장력, 구성력을 발휘해 훌륭한 글을 서술했다고 하더라도 정작 문제가 요구한 세부적 요구 사항에 부합되지 못해 논의가 '답'으로서의 '주제성'을 확보하지 못했다면, 아예 평가의 대상에서 제외될 수밖에 없다. 요컨대, 훌륭한 '논술'이라면 분명히 훌륭한 '글'로 평가될 것이나, 훌륭한 '글'이라고 해서 반드시 훌륭한 '논술'로 평가되지는 않는다는 것이다.

그동안 각 대학에서 출제해 온 논술 문항들은 왜 항상, 불특정한 제시문이나 자료와 결부해 독해나 해석을 요구하고, 또한 이를 특정 사회 현상과 연관지어 창의적 응용 능력을 요구하는 형태를 취하고 있을까?

그것은 바로, 암기·주입식 교육에 익숙한 우리 교육 풍토에 있어 대부분의 학생들이 주요 주제나 소재 별로 소위 '모범 답안'을 암기, 숙지하고 있다고 볼 때, 역으로 소위 '외운 답'을 쓰지 못하게 '문제' 자 체를 좀더 세분화·차별화하기 위해서라는 점을 곰곰이 숙고해 보아야 한다.

따라서 논술에 임하면 먼저 논제와 제시문을 통해 출제자가 의도하는 '답'의 방향, 다시 말해 '문제'가 요구하는 차별화된 세부적 논의 관점이 무엇인지부터 꼼꼼히 분석하는 작업이 반드시 선행되어야 한다.

> **논술의 목표**
>
> **논술의 차별성 확보를 위한 핵심 : 독창·창의적 능력 발휘**
>
> 일단 '문제'에 대한 '답'으로서의 주제성을 확보해 평가 대상이 된 이후에는 평가 항목 가운 데 학생들마다 가장 편차가 벌어질 수 있는 항목이 바로 독창성, 창의성 항목이다.
>
> **논술의 귀결 : 논리성 확보**
>
> '논술'은 곧 '논리적 서술' 내지는 '논하는 서술'의 줄임말이다.
>
> 결국 '논리'적인 글쓰기로 표현해 내지 못하면 좋은 평가를 받을 수 없다.

**첫째, 독창성 및 창의성은 근본적으로 학생 스스로의 장기적인 노력에 의해 향상되는 몫이 가장 크다.
이렇게 노력하자.**

- **아는 만큼 보인다**

  그 근간은 당연히 많이 읽고, 많이 생각해 보는 것으로부터 출발한다. 또한 평소에 각종 사회현상에 대해 적극적인 호기심을 가지려고 노력하는 것 역시 기본 소양을 키우는 데 가장 효과적인 태도이다.

- **최선이 어렵다면 차선의 노력을 다하자**

  그간 준비가 미흡했고, 이제 시간이 부족하다면 사회탐구(인문계), 과학탐구(자연계) 영역의 교과서를 단기간에 다이제스트, 총정리해 보는 것이야말로 가장 효과적인 대안이 될 것이다.

- **상상력의 나래를 펼쳐라**

  지식의 습득에 머물지 말고, 응용하는 훈련이 필요하다. 가령 교과 과정에 등장하는 주요 개념이나 탐 구 과제 등을 학습할 때마다 다양한 사회 현상과 연관지어 사고를 확장해 보는 연습에 시간을 할애하 는 것이 필요하다.

둘째, 논리성을 확보하기 위해서는 최소한 다음의 세 가지 요건을 충족해야 한다.

• **정확한 표현력**

'글쓰기' 형태의 논술이든, '말하기' 형태의 구술이든 어차피 모두 의사전달을 위한 표현 양식 가운데 하나다. 또한 언어나 사회탐구 영역의 논술은 물론, 수리나 과학탐구 영역의 논술조차도 어차피 답안은 '글쓰기'를 통해 표현하는 만큼, '표현력' 역시 아주 중요한 기본 전제라는 점을 간과해서는 안 된다.

그런데 정확하고 구체적인 표현력은 비단 불필요한 감점 요인을 줄이거나 논술의 신뢰도를 높이기 위해서 뿐만 아니라, 논술의 핵심 평가 요소인 '논리' 면의 평가를 확보하는 데 있어서도 매우 중요한 요소라는 점을 명심하자.

논리적 서술을 하기 위한 전제로, 먼저 본인이 말하고자 하는 의사를 정확하고 구체적으로 표현하여 평가자로 하여금 쉽게 이해할 수 있게 하는 능력부터 갖추어야 한다. 따라서 문법과 의미 전달 면에서 정확하고 선명한 문장으로 표현할 수 있는 훈련부터 시작해야 한다.

가장 효과적인 훈련 방법은 되도록 긴 문장을 직접 쓴 후에 다시 꼼꼼히 검토해 보고, 비문인 경우 스스로 교정해 보는 훈련을 하는 것이다. 처음에는 3줄 정도에서 시작해 비문이 아닌 10줄 이상의 긴 문장을 정확히 쓸 수 있을 때까지 틈틈이 훈련해 보자.

• **논지(주장하고 자 하는 바)와 논거(그를 뒷받침하는 구체적 서술) 간의 조리 있는 결합**

논증 훈련을 해 나가자. 가장 효과적인 방법은 사회 현상으로부터 스스로 논점을 추출하여 친구나 선생님들과 능동적으로 토론, 논쟁해 보는 기회를 갖는 것이다.

• **각 단락 간의 체계적인 구조·구성 확보**

반드시 논술 작성에 앞서 상세한 개요부터 작성해 보는 습관을 갖자. 또한 개요 작성 단계에서 이미 완성도를 확보할 수 있는 개요 작성법 학습 및 훈련도 필요하다.

> **자연계 수리 및 과탐 영역 논술의 경우**
> '답'의 적절성 확보를 통해 '주제성'을, 풀이 과정의 정합성 및 체계성 확보를 통해 '논리성'을, 풀이 방법 및 과정의 독창성 정도를 통해 '창의성'을 평가받게 된다.

2. 논술의 성격과 기본 요건을 이해하자

(1) 논술의 문체와 어조

의외로 많은 학생들이 내용적으로는 충분히 훌륭한 논술을 작성했으면서도 아주 기초적인 오류로 인해 불필요한 감점을 받는다. 게다가 이 오류는 학생 스스로 자각하지 못하는 경우가 대부분이어서 첨삭 지도 등을 통해 고쳐지지 않는 한 결국 실제 입시 논술에까지 이어지는 경우가 대부분이다.

그렇다면 그 오류란 무엇일까? 그것은 다름 아닌 논술에 어울리지 않는 문체나 어조를 사용하는 것이다. 결론부터 얘기하자면, 대학 입시로서 치러지는 입시 논술은 문학, 글짓기, 수필, 논설, 연설문, 칼럼 등 여타 글쓰기 양식들과는 엄연히 다른 양식의 글쓰기다. 그렇다면 논술은 어떠한 성격을 띠어야 하는가?

1) 피해야 할 문체와 어조
① 구어체(예 : '오냐오냐 자라서…', '영 아니다…')나 축약형 표현(예 : '~게', '~건', '~걸' 등)을 삼가라

비공식적 어조는 논술의 신뢰도와 인상을 크게 저해한다. 특히 수험생들이 국적불명의 외래어나, 채팅 용어, 축약형 표현, 발음대로 표기하는 습관 등에 너무나도 익숙해진 나머지 그것이 구어체라는 것조차 자각하지 못하는 경우가 많다는 데 심각성이 있다.

② 경험적 서술 방식(예 : '어제 뉴스를 보니…')을 삼가라

주관적 표현 방식은 객관적 논증을 요하는 논술에 부적절하다. 논술은 수필, 일기 등과 같은 신변잡기적 성격의 글이 아니다.

③ '~본 적이 있는가?', '어찌 그럴 수 있단 말인가?' 등과 같이 2인칭을 염두에 둔 대화체 (감탄형, 설의형 등)를 삼가라

논술에 있어서의 감정적 어조는 비논리적 인상을 주게 된다. 논술은 다수의 독자·청자를 대상으로 하는 '사설'이나 '칼럼'도, '논설문'이나 '연설문'도 아니다. 엄밀히 얘기하자면 오로지 '평가자'만을 염두에 두고 작성해야 할 '답'일 뿐이다.

'나', '우리' 등과 같은 1인칭이나 '당신'이나 '여러분' 등과 같은 2인칭 주체가 직접적으로 드러나서도 안 된다. 또한 정서적 표현 및 주관적 어조(예 : 생각하다, 걱정스럽다, ~것 같다) 역시 삼가라. 논술은 '글짓기'도 '감상문'도 아니다.

④ 은유, 직유법(예 : '농산품 개방 문제는 FTA협상의 꽃이다', '~별처럼 많다')을 삼가라

비유는 다양한 해석이 가능한 추상적 범주의 표현 양식이다. 이는 상상력을 독해의 주된 요소로 삼는 문학(시, 소설 등) 장르에서나 권장될 뿐, 구체성을 요하는 논술에 있어서는 부적절하다.

2) 수험 논술의 바람직한 어조

수험 논술은 본질적으로 전국의 수험생들을 공정하게 평가하여 대학 입시의 기준을 삼기 위한 국가고사 가운데 하나다. 이처럼 엄중하게 평가되어야 할 시험에 대한 답을 작성할 때 공식 · 격식화된 어조를 취하는 것은 너무도 당연하다. 이를 위해서는 대체로 다음의 문체 및 어조를 취하는 것이 바람직하다.

> 첫째, 3인칭의 객관적 어조를 취하자. 가령 교과서나 백과사전 등이 서술되고 있는 시점과 어조가 바로 이에 해당한다.
> 둘째, 건조체(수사적 표현을 절제하는 문체)를 취하자. 화려체는 저속하거나 유치한 인상을 주기 쉽다.
> 셋째, 문어체를 취하자. 한글 전용 운동 등의 취지와는 별개로, 논술에 있어서만큼은 정확한 한자어를 많이 활용하는 것이 논의의 깊이와 글의 경제성 확보에 유리하다.
> 넷째, 간결체가 유리하다. 만연체 문장 서술은 선명한 의미 전달에 불리하며, 비문으로 인해 표현 면에서 감점 요인이 발생하기 쉽다.

(2) 논술의 요건 – 문법적으로 정확한 표현

1) 통합 논술에서는 언어 논술적 문법이 중요하지 않다고?

최근 필자는 우연한 기회에 공중파에서 진행된 TV 논술 특강을 잠시 시청할 기회가 있었다. 그런데 난데없이 강사가 칠판에 '나 짬뽕'이라는 문구를 적어 놓고 "이처럼 우리말은 최대한 짧게 줄여서 약식으로 표현해도 그 의미가 충분히 통용될 수 있는 언어이므로, 문법에 크게 구애받을 필요가 없다"고 강조하는 것이 아닌가.

과연 이 설명이 맞는 견해일까? 전혀 그렇지 않다.

기본적으로 '국어가 자유로운 언어'라는 해석은 격조사나 접사, 어미의 활용 등이 대단히 다양하게 발달된 국어의 기본 특성조차 이해하지 못한 데서 비롯된 오해일 뿐이다. 게다가 '문학'도 아니고 '논술'이라는 타이틀 하에서 진행되는 강좌에 있어서는 빗나가도 크게 빗나간 사견일 뿐이다.

일단 이와 같은 축약형 표현은 특정한 상황이 전제된 채 대화자 간의 제스처와 표정 등 비언어적 소통도 보충되어 그 의미 전달이 복합적으로 이루어지는 '대화'에서나 가능하다. '난 짬뽕'이라는 비문법적 표현은 '중국 음식을 주문할 때'라는 특정한 상황에 한해, 그것도 '대화'로서만 통용될 수 있는 것이다.

반면 부가적 요소는 전혀 결부되지 않은 채, 오로지 작성된 내용으로만 의미를 전달해야 하는 '글'에 있어서는 상황이 전혀 다르다. 글로 서술된 '난 짬뽕'이라는 표현은 '나는 짬뽕을 먹겠다'의 의미로만 해석될 수 있는 것이 아니다. '짬뽕'이라는 용어를 '섞인 상태' 정도의 광의로 해석한다면, '나는 짬뽕이다', '나는 짬뽕이 되겠다' 등 전혀 다른 의미로도 얼마든지 해석될 수 있다.

게다가 직관적인 일회성 해석으로 사라지는 '대화'와는 달리 '글'은 두고두고 독해와 해석이 반복, 변화될 수 있다. 따라서 국어에 있어 '글'을 작성할 때는, 의미 전달에 혼동이 없도록 뉘앙스를 세분화해 정확하게 규정해 줄 수 있는 문법적 격식을 반드시 갖춰야 한다.

하물며 논술은 논리를 주된 평가 요소로 삼기 때문에 의미 전달이 정확하면서도 구체적이어야 한다. 게다가 '답'으로서 작성되어야 하는 글에서는 일체의 파격이 용납될 수 없다. 심지어 말로 서술되는 논술, 다시 말해 심층 면접이나 구술 고사에 있어서조차 문법적 격식을 갖춘 정확한 어법이 전제되어야 하는 이유가 바로 여기에 있다.

요컨대, 수험생들은 논술 작성에 있어 '나'와 '짬뽕'이라는 두 단어의 나열에 그쳐서는 안 된다. '는'이라는 주격조사, '을'이라는 목적격 조사 등과 함께 '먹다'라는 별도의 서술어를 선명하게 결합함으로써 '나는 짬뽕을 먹겠다'라는 격식을 갖춘 문장으로 '정확한' 의미를 '선명히' 표현해야만 한다는 것을 명심하자.

3. 논리성 확보의 기본 전제는 체계적 구성이다
– 3단 구성을 이해하면 체계적 글쓰기가 보인다

(1) 서론

논술의 3단 구성 가운데에서도, 특히 많은 학생들이 그 역할을 오해하고 오류를 범하는 단계가 바로 '서론부'다. 이에 초점을 맞추어 정확한 이해를 확립해 보도록 하자.

1) 서론에 대한 오해

초중등 과정을 거치는 동안 작문 시간마다 지도 교사가 당부하는 요령 가운데 빠지지 않는 것이 '글의 도입부는 독자의 관심을 확 잡아끌 만한 참신한 주의 환기로'라는 종류의 지침이다.

그런데 그러한 지침에 익숙해진 나머지 고등 과정의 '논술'이라는 전혀 새로운 영역의 글 작성에 있어서까지도 글의 도입부를 색다르고 거창하게 장식하려고 노력하는 학생들이 적지 않다. 게다가 이러한 관념은 논술을 지도하는 선생님들 사이에도 널리 퍼져 있다.

가령 시중에 나와 있는 논술 교재 가운데 일부에는 심지어 '글의 도입부에서는 가급적 유명한 학자의 말을 인용하는 것이 효과적이다'라는 등의 말도 안 되는 지침까지 버젓이 제시되고 있다.

하지만 이것은 모두 '논술'의 본질을 정확하게 이해하지 못한 오해에서 비롯된 잘못된 인식과 타성일 뿐이다. '논술'은 '수필'이나 '글짓기'가 아니다. 제한된 분량 안에서 '답'을 서술하는 양식의 공식·격식화된 서술이다.

따라서 효율적 논의 전개를 위한 균형 있는 구성과 구조는 선택이 아닌 필수에 해당한다. 그런데 서론부를 본격적인 서술로 장황하게 구성하게 되면 정작 본론 및 결론이 빈약해지고 내용적으로 어설퍼지는, 소위 '죽도 밥도 아닌' 불균형이 초래될 뿐이다.

2) 논술의 서론부 구성

그렇다면 과연 수험 논술에 있어 서론은 어떻게 구성해야 하는 것일까?

분량이 제한되어 있는 수험 논술에 있어 본론만 작성해도 될 것을, 구태여 아까운 분량을 할애하여 별도의 서론을 독립시켜 구성하는 이유는 단 하나다. 역설적이게도 '보다 경제적인 글쓰기를 위해서'라는 말이다.

가령 본론만 구성하더라도 글 전체의 방향이 우왕좌왕하거나 두서없는 글이 된다면 핵심 논의를 이끌어 내는 데 우회적 서술과 군더더기가 남발되는 비경제적 글쓰기가 될 수밖에 없다. 반면 별도의 서두를 구성하여 글의 방향부터 명료하게 설정해 준다면 어떨까? 본론에서 바로 논점에 해당하는 본격적 논의를 일목요연하게 전개해 나감으로써 일관된 주제의 논술을 완성하기에 더욱 유리하지 않을까?

요컨대 논술에 있어 서론의 존재 의의는 '글의 방향을 선명히 설정해 주기 위해서'라는 점부터 인식하자. 그리고 이를 위해 서론부에서는 기본적으로 논제가 요구한 논점에 대한 문제를 제기해 자신이 작성하게 될 논술의 논의 대상 및 범주, 관점을 확실하게 설정해 주는 역할을 수행해야 한다는 점을 반드시 명심하자.

(2) 본론

1) 구성의 중요성

최근 신설된 수리 · 과탐 논술이나, 800자 미만의 단문형 문항 유형 논술에서는 아예 본론만 서술하는 것이 보편화되고 있는데 이로 인해 아예 논술의 '구성' 자체를 별로 고려하지 않아도 된다는 식의 오해가 확대되고 있다.

하지만 최근 단문형 논술에서 서 · 결론 등의 기본 격식을 생략하는 것은 엄연히 분량상의 제한으로 인해 발생하는 불가피한 차선책일 뿐이다. 하물며 '논리'를 평가받는 논술에 있어 본론부 내에서 논의 흐름에 체계성을 부여하는 '단락 구성' 자체를 고려하지 않는다는 것은 어불성설이다.

최근 한 대학의 입시 논술 담당 교수가 고득점의 기본 전제로 꼽은 조건이 바로 '여러 번 읽게 하지 말라'는 것, 즉 평가자로 하여금 작성자가 전달하고자 하는 의사를 한눈에 독해해 낼 수 있게 논술을 작성하라는 것이다.

그런데 이를 위해 개별 문장의 정확 · 명료성만큼이나 중요한 것이 바로 일목요연하게 정돈된 체계적 논의의 흐름이다. 따라서 소주제문을 중심으로 하는 단락의 개념, 그리고 단락 간의 유기적 구성 등에 대한 이해가 반드시 필요하다.

2) 논술의 본론부 구성

논술의 본론부가 갖추어야 할 기본 조건은 다음과 같다.

> 첫째, 논술은 문제에 대한 '답'을 서술하는 양식인 만큼 모든 논의는 결국 논제의 요구 논점에 대한 논의로서 귀결되는 주제성을 확보해야 한다.
>
> 둘째, 논술이 '논리'를 평가받는 양식인 만큼 체계적이고 조리 있는 서술이 이루어져야 한다. 이를 위해서는 먼저 즉흥적으로 서술해 나가는 습관부터 지양하고 사전에 치밀한 전략을 구상해 본 후 비로소 논술로 옮기는 계획적 글쓰기 습관부터 가져야 한다.

우선 개요를 작성하는 순서부터 정리해 두자. 물론 개요는 간략한 요약형 문장이나 단어 정도를 작성하는 것으로 충분하다.

3) 개요 작성 순서

① 일단 뼈대부터 잡아야 한다. 먼저 '논제'가 요구하는 '논점'에 직접적으로 대답하는 단계의 '논지(이를 '논점 논지'라 칭하겠다)'부터 결정해 적어본다(당연히

② 그 논점 논지들을 각각의 독립된 주제라고 가정했을 때 다시 그것을 효과적으로 부각시킬 수 있는 소주제에 해당하는 '논지(이를 '세부 논지'라 칭하겠다)'들을 각 논점 논지 밑에 정리해 본다.

③ 세부 논지들 간의 논의 단계나 관계를 고민해 보고, 가장 효과적인 흐름을 확보할 수 있도록 병렬 심화 전환 등 체계적 기준을 두고 재배치해 본다.

④ 세부 논지들에 구체적인 설명과 뒷받침 서술 등 논거를 추가한다.

4) 개요 작성 유의사항

① 개요 작성 내내 논술 전체의 주제와 구조의 정합성을 염두에 두라

특히 논제의 세부 요구 사항을 빠트려서는 안 된다. 생각이 흘러가는 대로 꼬리에 꼬리를 무는 식으로 개요를 작성하다 보면 '어, 내가 무슨 얘기하다 여기까지 왔지'하게 된다.

② 논증(세부 논지·논거)을 빠트린 '논점 논지'를 남겨두지 말라

'세부 논지'의 경우에는 분량 안배상 논증이 생략될 수 있지만, '논점 논지'에 논증이 결여되면 '논술'을 포기하고 '단답형 주관식' 답안을 서술한 꼴이 된다.

③ 개요작성 단계에 이미 논지와 논거의 유기적 결합으로 이루어지는 단락을 염두에 두라

떠오르는 대로 논지 논거들을 단편적으로 나열하는 데 그치면 실제 논술로 구현되었을 때 무질서한 논술이 될 수밖에 없다.

(3) 결론

1) 결론부에서 자주 나타나는 오류

최근 국내외를 막론하고 영화·소설 등에서 볼 수 있는 유행 가운데 하나가 막판에 스토리 전체의 흐름을 뒤집는 반전이 출현하는 것이다. 게다가 시리즈물로 기획된 작품의 경우에는 후속편의 단초가 될 만한 복선이나 암시로 미완성의 여운을 남긴 채 마무리되는 경우도 흔하다.

그런데 이러한 트렌드에 너무 익숙해진 탓일까. 최근 몇 년 사이 수험 논술에서까지 이러한 효과를 꾀하는 학생들이 부쩍 늘고 있다. 본론의 내용과 전혀 무관한 논지가 돌연 결론에서 돌출된다든지, 심지어 본론의 논의에 역행하는 논지나

엉뚱한 제3의 문제 제기로 마무리되는 경우까지 종종 발견된다.

하지만 이러한 효과는 어디까지나 자유로운 파격이 가능한 예술 작품에서 서스펜스나 스릴을 꾀할 때 권장될 만한 일일 뿐이다.

한 편의 완결된 '답'을 서술해야 하는 공식적 '논술'은 고도로 공식·격식화된 성격을 갖추어야 한다. 구조 역시 마찬가지다. 본론의 논지 흐름에서 벗어난 결론부 구성은 결과적으로 논리적 기반이 결여된 비약으로 글을 마무리하는 꼴이나 다름없다.

또한 결론부에 이르러서 별도의 문제 제기 단계로 논의를 후퇴시키는 것 역시 스스로 애써 작성한 논술 전체의 주제성을 부인하고 논술의 완결성까지 훼손시키는 어처구니없는 결과만 초래할 뿐이다.

2) 수험 논술에서 결론부 구성

논술에서 결론부는 단순히 글의 마지막이라는 형식적 의미만 가지는 단락이 아니다. 결론은 서론에서의 문제 제기에 대해 최종적인 대답이 귀결되는 곳이다. 그 대답은 바로 논술 전체를 관통하는 일관된 의식이나 관점이 될 것이고, 그것이 바로 그 논술의 '주제'인 것이다.

그런데 서론에서의 문제 제기가 정확하게 논제의 논점을 반영했다면 결론에서 귀결되는 주제는 당연히 출제자의 의도에 부합하는 주제성을 확보하게 될 것이다. 결론부의 기본 역할은 '주제 귀결'에 있다.

따라서 결론부 구성에 있어서는 늘 '서론에서의 문제 제기에 대한 최종적인 답을 하고 있는가'를 확인해 보는 것이다.

아울러 결론에서는 본인이 작성한 논술이 하나의 완성된 글로 안정감을 가질 수 있도록 완결성을 확보하는 기능까지 고려해야 한다. 본론의 주요 논지들을 간결하게 요약해 주제를 이끌어내는 정도의 흐름이면 효과적이다.

이상과 같이 논술의 3단 구성을 살펴봄으로써 체계적 구성 및 논지 전개를 위한 바탕을 마련해 보았다. 마지막으로 '서론 : 본론 : 결론'의 분량 안배는 대체로 '1 : 3 : 1' 정도가 균형적이라는 점도 유념하자.

2008학년도 대입부터 본격적으로 시행되는 통합 논술에서 주류를 이루고 있는 논제 유형은 문항당 800자 미만의 분량을 요구하는 단문형이다. 일단 언어 및 사탐 영역의 단문형 논술에 있어서 3단 구성의 격식을 갖추어 서론과 결론까지 별도의 독립적 단락으로 구성하는 것은 비경제적일 것이다.

또한 수리 및 과탐 영역의 경우에도 평가의 초점이 글쓰기 능력보다 해당 교과적 지식 및 문제 풀이 능력에 맞추어지게 마련이므로 분량과 무관하게 역시 '본론부만 구성한다'라는 관점에서 '논점의 순서를 따라가며' 개요 작성에 임하는 것이 합리적이다.

그런데 이 경우, 별도의 단락 구분을 하지 않고서도 체계적 구성의 효과를 볼 수도 있다. 글의 첫 문장을 '서론'에 해당하는 문제제기 문장, 마지막 문장을 '결론'에 해당하는 주제요약 문장 정도로 배치하는 방법도 논술 전체의 구성적 안정감을 확보하기에 효과적인 요령이 될 것이다.

그렇다면 800자 이상 인문 논술의 경우에는 어떨까? 당연히 3단 구성의 기본 격식을 고려하여 체계적인 논술을 작성해야 한다.

 # 통합 교과형 논술의 출제 경향 이해(공통)

1. 통합 교과형 논술이란 무엇인가?

통합 교과형 논술이란 주어진 논제를 다양한 교과목의 지식을 활용해 해결할 것을 요구하는 논술 유형을 의미한다. 그런데 인류의 보편적인 문제를 다양한 분과 학문의 지식을 바탕으로 논의할 것을 요구하는 것은 기존의 고전 논술도 지녔던 특징이다. 반면, 통합 교과형 논술이 이와 크게 구별되는 특징은 바로 교과 지식적 토대를 필요로 하는 논술 유형이라는 점이다.

특히 자연계 논술의 경우에는 수리 및 과탐 교과 영역의 지식이 바탕이 되지 않고서는 해결이 어려운 논제 유형이 주류를 이루고 있으며, 서울대의 경우에는 고등학교 교과서의 내용을 직접 논술의 제시문으로 활용하는 경향이 두드러지고 있다.

다만 인문계 영역의 경우, 통합 논술의 환경 하에서도 여전히 고전 읽기의 중요성이 부각되고 있는 형편이다. 주요 대학들의 예시 논술 문제마다 다양한 고전을 제시문으로 활용하고 있으며, 이러한 추세는 교과서 내용을 많이 활용하는 서울대의 경우도 예외가 아니기 때문이다.

또한, 산문·운문 형태의 문학 작품과 비문학 저술, 기사문 등 다양한 양식의 텍스트는 물론 도표나 통계자료 등 다양한 시각적 자료가 제시문으로 등장하는 추세 역시 여전히 지속되고 있다.

결국 자연계 논술의 경우 각 교과 영역별 지식을 쌓는 데, 그리고 인문 논술의 경우에는 자료 해독 및 응용 서술 능력을 키우는 데 초점을 맞추는 것이 가장 근본적인 대책이라 할 수 있다.

2. 통합 교과형 논술의 특징 및 유형

(1) 소분량, 다문항 문제의 일반화

과거 대부분의 대학들은 정시 모집에서는 1,500~2,500자 분량의 서론, 본론, 결론의 완결된 구조를 갖춘 장문(長文)형 논술문을, 수시 모집에서는 문항을 3개 정도로 나누어 각각 200~500, 400~600, 800~1,000자 분량의 답안을 요구하는, 일명 단문(短文)형 다문항(혹은 set형) 문제를 출제해 왔다.

그런데 2006년과 2007년에 걸쳐 발표되고 있는 주요 대학들의 2008학년도 예시 문항을 참고하면, 2008학년도 입시에서는 수시뿐만 아니라 정시 모집에서도 다문항 형식의 문제가 주를 이룰 것으로 예상된다.

많은 대학들이 과거 한 편의 완결된 논술문을 요구하는 문제 유형에서 벗어나 다문항 형식의 문제를 출제하고 있는 이유는, 학생들의 제시문 이해 능력 및 논제에 대한 학생들의 의견을 좀 더 구체적으로 평가하는 데 다문항 형식의 문제가 유리하기 때문이다.

일반적으로 다문항 형식 문제의 각 문항들은 완결된 논술문의 본론이나, 결론에 들어갈 내용들로 구성되어 있다. 따라서 각각의 답안을 연결하면 어느 정도 완결된 글이 된다. 반면 2개 이상의 논점들을 한 편의 완결된 글 속에서 다루는 장문형 논술의 경우, 전체적인 논의의 흐름 및 구조가 출제자의 의도에 미치지 못하거나, 세부 논점을 다루는 학생들의 능력이 십분 발휘되지 못하는 경우가 많았다.

반면, 이들을 각각 하나의 문항으로 분리하면 매 문항마다 논의점이 하나로 귀결되기 때문에 학생들이 좀 더 밀도 있는 서술을 하는 데 유리하다. 또한 평가 면에도 장점이 있다.

예를 들어, 한 편의 완결된 논술문 속에서는 약 200자 정도로 구성됨직한 논의를 따로 떼어내어 독립적인 논의로서 500자 분량으로 답하도록 요구하면, 그 논의점에 대한 학생들의 차별적인 생각을 좀 더 구체적으로 파악할 수 있기 때문이다.

또한, 다문항 형식으로 문제를 출제하면 특정한 입장 및 문제에 대한 학생들의 생각을 한층 더 직접적으로 물을 수 있기 때문에, 학생들의 사고력을 다각도로 평가할 수 있다. 아울러 답변의 범주를 구체적으로 유도함으로써 평가의 초점에서 이탈되는 것을 방지하려는 실용적인 목적도 다문항 형식 채택의 주요 원인이 된다.

(2) 교과서 지문 활용 – 교과 과정 중심의 지식 바탕

앞서 언급한 바와 같이, 통합 교과형 논술의 특징 가운데 하나는, 서울대 주축의 적극적 교과서 지문 활용을 들 수 있다. 논술 문제의 제시문으로 교과서 지문을 활용하는 움직임이 나타난 이유로는 무엇보다 각 교과목 수업과 논술고사 대비를 연관지어 교육 정상화를 꾀하려는 것을 들 수 있다.

또한, 어려운 글을 분석하는 독해력 자체보다는 쉬운 글에서도 우리 사회의 현실적 문제점과의 연관성을 찾아내고 이를 응용하여 사고의 확대를 꾀하는 창의적 사고력에 평가의 초점을 맞추려는 의도를 들 수 있다.

(3) 도표 및 그림 활용 – 차원을 넘나드는 사고의 전이와 다각화 필요

근래 각 대학들의 기출 및 예시 문항에서 발견할 수 있는 두드러진 특징 중 하나는 도표 및 그림 등의 활용도가 높아졌다는 사실이다.

예를 들어 2006년도에 시행되었던 서울대의 2차 예시 문항에서는 안견의 '몽유도원도'와 정선의 '인왕제색도'를 제시 자료로 활용했으며, 연세대의 경우 지니계수와 소득 5분위 배율을 제시 자료로 활용했다. 또한 2007년도 4월에 실시되었던 고려대 모의고사와 2월과 6월에 각각 실시되었던 연세대 모의고사에서도 역시 도표와 통계자료 및 시각적 자료를 제공하고 있다.

이처럼 대입 논술에서 언어 텍스트 외의에도 다양한 종류의 자료를 제시문으로 적극적으로 활용하는 이유는 먼저 시대적 환경에서 찾아볼 수 있을 것이다. 정보화 사회에서는 중요한 정보를 소유하고 있는 사람이 경쟁력 있는 인재로 간주되기 때문에, 학생들에게 다양한 형식의 정보를 분석하고, 적절하게 활용할 수 있는 능력을 배양해 주는 것이 교육의 주요 임무 중 하나다. 따라서 각 대학에서는 정보화 사회에서 경쟁력 있는 인재를 키우기 위한 방안의 하나로 제시 자료의 다양화를 꾀하고 있는 것이다.

결국 통합 논술에 대비하려면 텍스트 분석뿐만 아니라, 도표나 그림 등의 다양한 형식의 자료들을 특정 목적에 걸맞게 이해·활용하는 연습이 반드시 필요하다는 점을 명심하도록 하자.

또한, 논술 문제에 제시 자료로 활용될 도표나 그림 대부분이 교과 내용과 연관되어 출제될 가능성이 높다. 또한, 이들 자료들은 공통적으로 논제 해결에 가장 핵심적인 의미를 함축하고 있는 경우가 많다.

통합 논술이 다문항 형식으로 구성된 탓에 특정 제시문의 핵심 논지를 요약하라는 문제가 많이 출제되고 있다. 물론 요약형은 과거 수년간 수시 2학기 전형에서도 자주 출제됐기 때문에 새삼 새로운 유형은 아니다. 그러나 단문(短文)형 다문항(혹은 set형) 유형인 통합 논술에서는 제시문 요약하기를 다른 제시문을 비판 혹은 옹호하는 근거로 삼도록 함께 요구한다는 점에서 한 단계 더 심화된 문제 유형이라고 할 수 있다.

통합 논술에서 요약하기 문제를 강화하는 이유는 요약문 자체가 하나의 완결된 글쓰기 형식을 갖추고 있으며, 특정한 입장에 대한 비판 및 옹호가 주어진 글의 핵심 논지를 분명히 요약했을 때 가능하기 때문이다.

특히 오늘날처럼 학생들의 비판적 사고 능력과 창의적인 사고 능력을 강화하는 상황에서는 이들 능력의 기초가 되는 핵심 논지 요약이 매우 중요한 교육 목표를 지니게 된다. 따라서 통합 논술에서는 제시문 요약하기 문제가 다양한 형태로 강화되어 출제될 것으로 예상된다.

실전 know-how 익히기

01 논술짱 도전하기(공통)
−논술쓰기의 방법을 알려주마

1. 논제 분석의 비결 익히기

'논제'를 분석하는 능력을 키우기 위해 먼저 기본 개념부터 정리해 보자.

'논제'란 출제자가 학생에게 답안으로 작성할 내용을 지시하는 부분, 다시 말해 '논술 문제'를 가리킨다. 그리고 '논제'를 구성하는 세부적 논의점들을 '논점'이라고 이해하면 된다.

이때 수험생이 '논제'에 대한 '답'으로 논술을 작성하는 데 있어 출제자의 '논제'가 요구하는 사항에 충실하게 따라야 한다는 것은 기본이다. 따라서 논술 고사에 임했을 때 가장 먼저 할 일은 '논제'부터 꼼꼼히 읽어 보고, '논점'을 정확히 파악하는 것이다. 그리고 이것은 최소한 15분 이상을 투자해야 하는 일이라는 점도 명심하자.

그런데 기출 문제를 보면 부가적인 요구 사항이 결부된 경우가 많다.

논술 문항은 크게 논제, 제시문, 유의 사항 등으로 구성되는데, 서울대 정시 형태의 논술 문제의 경우에는 그동안 '조건'이라는 항목이 함께 결부돼 왔다. 이처럼 부가적인 요구 사항들 역시 답안을 작성할 때 반드시 충족시켜야 할 내용이므로 논제의 일부로서 이해하면 된다.

'논제'와 '논점'에 대한 개념 정리가 되었으면, 직접 다음 논제로부터 논점을 추출해 보자.

위의 논의를 토대로 정보화 시대의 이상적인 민주주의를 구상해 보고 이를 실현하기 위한 구체적인 방안을 기술하시오.

— 2008학년도 서울대 논술 모의고사(인문계) [문항 2] 논제 3

위의 논제를 읽고 '정보화 시대의 이상적인 민주주의를 구상하라', '이를 실현하기 위한 구체적인 방안을 기술하라'라는 논점을 생각했다면 논제와 논점의 개념을 정확히 이해했다고 볼 수 있다.

그렇다면, 두 '논점'을 좀 더 세부적으로 분석해 보면 어떨까?

일단 '논점'을 구성하는 핵심 요소는 바로 '무엇에 대해(논의 대상)' 논해야 하는가이다. 또한, 논점은 제시문의 흐름과 연계되어 '어떠한 관점으로(논의 관점)', '어떤 범위까지(논의 범주)', '어느 정도까지(논의 단계)' 논해야 하는가도 세부적으로 요구하고 있음을 반드시 유념하자.

그런데 그에 못지않게 중요한 요소가 있다. 바로 '어떻게(논의 성격)' 논해야 하는가라는 것이다. 위의 논제를 세부적인 요소별로 분석해 보면 다음과 같이 정리해 볼 수 있다.

논점 1 : 위의 논의를 토대로 / 정보화 시대의 이상적 민주주의를 / 구상하라.
　　　　　논의 관점(세부적 요구사항)　　논의 대상 범주(무엇을)　　　　논의 성격(어떻게)…논하라

논점 2 : 이를 실현하기 위한 구체적인 방안을 / 기술하라.
　　　　　논의 대상 범주(무엇을)　　　　　　　　　논의 성격(어떻게)…논하라

여기서 특히 많은 학생들이 간과하는 부분이 바로 '논의의 성격'에 대한 파악이다. 과거에는 '논술하시오'라는 단순한 형태의 문항이 대부분이었지만, 최근 입시 논술에서는 대부분의 논제들이 '어떻게' 논하라는 단계까지, 다시 말해 '논의의 성격'까지 분명히 규정해 요구하고 있다. 따라서 논술에서 고득점을 하기 위해서는 반드시 이를 정확하게 파악하고 그에 부응하는 글을 서술해야만 한다.

그러면 더욱 명확한 이해를 위해 논제들을 살펴보자. 다음의 각 '논제'의 '논점'들이 요구하고 있는 '논의의 성격'들을 각각 정리해 보자. 각 논점을 구성하고 있는 명령형 서술어에 초점을 맞추면 쉽게 파악해 낼 수 있을 것이다.

[문항 2]

논제 1. 위의 세 제시문이 공통적으로 주장하는 바를 요약하시오. (200자 이내)

논제 2. 각 제시문의 핵심적 주장에 대한 반론을 제시하시오. (600자 이내)

[문항 3]

논제 1. 제시문 (가)에서 정답이 2% 이하인 이유와 사람들이 95% 이상이라고 잘못 판단하게 되는 이유를 각각 설명하시오. (300자 이내)

논제 2. 제시문 (나)의 신문기사는 (중략) 게임이 청소년 폭력범죄의 주범이라고 주장하였다. 논제 1에 근거하여 이러한 주장을 비판하시오. (400자 이내)

논제 3. 논제 2에서의 비판에 근거하여 게임과 폭력의 상호연관성을 정확하게 파악하기 위한 방안을 제시하시오. (500자 이내)

[문항 4]

논제 2. 오늘의 세계화 상황을 알고 있는 입장에서 제시문 (다)를 참고하여 당시 조선 사회가 당면한 문제에 대한 대책을 마련하시오. (1,000자 이내)

* 단, 자신이 마련한 대책에 대해 예상되는 반론과 이에 대한 자신의 재반론을 포함하시오.

– 2008학년도 서울대 논술 모의고사(인문계)

[문제 1] 제시문(나)의 논지를 밝히고, 이것을 참고하여 제시문(다)를 해설하시오.

[문제 2] 제시문 (라)를 근거로 하여, 과거의 일정 시점의 황사 농도를 현재 시점의 농도를 기준으로 추정하고, 현재와 같이 사막화가 진행될 경우 앞으로의 황사로 인한 피해 규모를 예측하시오.

– 2007학년도 고려대 논술 모의고사(인문계)

[문제 1] 제시문 (가)에서 제기되고 있는 문제는 무엇이며, 이 문제에 대해 제시문 (나)와 제시문 (다)는 각각 어떠한 해결책을 제시하고 있는지 비교하시오.

[문제 2] 서로 다른 방식의 인간관계를 제시한 제시문(나), 제시문(다) 가운데 본인은 어떤 방식이 보다 바람직하다고 생각하는지, 그리고 그 이유는 무엇인지 밝히시오.

[문제 3] 제시문 (나), 제시문 (다)를 참조하여 제시문 (라)의 두 표에 나타난 한국사회의 특징과 변화를 해석하시오.

– 2008학년도 연세대 논술 모의고사(인문계)

구상하라, 기술하라, 요약하라, 반론하라, 설명하라, 비판하라, 방안을 제시하라, 대책을 마련하라, 해설하라, 추정하라, 예측하라, 비교하라, 밝히라, 해석하라…. 이처럼 '논점'을 파악할 때는 '무엇을' 뿐만 아니라, '어떻게' 논해야 하는지 그 논의의 성격까지 정확히 파악하는 것이야말로 기본 중에 기본임을 이번 기회에 명확히 인식하자.

(1) 논의의 성격에 따른 서술 방식

1) 논의의 성격

수험 논술에서 발견할 수 있는 논의의 성격 유형을 정리하면, 대체로 다음과 같다.

① 논증 ② 설명(기술, 해설, 해석) ③ 요약(요지) ④ 비교, 비판, 비평 ⑤ 반박, 재반박 ⑥ 방법(대안, 대책, 극복 방안, 해결책), 방향 제시 ⑦ 원인 분석 ⑧ 구상 ⑨ 예측(예상) ⑩ 추정(추론, 유추)

2) 다양한 논의 성격별로 서술 훈련을 해 보자

만약 이처럼 다양한 서술 성격을 구분하지 못한 채, 단순히 '논술하라' 정도로 두루뭉술하게 인식하고 논술을 작성한다면, 출제자가 요구하는 글의 성격조차 모르면서 마음대로 답안을 작성하는 것과 마찬가지가 된다. 그러므로 각각의 논의 성격별로 빠짐없이 논제를 접해볼 수 있도록 이제부터라도 차근차근 많은 논제를 통해 훈련해 나가자. 실제 논술 고사에서 어떠한 논의의 성격을 요구하더라도 만족시킬 수 있도록 준비하자는 것이다.

그런데 어떻게 하는 것이 '논증'하는 것이며, 어떻게 하는 것이 '설명'하는 것인지, 또한 어떻게 하는 것이 '해석'하는 것인지 정확히 알고 있는가? 아마 대부분의 수험생들이 자신 있는 대답을 하지 못할 것이다. 앞으로는 논술 연습 시 논제 분석에 있어서 반드시 사전을 찾아가며 각 용어가 요구하는 정확한 논의의 성격 유형부터 확인하고 학습하는 습관을 갖자.

3) 다양한 서술 방식의 이해

앞서 논의의 성격을 분류할 때 정리한 열 개 이상의 용어들을 모두 사전에서 찾아 그 사전적 개념들을 일목요연하게 요약해 보자. 스스로 직접 사전에서 찾아 옮겨 적어 본 단어가 더욱 오래 기억에 남는다는 것을 명심하고, 반드시 자필로 작성해 보자.

[표 2-1] 논의의 성격에 따른 서술 방향과 포인트

▷논증(論: 논할 론, 證: 증거 증)

사전적 정의	1. 옳고 그름에 대해 이유를 들어 밝힘. 또는 그 근거 2. 논리학, 몇 가지 전제를 바탕으로 논리적인 추론에 의하여 다른 명제가 성립되는 것을 증명하는 절차
서술 방향 & 포인트	본인이 주장하려는 명제(논지)를 설정하고, 그 명제가 참임을 증명할 수 있는 근거(논거)를 유기적으로 제시해야 하며, 특히 근거와 주장의 연결에 논리적 오류를 줄이는 데 초점을 맞추도록 한다

▷설명(說: 말할 설, 明: 밝을 명)

사전적 정의	어떤 일이나 대상의 내용을 상대방이 알기 쉽도록 밝혀 말함
서술 방향 & 포인트	그 일이나 대상의 현재 상태, 그렇게 된 원인인 과거로부터 현재까지의 흐름(역사) 등을 분석해 본 후 그에 맞춰 시간 순, 또는 중요도 순으로 설명할 항목부터 구성해 보는 것이 유리하며, 이성적 지식을 적절한 예시를 곁들여 풀어 쓰는 정도의 관점으로 이해하면 무난하다

▷기술(記: 적을 기, 述: 지을 술)

사전적 정의	대상이나 과정의 내용과 특징을 있는 그대로 열거하거나 기록하여 서술함
서술 방향 & 포인트	'설명'과 유사하나, 다만 '설명'이 상대방을 이해시키는 '전달'에 초점을 맞추는 것과는 달리, '기술'은 존재하는 사실과 내용을 있는 그대로 묘사하는 데 더 중점을 둔다는 차이점이 있다

▷해석(解: 풀 해, 釋: 풀 석)

사전적 정의	문장, 사물, 행위 등의 뜻을 자신의 논리에 따라 이해하거나 이해한 것을 설명함
서술 방향 & 포인트	역시 '설명'과 유사하지만, 그 설명의 대상이 '자신의 논리에 따라 이해한 것'이라는 점이 다르며, 결국 자신의 논리에 따라 이해한 것이 참임을 밝혀야 하므로 '해석'을 하기 위해서는 '논증'을 병행해야 한다는 점을 명심하자

▷요지(要: 요긴할 요, 旨: 뜻 지)

사전적 정의	말이나 글의 중요한 뜻 혹은 문장에서 대강의 내용
서술 방향 & 포인트	보통 단독으로 출제되기보다는 다른 것을 하기 전에 먼저 요지를 제시하라는 정도로 출제되며, 해당 내용의 핵심 주장이라고 파악되는 것을 한 문장으로 표현하는 것이 포인트다

▷요약(要: 요긴할 요, 約: 맺을 약)

사전적 정의	말이나 문장의 요점을 잡아서 간추림
서술 방향 & 포인트	먼저 대상 문단 또는 내용에 나오는 문장들의 '요지'를 잡고, 그 '요지'를 글의 전개 순서에 따라 배열한 후, 글의 논리 구조에 따라 유기적으로 연결한다는 것을 기억하자

▷분석(分: 나눌 분, 析: 가를 석)

사전적 정의	얽혀 있거나 복잡한 것을 풀어서 개별적인 요소나 성질로 나눔
서술 방향 & 포인트	먼저 대상을 이루는 요소를 구분할 수 있는 기준을 여러 가지 설정한 후, 그 기준에 따라 대상의 내용을 나누어 정리해 보는 것이 기본 순서다

▷판단(判: 빠갤 판, 斷: 결단할 단)

사전적 정의	사물의 진위나 선악, 미추 등을 인식하여 논리나 기준 등에 따라 판정을 내림
서술 방향 & 포인트	먼저 대상에 대해 '분석'하고, 판정의 기준을 결정하여 적시한 후 그것이 왜 '판단'의 기준이 되는지 '논증'해야 하며, 이후에 그 기준에 따라 대상이 어떤 판정을 받을지 서술하는 것이다

▷비교(比: 견줄 비, 較: 견줄 교)

사전적 정의	둘 또는 그 이상의 사물이나 현상을 견주어 서로 간의 유사점과 공통점, 차이점 따위를 밝히는 일
서술 방향 & 포인트	둘 또는 그 이상의 사물이나 현상을 동일한 기준들에 맞춰 '분석'한 후, 분석 결과를 서로 맞춰 무엇이 같고 무엇이 다른지를 적시하는 순서로 기억하자

▷평가(評: 평론할 평, 價: 값 가)

사전적 정의	사물의 가치나 수준 따위를 헤아려 평하는 것 또는 그 가치나 수준
서술 방향 & 포인트	'판단'할 때, 그 기준을 가치나 수준으로 하고, 많은 사람들이 인정하는 가치나 수준의 척도라면 별다른 논증이 필요 없지만, 그렇지 않다면 가치나 수준의 척도에 대해서도 '설명' 및 '논증'이 필요하다

▷비판(批: 칠 비, 判:뻐갤 판)

사전적 정의	사물의 옳고 그름을 가리어 '판단' 하거나 지적함
서술 방향 & 포인트	'판단' 과 동일하나, 그 결과에 '옳고 그름' 을 가름하는 가치판단을 개입하여 서술하는 게 포인트다

▷비평(批: 칠 비, 評:평론할 평)

사전적 정의	사물의 시비나 선악, 미추 등을 '분석' 하여 가치를 논함
서술 방향 & 포인트	'분석' 한 결과를 '비판' 하거나 그 결과를 토대로 다른 기준에 의해 '평가' 한다는 정도로 기억하자

▷반박(反: 돌이킬 반, 駁: 논박할 박)

사전적 정의	어떤 의견, 주장, 논설 따위에 반대하여 말함
서술 방향 & 포인트	상대의 논증과 근거를 모두 추출한 후, 그것이 상식이나 사실, 과학적 연구 등에 위배되는 면이 없는지 '분석' 하여 어긋나는 부분을 '논증' 해주며, 상대의 근거를 먼저 반박한 후 주장을 반박하는 순서가 효과적이라는 점도 기억하자(상대의 전제는 반박하지 않아야 함) 만약 근거와 주장에 아무런 어긋남이 없다면, 근거와 주장의 논리적인 구조를 살펴 오류를 잡아낼 수도 있는데, 이것도 불가능하다면 상대가 제시한 근거와 전혀 다른 근거를 제시하여 상대의 주장에 반대되는 주장을 논증하는 방법도 고려해 볼 수 있다

▷방향(方: 모 방, 向: 향할 향)

사전적 정의	어떤 뜻이나 현상이 일정한 목표를 향하여 나아가는 쪽
서술 방향 & 포인트	문제가 되는 사항에 대해 왜 문제가 되는지, 무엇이 문제인지를 분석한 후, 그것을 해결하여 어떤 상태에 이르도록 해야 하는지를 제시하는 정도면 충분하다

▷방법(方 : 모 방, 法 : 법 법)

사전적 정의	어떤 일을 해 나가거나 목적을 이루기 위하여 취하는 수단이나 방식
서술 방향 & 포인트	먼저 그 일이나 대상의 현재 상태와 그렇게 된 원인인 과거로부터 현재까지의 흐름(역사)을 정확히 파악한 후 희망하는 미래의 '방향' 또는 결과를 설정해야 하고, 이를 토대로 그 '방향' 대로 가려면 어떤 일을 해야 하고 어떤 것을 준비·활용해야 하는지 구체적인 '방법' 을 제시하고, 거기에다 자신의 방법이 옳음을 '논증' 까지 해 준다면 금상첨화다

 용어 해설이 어렵게 느껴질 수도 있겠지만 사실 자세히 살펴보면, 각 용어마다 사전적 정의나 서술 방향을 설명하는 데 있어서 다른 용어들이 서로 교차하면서 등장하는 것을 발견할 수 있다(작은따옴표로 표시). 따라서 세부적인 개념들로부터 포괄적인 개념들로 단계를 밟아가며 학습해 나간다면 보다 쉽게 이해할 수가 있을 것이다. 스스로 논의의 성격과 관련된 용어들을 좀 더 살펴보고, 심화학습으로 발전시켜 보도록 하자.

2. 제시문 독해의 비결 익히기

논제 분석에 있어 기본 가운데 하나는 제시문, 즉 주어진 글에 대한 독해다. 우선 다음 제시문을 천천히 읽고, 핵심 문장을 하나 추출해 보도록 하자.

미국의 건국 초창기 토마스 제퍼슨은 주민들이 그들의 문제를 주민회의(town meeting)에서 결정할 수 있는 직접 민주주의를 희망했지만, 자신의 생각을 포기해야만 했다. 그는 거리상의 문제와 제한된 의사소통이라는 두 가지 문제점 때문에 시민들의 의사결정을 대신할 대표를 선택하는 방법을 택할 수밖에 없었다. 만약 오늘날에 토마스 제퍼슨이 살아있다면 그는 인터넷을 보고 좋아했을 것이다. 왜냐하면 주민회의와 직접적인 주민 참여를 기초로 한 민주주의의 이상향이 최근 현실화되어 가고 있기 때문이다. 앞으로 인터넷을 통한 광범위하면서도 통제받지 않는 쌍방향의 대화가 현실 정치의 중심이 될 것이다. 수많은 정보가 제공됨으로써 어떤 조직이나 기관도 더 이상 정보의 자유로운 흐름을 차단하거나 의견 형성을 통제하지 못할 것이다. 이렇게 자신의 의사를 자유롭고 평등하게 표현할 수 있는 분위기 속에서 여론 지도자들이 도처에 생겨날 것이다. 이런 정보·통신 기술의 놀랄 만한 발달은 사실상의 직접 민주주의를 가능하게 할 것이다.

출처 : Dick Morris, 《인터넷과 직접민주주의 그리고 쌍방향 대화》
– 2008학년도 서울대 통합논술 모의고사 [문항 2] 제시문 (가)

위의 제시문에서 핵심 문장을 정확히 짚어 낼 수 없다고 해서 기가 죽을 필요는 없다. 몇 개의 문장이 대강 눈에 들어오는 것만으로도 나름대로 독해력을 갖추고 있다고 볼 수 있기 때문이다. 그렇다면 본격적으로 수업을 시작하자.

(1) 핵심 문장

1) 핵심 문장이란?

어느 글이나 그 글을 통해 전하고자 하는 것이 있는데, 그것을 그 글의 주제라고 한다. 특히 논술 문제의 제시문으로 제공되는 글이라면 반드시 주제를 갖고 있게 마련이다. 바로 그 주제를 담고 있는 문장이 핵심 문장에 해당된다.

완성된 글이라면 당연히 핵심 문장이 하나 이상 존재할 것이다. 그런데 논술의 제시문은 통상 문단 단위로 제공되는 경우가 많으므로 한 문단에 하나 정도의 핵심 문장이 있다고 기억하면 된다.

2) 핵심 문장을 찾아야 하는 이유

핵심 문장을 찾으면 그 글이 표현하고자 하는 것을 보다 쉽게 알 수 있다. 그리고 더 나아가 그 문장과 다른 문장들이 맺고 있는 관계를 이해하고 글의 전체적 구조까지 파악해 낼 수 있다면 제시문을 제대로 분석할 수 있게 된다.

3) 핵심 문장을 찾아내는 방법
① 핵심 문장 추측하기

핵심 문장을 찾기 위해 먼저 언어 수업 시간에 배운 내용을 활용해 보자.

글 또는 문단의 형태를 주제문이 어디에 위치해 있는가에 따라 두괄식, 미괄식, 양괄식 등으로 구분해 본 적이 있을 것이다. 즉, 핵심 문장은 해당 글이나 문단의 첫 줄이나 마지막 줄, 아니면 중간 줄에 위치할 가능성이 가장 높다는 말이다.

그렇다면 앞에서 제시한 연습 문제로 돌아가 보자. 연습 문제의 첫 줄은 토마스 제퍼슨이라는 사람의 희망사항이다. 중간에 해당하는 네 번째, 다섯 번째 문장은 직접 민주주의의 이상향이 실현되어 가고 있으며, 이는 앞으로 더욱 현실화될 것이라는 전망에 해당된다고 볼 수 있다. 그리고 마지막 문장은 정보·통신 기술의 발달이 직접 민주주의를 가능하게 할 것이라는 내용을 담고 있다. 그러면 이 세 문장 중에 가장 일반적이고 포괄적인 내용을 담고 있는 문장은 어떤 문장일까? 그렇다. 바로 마지막 문장이다.

논증은 추상적인 내용을 근거와 예시를 통해 구체화하는 흐름을 취하는 것이 일반적이다. 그러므로 주제는 통상 '일반론' 범주의 포괄적 내용의 문장인 경우가 대부분이다. 따라서 마지막 문장이 핵심 문장이며, 이 문장이 담고 있는 내용이 곧 이 제시문의 주제에 해당한다.

② 핵심 문장 검토하기

이번엔 위의 방법을 통해 추출한 문장이 과연 핵심 문장이 맞는지 다시 확인해 보도록 하자. 가령, 진짜 주제가 맨 앞, 중간, 맨 뒤 문장에 담겨 있지 않을 가능성도 있으니까 말이다. 우리가 찾아낸 핵심 문장의 내용은 '정보 · 통신 기술의 발달이 직접 민주주의를 가능하게 할 것이다'였다.

이제 다른 문장의 내용이 이 문장과 어떤 관계가 있는지 분석해 보면 된다. 이 과정이 바로 '제시문을 분석하는 과정'이다. 이를 위해서는 우선 각 문장을 최대한 짧게 요약해 볼 수 있어야 한다. 특히, 최근 통합 논술 유형의 문항 구성에서 빠지지 않는 '요약형' 유형의 경우에는 개별 문장의 핵심 내용을 짚어 내 최대한 짧게 줄여 쓰는 기술이 더욱 빛을 발할 것이다. 따라서 앞으로는 최대한으로 줄여서 다시 쓴 문장과 원래 문장을 친구들이나 선생님께 보여주고 평가받는 등 요약 기술을 연마하는 데 시간을 할애해 나갈 필요가 있다.

이제 문장 요약에 직접 도전해 볼 차례다. 10분 동안 문장 요약을 해 보자.

※ 요약 결과

문장 1 : 토마스 제퍼슨은 직접 민주주의의 현실화를 포기했다.

문장 2 : 거리상의 문제와 제한된 의사소통이 포기의 원인이다.

문장 3 : 토마스 제퍼슨은 인터넷을 좋아했을 것이다.

문장 4 : 직접 민주주의가(인터넷을 통해) 현실화되고 있기 때문이다.

문장 5 : 인터넷을 통한 쌍방향 대화가 현실 정치의 중심이 될 것이다.

문장 6 : 수많은 정보가 제공되고, 누구도 이를 제한하거나 막을 수 없다.

문장 7 : 이러한 분위기에서 다양한 여론의 형성이 가능하다.

문장 8 : 정보 · 통신 기술의 발달이 직접 민주주의를 가능하게 할 것이다.

그러면 이제 이렇게 줄여 쓴 문장들끼리 상호 어떤 관계를 맺는지를 파악하여 정리해 보자.

　문장 1과 문장 3은 토마스 제퍼슨의 이야기를 예시로 들어서 글을 매끄럽게 풀어내는 역할을 하고 있다. 문장 2는 직접 민주주의가 과거에 시행될 수 없었던 이유이며, 문장 4는 현실에 대한 글쓴이의 평가, 문장 5, 문장 6, 문장 7은 인터넷을 통한 직접 민주주의가 가능할 수 있는 근거에 해당된다고 볼 수 있다. 이 모두를 아우르는 총체적 내용, 즉 '인터넷을 통한 직접 민주주의의 실현'은 문장 8에 담겨 있다.

　결국, 이런 식으로 핵심 문장을 찾아내고 그 문장이 핵심 문장이 맞는지를 검토하는 과정을 거치면 자연스럽게 제시문 하나를 분석할 수 있다. 요컨대, 이 제시문이 말하고자 하는 바는 문장 8에 나타나 있으며, 그 근거는 문장 5, 문장 6, 문장 7이고, 나머지는 설명을 위해 곁들인 예시와 현실에 대한 평가로 구분해 볼 수 있다.

　이렇게 찾아낸 과정을 제시문에 필기하여 보는 것도 효과적이다.

　다음과 같이 표시하면 좋겠다. 각 문장의 핵심 단어에 동그라미를 치고 문장의 끝에 그 문장이 문단에서 하고 있는 역할을 적고, 핵심 문장에 밑줄을 치면 이후에 이 제시문을 다시 참고할 때 제시문의 내용을 한 눈에 파악하는 데도 유리하다.

※ 제시문 (가) 분석을 마친 예시

　미국의 건국 초창기 토마스 제퍼슨은 주민들이 그들의 문제를 주민회의(town meeting)에서 결정할 수 있는 직접 민주주의를 희망했지만, 자신의 생각을 포기해야만 했다. [예시] 그는 거리상의 문제와 제한된 의사소통이라는 두 가지 문제점 때문에 시민들의 의사결정을 대신할 대표를 선택하는 방법을 택할 수밖에 없었다. [불가능 근거] 만약 오늘날에 토마스 제퍼슨이 살아있다면 그는 인터넷을 보고 좋아했을 것이다. [예시] 왜냐하면 주민회의와 직접적인 주민 참여를 기초로 한 민주주의의 이상향이 최근 현실화되어 가고 있기 때문이다. [현실판단] 앞으로 인터넷을 통한 광범위하면서도 통제받지 않는 쌍방향의 대화가 현실 정치의 중심이 될 것이다. [가능 근거 1] 수많은 정보가 제공됨으로써 어떤 조직이나 기관도 더 이상 정보의 자유로운 흐름을 차단하거나 의견 형성을 통제하지 못할 것이다. [가능 근거 2] 이렇게 자신의 의사를 자유롭고 평등하게 표현할 수 있는 분위기 속에서 여론 지도자들이 도처에 생겨날 것이다. [가능 근거 3] 이런 정보·통신 기술의 놀랄 만한 발달은 사실상의 직접 민주주의를 가능하게 할 것이다.

　앞서 핵심 문장 파악을 통하여 제시문의 소주제와 구조를 분석하는 방법을 학습해 봤다. 이제 어떠한 제시문이 나와도 두려워하지 않고 맞설 준비는 된 셈이다. 이번에는 좀 더 깊이 있는 독해를 위해서 갖추어야 할 조건에 대해서 학습해 보기로 하자.

먼저 다음 제시문을 천천히 읽고, 핵심 개념을 추출해 보자.

(2) 핵심 개념

1) 핵심 개념이란?

어떠한 단락의 소주제를 담고 있는 문장이 핵심 문장이라고 공부한 바 있다. 이때 그 핵심 문장을 구성하고 있는 여러 단어들 가운데 소주제를 표현하는 데 기본 수준 이상의 배경적 이해가 필요한 단어를 가리켜 그 문단의 '핵심 개념'이라고 한다.

2) 최소한 핵심 개념에 대해서만큼은 사전 지식이 필요하다
① 분량 채우기가 막연한 이유

제시문의 내용은 잘 이해했는데, 막상 논술문을 작성하려니 막연해지거나 종종 스스로 잘 썼다고 생각한 논술임에도 불구하고 의외로 낮은 평가를 받은 적도 있었을 것이다. 이럴 때는 자신이 개념을 잘못 잡고 있는 것은 아닌지 확인해 볼 필요가 있다. 논술에서는 핵심 개념을 제대로 알고 있지 못하면 고득점을 할 수 없기 때문이다. 자신의 배경지식에 함몰되어 논점에서 벗어난 현학적 글이 되는 것만큼이나, 배경지식이 부족해서 내용적으로 공허한 논술이 되는 것도 심각한 결함이 된다는 점을 숙지해 두자.

② 제시문 이해가 어려운 이유

다시 제시문으로 돌아가 보도록 하자. 아마 대부분의 학생들은 제시문의 핵심 개념으로 '자유무역협정'을 짚어 냈을 것이다. 그리고 제시된 내용에 대한 꼼꼼한 분석만으로도 개방경제의 긍정적 측면에 대해서 어느 정도 유추해 낼 수 있을 것이다.

하지만 이것만으로는 부족하다. 기본적으로 제시문은 각각 한정된 분량으로 발췌되어 제시되기 때문에 이를 통해 얻을 수 있는 지식 역시 단편적일 수밖에 없기 때문이다.

가령 제시문에는 개념의 정의와 개념을 현실화하였을 경우의 효과 등 다양한 층위의 서술이 뒤섞여 있고, 일관된 체계도 갖추어져 있지 않은 경우가 많다. 그리고 제시문을 정리하여 말하고자 하는 중심 의사(주제)를 완벽히 파악하고 구조를 '분석'해 그러한 문제를 해결했다고 해도, 아직 제시문을 완전히 '이해'했다고 볼 수는 없다. 주제를 표현하는 중심 용어들의 개념들까지 모두 정확히 이해하지 못하면, 그저 글을 직관적으로 '분석'해 냈을 뿐 내용을 완전히 '이해'한 것은 아니기 때문이다.

만약 'FTA'라는 핵심 개념까지는 잘 '분석'해 냈지만 사고의 확장에 한계를 느꼈다면, 바로 그 개념에 대한 '이해'가 피상적 수준에 머물러 있다는 데 원인이 있다.

가령, 'FTA'에 대해서 '둘이나 그 이상의 나라들 간에 관세와 시장점유율 제한 등의 보호 무역 장벽을 제거하기로 약정하는 조약'이라는 정도로 그 개념을 선명히 인식하고, 최근 한미 FTA 체결과 같은 사회 현상에 대해서도 좀 더 관심이 있었다면 어떠했을까?

단기적으로는 기술과 자본이 뒤떨어지는 국가의 취약산업이 붕괴되고 자국의 안보와 문화까지도 상대 국가에 종속될 수 있다는 우려에서부터, 장기적으로는 국가 간 비교우위에 따라 좀 더 효율적인 상품거래와 교류가 가능해지고 국가경쟁력도 강화될 수 있다는 등의 긍정적 영향까지 스스로 다각도로 설명해 볼 수 있었을 것이다.

③ 핵심 개념 및 배경적 지식이 필요한 이유

이처럼 어떠한 글을 완전히 이해하려면 주제문을 파악해 내는 것뿐만 아니라, 주제문에 등장한 개념, 즉 핵심 개념에 대한 지식도 반드시 필요하다. 그리고 핵심 개념에 대한 지식은 당연히 논제의 소재나 논의 영역과 관련된 배경지식의 일부다. 그러므로 결국 제시문을 완벽히 이해하여 논제의 요구에 맞는 논술문을 작성하기 위해서는 우선 최소한의 정리된 지식들을 갖고 있어야 한다는 것도 기억하자.

3) 선택과 집중

현실적으로 고전에서 지문을 발췌하는 형식의 논술 시험을 잘 보기 위해서는 고전에 해당하는 배경지식이 필요하고, 교과 과정에서 지문을 발췌하는 형식의 논술 시험을 위해서는 교과 과정에 해당하는 배경지식이 필요할 것이다. 따라서 먼저 자신이 지원할 대학의 논술 출제 유형부터 파악하고 선택과 집중을 하는 것이 효과적이다.

가령, 고려대의 경우에는 전통적으로 텍스트를 '분석'하고 '이해'하는 능력에 초점을 맞추어 온 데다가, 최근 인문 영역의 경우에는 문학 작품이나 표 등 서사나 설명 단계 이상으로 확장된 자료 해석 능력까지 요구하는 출제 경향을 보이고 있다. 따라서 평소 내신과 수능 대비 학습을 철저히 하면서, 교과서 이상의 배경 지식을 확보하려는 노력도 함께 기울여야 한다.

4) 핵심 개념을 공부하는 방법
① 교과서

적절한 용어를 사용해야 의사소통을 명확히 할 수 있는 것처럼 논술문도 출제자와 수험생의 의사소통이라는 점에서 정확한 개념의 용어를 사용하는 것이 필수다.

그런데 '정확한 용어 사용을 통한 명확한 의사소통'을 이루고 있는 매체들 가운데 수험생들이 가장 쉽게 접할 수 있는 매체는 무엇일까? 바로 교과서다. 교과서에는 용어에 대한 개념이 잘 정의되어 있을 뿐 아니라 풀이도 상세하게 이루어져 있다. 그러므로 우선 교과서를 읽고 교과 과정에 나오는 개념들부터 명확히 파악해야 한다.

또한 본문 학습에만 머물지 말고, 늘 수행 평가나 사례 탐구 과제까지 스스로 답해 보려고 노력하는 것이 필요하다. 이러한 것들을 기본으로 자연스럽게 자신의 개념 학습을 확장해 나갈 수 있을 것이다.

② 사전

외국어를 공부할 때 대부분의 학생들은 사전을 항상 옆에 두고, 모르는 단어가 나올 때마다 찾아서 단어장에 정리하고 암기를 한다. 논술을 공부할 때도 마찬가지다. 언어나 사탐 과목 교과서를 공부할 때도 항상 국어사전 또는 백과사전을 옆에 두고 완벽하게 파악하지 못한 개념에 대해서는 그에 대한 지식을 습득하고 넘어가는 습관을 가져보도록 하자.

가령 개념 정리집을 따로 만들지는 않더라도, 최소한 사실은 잘 모르는 개념임에도 잘 아는 것으로 착각하고 넘어가는 일은 없어야 한다.

5) 인문·사회과학적 소양 키우기

무엇보다도 틈틈이 시간을 할애하여 다양한 분야의 저작물을 읽어보려는 노력이 필요하다. 또한 평소에 언론 매체의 뉴스 보도 등을 흘려버리지 말고, 각종 사회 현상에 대해 호기심을 가져야 한다. 각각의 이슈에 대해 여러 신문 등을 오려 스크랩하는 것도 매우 효과적인 방법이 될 수 있다.

3. 개요 작성의 비결 익히기

논술 고사에 임할 때, 가장 먼저 하는 일이 무엇인가?

무엇보다 정확한 논제 분석이 선행되어야 한다. 논제가 분석돼야 '논제'가 요구한 '답'으로서의 주제를 확보할 수 있다. 그렇다면 논제를 정확히 분석한 후에는?

그 후에는 당연히 어떠한 내용을 어떠한 흐름으로 서술해 나갈지에 대한 것부터 구상해 봐야 할 것이다. 하지만 이를 머릿속으로 고민해 보는 데 그쳐서는 실제 논술을 작성할 때 활용하기가 어렵다. 그래서 반드시 구상할 것을 직접 메모해 보는 '개요 작성'이 필요한 것이다.

하지만 단순히 떠오르는 생각들을 두서없이 열거하는 수준으로 개요를 작성해서는 체계적인 서술에 큰 도움이 되지 못한다. 그렇다면 체계적인 서술을 이끌어 낼 수 있는 개요 작성 방법은 무엇일까?

2008학년도 연세대 1차 예시문항을 가지고 직접 논제와 제시문을 꼼꼼히 분석해 보도록 하자.

〈제시문〉 아래 제시문을 읽고 문제에 답하시오.

제시문 (나)

미나모토쬬에는 선술집과 음식점, 가라오케 등이 기미우라 역을 중심으로 난 좁은 골목을 따라 즐비하게 늘어서 있다. 음식점과 술집들은 각기 나름대로의 분위기를 갖추고 있으나, 사람들은 자기들이 자주 찾아 가는 곳을 또 찾아가고 있다. 사람들은 약속을 할 경우에 서로가 잘 아는 곳에서 모이고 누구를 만나려면 어디에 가야 하는지를 알고 있다. 이발소를 하는 마에바시를 만나려면 요네다가 하는 장어구이 집에 가야 하고, 목수 일을 하는 카미를 찾으려면 마에하라 자매가 운영하는 선술집에 가면 된다. 쯔노다 아줌마는 학부모 모임에서 사람들과 식사를 한 후에 커피를 마시기 위해 어린 시절 친구의 형이 하는 커피숍에 간다.

새로운 사람들이 이사를 오게 되면, 이사 온 사람들은 바로 조그만 케이크나 '데누구이(수건의 일종)'를 가지고 자신들을 소개하는 인사를 하게 된다. 일종의 공식적인 인사인 셈이다. 이러한 인사는 새로운 가구가 주위의 이웃들과 공식적인 관계를 맺는 시작이다. 사람들은 이웃이 집을 비운 사이 서로의 집을 봐주고, 주부들은 특별세일이나 새로 개점한 가게에 대한 정보를 나누며 여행에서 돌아와서는 지방 특산물을 선물로 건넨다.

도쿄 인근 지역에서 야채를 재배하는 농민들은 한 달에 두서너 차례 미나모토쬬를 방문한다. 이들은 주로 할머니들인데 자신들이 가져올 수 있는 만큼의 야채를 가지고 와서는 거리에서 팔기보다 벌써 수 년째 방문해 온 미나모토쬬의 가정을 한 집 한 집 찾아간다. 쯔노다 아줌마는 자신이 어릴 적부터 집에 찾아온 야채 파는 할머니에게서 야채를 사는데, 자신이 필요한 것보다 좀 더 사서 아이를 시켜 이웃에도 나눠 준다. 지난번에 이웃이 보낸 선물에 대한 보답이다. 미나모토쬬의 사람들은 도쿄 시내 어딘가에 사찰이 있음에도 불구하고 대개는 자신들의 집에서 장례식을 치른다. 그렇다고 해서 장례식이 간단한 것은 아니다. 장례식의 많은 부분은 장의사의 협조로 이루어진다. 장례에 필요한 제단, 향로, 제등, 관 등은 모두 장의사가 준비한다. 장례식에서는 초등학교 근처에 사는 모리구치 씨가 염과 같은 전문적인 일을 담당한다. 대신에 미나모토쬬의 주민과 이웃들은 자신들이 할 수 있는 일들을 찾아서 한다. 특히 죽은 이가 마지막 헤어짐의 인사를 하는 고구베쯔시키(告別式) 바로 전날에는 밤을 새워 쯔야(通夜)를 하면서 조문객을 맞이하고 접대를 한다.

제시문 (다)

어디서 왔는지 고양이 한 마리가 야옹야옹 울고 있었다. 어둠이 밀려왔을 때 손에 장갑을 쥔 여자가 다가와서 고양이를 다정하게 쓰다듬어 주면서 자루에서 먹이를 꺼내주었다. 그때 사르트르가 이렇게 제안해 왔다.

"2년 동안 나는 파리에서 살 수 있도록 손을 쓰면 되는 것이고, 우리는 가능한 한 친밀한 생활을 하자. 2, 3년 동안 헤어져 살게 되더라도 어딘가 세계의 한 모퉁이에서, 예를 들면 아테네 같은 곳에서

재회하여 다시 얼마 동안 공동생활에 가까운 생활을 영위하자. 우리는 결코 완전히 남남이 되지는 않을 것이다. 둘 중에 어느 쪽인가가 상대를 찾을 때 반드시 응할 것이며 우리 두 사람의 결합 이상 가는 것은 아무 것도 없을 것이다. 그러나 그것이 속박과 습관이 되지 않도록 온 힘을 다하여 그런 부패에서 우리를 지키지 않으면 안 된다."

나는 동의했다. 나는 사르트르가 예정하고 있는 이별을 두려워하지 않은 것은 아니었다. 그러나 그것은 아득한 미래의 일같이 생각되어 미리부터 마음을 쓰지는 않기로 했다. 그래도 가끔 두려움이 내 마음을 스쳐갈 때 나는 그것이 나 자신의 허약함 때문이라고 생각하고 극복하기 위해 애썼다. 사르트르가 약속에 철저하다는 점을 나는 이미 체험하고 있었으며, 그 점은 내 마음의 버팀목이 되었다. 그의 경우, 하나의 계획은 단순한 이야기가 아니고 현실의 어떤 순간을 가리키는 것이었다. 만일 그가 "22개월 후 아테네의 아크로폴리스 위에서 오후 5시에 만나자"고 했다면, 나는 정확히 22개월 후 오후 5시에 아크로폴리스 위에서 그를 재회할 것이라는 확신이 있었다. 더 구체적으로 말해서 나는 사르트르가 나보다 먼저 죽지 않는 한 그가 내게 불행을 안겨줄 리 없다는 것을 믿고 있었던 것이다.

이 2년의 계약기간 동안 우리는 서로가 이론적으로 인정하고 있는 자유를 사용할 생각이 전혀 없었다. 우리는 이 새로운 관계에 주저 없이 모든 것을 쏟을 작정이었다. 우리는 또 하나의 약속을 했는데, 그것은 둘 다 거짓말을 하지 않고 서로 숨기는 일이 없도록 한다는 약속이었다.

(1) 설득력의 근거 – 논리성, 정당성, 현실성

논술의 핵심 작업은 어떤 주장에 대해 근거를 들어 입증하고 정당화하는 것이라고 볼 수 있다. 그리고 그러한 논증 과정에서 논리성을 확보한다는 것은, 곧 평가자를 설득할 수 있는 설득력을 획득한다는 의미이기도 하다. 요컨대 해당 주장을 제대로 입증하였는지, 그 주장이 정당한지, 그리고 그것이 현실적인 것인지 등을 모두 고려하여 논술을 완성할 수만 있다면 아주 강한 설득력을 얻게 될 것이다.

결국 논리적이고 정당하면서도 현실적인 논술을 쓰기 위해서는 그 세 가지 기준을 논술 쓰기의 첫 단계, 즉 개요 작성에서부터 구현하는 것이 바람직하다. 이를 위해 효과적인 개요 작성 방법을 학습해 보도록 하자.

(2) 개요 작성의 1 단계–논점에 직접적으로 답하는 논지부터

지식을 함양할 때도 쉽고 재미있는 책부터, 생각하는 연습을 할 때도 간단한 질문부터 시작하는 것이 깊고 폭 넓은 지식과 사고를 갖추는 데 더 효과적이다. 글을 쓸 때도 마찬가지다. 처음부터 완성된 글을 쓰려고 덤비면 오히려 시간도 지체되고 산만하고 비효율적인 논술이 되기 쉽다.

제시문과 논제를 파악했다면, 이제 개요를 작성해 볼 차례다. 먼저 다음의 세 분화를 눈여겨보도록 하자.

(예) [문제의 논점1] : 서로 다른 방식의 인간관계를 제시한 제시문 (나), 제시문 (다) 가운데 본인은 어떤 방식이 보다 바람직하다고 생각하는가?

[답 1] : 제시문 (다)의 방식이 보다 바람직하다고 생각한다.

[문제의 논점2] : 그 이유는 무엇인가?

[답 1] : 제시문 (다)의 방식은 A, B, C의 면에서 제시문 (나)의 방식보다 우수하기 때문이다(※ A, B, C : 논거의 개수를 3개로 가정한 가상의 공란).

일목요연한 구상을 위해, 위와 같이 논제를 최소의 논점 단위로 나누어 보았다. 그리고 각 질문에 필요한 수준의 답을 요약했다. 원래 제시된 논제가 유기적으로 연결되어 있었기 때문에 그에 대한 답도 당연히 유기적으로 연결되어야 한다. 위의 두 논점을 원래의 한 논제로, 그에 대한 대답도 하나로 합치면 다음과 같이 정리될 수 있다.

(예) [문제] 서로 다른 방식의 인간관계를 제시한 제시문 (나), 제시문 (다) 가운데 본인은 어떤 방식이 보다 바람직하다고 생각하는지, 그리고 그 이유는 무엇인지 밝히시오.

[답] 제시문 (다)의 방식이 보다 바람직하며, 이 방식은 A, B, C의 면에서 제시문 (나)의 방식보다 우수하다.

개요 작성은 위와 같이 논제의 논점에 대한 한 문장의 응답으로 출발하면 된다. 이 응답이 바로 논술문의 핵심 주장(논점 논지)이 되는 것이다.

(3) 개요 작성의 2 단계 – '왜'

개요 작성의 다음 단계는 논리적 구성이다. 이를 위해서 "왜 그러한가?"에 대한 답을 제시하는 단계를 밟아보도록 하자.

앞서 도출된 답을 다시 정리해 보면, '왜' 제시문 (다)의 방식이 제시문 (나)의 방식보다 더 바람직한지를 묻는 논점에 대한 대답으로서 A, B, C를 제시했다고 볼 수 있겠다. 물론 그 답의 개수는 상황에 따라 얼마든지 달라질 수 있다.

여기서 주목할 점은 정답을 내놓는 것보다 "왜 바람직한가?"라는 질문에 답을 하기 위해 A, B, C와 같은 틀을 갖추는 것 자체가 중요하다는 것이다. 일단 그 틀부터 갖춘 후 그에 맞게 구체적인 내용을 채워 나간다면, 개요 작성 2단계를 충족하는 셈이다. 그럼 직접 A, B, C로 표현된 공란을 채워보도록 하자.

(예) [문제] 왜 제시문 (다)의 방식이 제시문 (나)의 방식보다 바람직한가?

　[답] 제시문 (나)의 방식보다 제시문 (다)의 방식이 ① 시간적·공간적·인적 범위가 더욱 명확하게 정해져 있기 때문에 책임 소재가 분명하며, ② 협동을 이끌어 내는 데 걸리는 시간이 훨씬 짧으며, ③ 어떠한 방식으로 협동을 이끌어 낼 것인가가 보다 구체적이기 때문에 협동을 이끌어 내는 데 훨씬 유리하므로 바람직하다고 할 수 있다.

다음 단계는 제시한 이유 ①, ②, ③에 대해 다시 '왜'라는 질문을 던지고 이에 답을 하는 것이다. 논리학에서는 이를 '복합 논증'이라고 한다. 굳이 그런 복잡한 개념까지 기억하지 않더라도, '제시한 이유에 대해 다시 한 번 질문을 던진다'라는 과정만은 반드시 기억해 두도록 하자.

그러면 ①의 답을 질문으로, 한 번 더 '왜'에 대답하는 과정을 거쳐 보도록 하자.

만약 위와 같은 답을 냈다면 좋은 논거들을 제시한 것이다.

이런 식으로 '왜'를 거듭하다 보면, 다음과 같은 수형도를 그릴 수 있다. 첫 번째 네모가 주장(논점 논지), 그 다음 네모 세 개는 주장에 대한 근거('왜'에 대한 대답 : 논거), 그 다음 네모 9개는 근거에 대한 근거(세부 논거), 이런 식으로 근거에 대한 근거, 그 근거에 대한 근거를 수없이 나열할 수도 있다. 이러한 수형도가 바로 개요 작성의 기본 틀이 된다.

물론 수형도는 더 이상 대답할 수 없는 수준에까지 나아갈 수 있다. 그러나 실제 논술 시 시간과 분량의 제한이 있으므로 당연히 적절한 단계에서 멈춰야 한다. 가령 1,200자 기준으로는 3단계 수형도(근거에 대한 근거, 그 근거에 대한 근거 제시)까지만 가도 충분할 것이다.

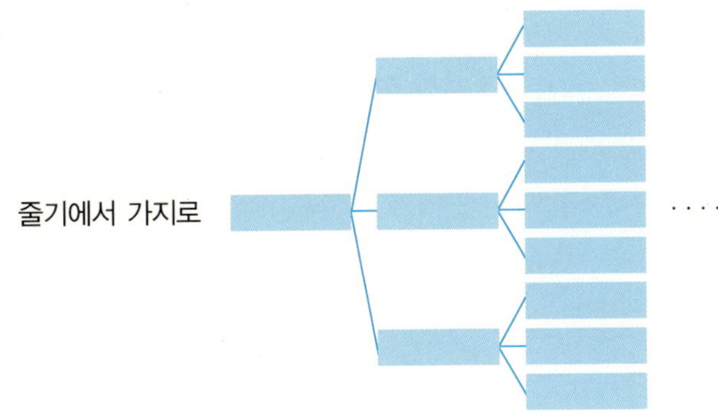

개요 틀에 내용을 채워 나가는 데는 깊은 사고, 충분한 지식 등과 같은 기본 능력은 물론, 제시문 독해와 논제 분석 등의 기술도 필요하다.

논술 시에는 먼저 논제 분석을 한 후, 제시문을 독해하여 공란을 채울 수 있는 필요 정보를 모아야 한다. 그러나 필요한 정보에 비해 제시문의 분량이 절대적으로 적기 때문에 필요 정보를 모두 뽑아낼 수는 없다. 그래서 평소 논술 수업, 독서 및 토론 수업을 통해서 충분한 양의 지식을 축적할 필요가 있다. 그러나 단지 주어진 것을 암기만 해서는 지식을 쌓았다고 볼 수 없다. 그 본질에 대해 이해하고 이를 적절히 활용할 수 있어야 지식이라 할 수 있다. 즉, 깊은 사고를 할 수 없다면 지식을 쌓는 데도 한계가 있게 마련이다.

이때 깊은 사고력은 독서와 토론, 글쓰기를 통해서 얻어질 수 있다. 깊은 사고가 가능하게 되면, 창의성도 자연스럽게 획득할 수 있다. 특히 논술에 있어서는 전혀 새로운 이야기를 하는 것보다는 남들이 생각하지 못한 수준으로 깊이 사고하여 결론을 이끌어 내는 것이 창의성 발휘에 더욱 가깝기 때문이다.

지금까지 체계적 논의의 흐름을 확보하기 위해서는 반드시 논술 작성에 앞서 개요부터 작성해야 하며, 개요 작성에도 효과적인 순서가 있다는 것을 학습해 봤다.

다음 학습을 위해 개요 작성의 첫 단계를 다시 한 번 떠올려 보자. 먼저 논점에 직접적으로 답하는 논지부터 정리해 본 후, '왜'라는 관점에서 세부 논지와 논거들로 가지를 뻗어 나가야 한다.

일단 '왜'라는 관점을 통해 논의의 줄기와 가지까지 개괄할 수 있다면(논리성 확보 단계), 개요 작성의 기본은 완료한 것이다. 하지만 이처럼 개요가 일차적으로 완성됐다고 해서 바로 글쓰기로 들어가서는 안 된다. 일단 글쓰기가 진행된 이후에는 중도에 더 좋은 논거가 떠오르거나 본인의 논의에서 허점이 발견되더라도, 이미 작성한 상당한 양의 글을 돌이켜 이를 반영하기에는 시간적 안배나 효율성 측면 등에서 여의치 않기 때문이다.

따라서 스스로 작성한 개요가 '적절성과 안정감을 확보하고 있는가' 하는 것까지 충분히 검증해 본 후에 비로소 글쓰기에 들어가는 것이 좋겠다.

그러면 설득력 있는 논술을 위한 근거 가운데 '정당성'과 '현실성'을 확보하기 위한 단계를 학습해 보도록 하자.

(4) 개요 작성의 3단계 - '반드시'

'반드시' 단계는 '꼭 그런 것인가?(개연성)', '꼭 그렇게 되어야 하는가?(정당성)', '꼭 그렇게 될 필요가 있는가?(적실성)'를 모두 포괄하여 검증해 보는 단계다. 이 단계가 필요한 이유는 자신의 논리에 가해질 반박을 미리 예상하여 대비함으로써 자신의 논리를 강화하고, 나아가 논지의 충실을 기함으로써 논술문의 완결성까지도 추구하기 위해서이다. 이 단계를 거치지 않고 작성된 논술문의 대부분은 쉽게 반박당할 수 있는 허점투성이의 논술문이 되기 쉽다.

앞서 언급한 답을 토대로 다시 한 번 살펴보자.

(예) [답] 제시문 (나)의 방식은 제시문 (다)의 방식보다 오랜 시간, 넓은 범위의 인간 집단이 공유한 문화적·역사적 공통 배경이 있어야 성립될 수 있다.

['반드시' 질문] '반드시' 그런가?

['반드시' 질문에 대한 답] 제시문 (나)의 방식으로 협동을 하려면, 일단 경험이라는 것이 필요하다. 그런데 여기서 필요한 경험은 한 명의 인간이 몇 번의 시행착오를 거치는 과정을 의미하지는 않는다. 협동은 2인 이상의 인간 집단이 힘을 합하는 것을 핵심으로 하는데, 여러 명의 행동이 동시에 일어나야 하기 때문에 협동을 유발하는 관계의 경우의 수가 많다. 그리고 그러한 경우의 수만큼의 시행착오를 거치려면 오랜 시간이 걸릴 수밖에 없다. 또한 참여 인원이 많으면 그만큼 넓은 범위의 거주 공간이 필요하다. 오랜 시간, 넓은 범위의 인간 집단이 공통적으로 가진 생활양식을 문화라고 정의할 수 있고, 문화가 성립하는 데 걸리는 시간을 역사라고 할 수 있으므로, 제시문 (나)의 방식으로 협동을 하기 위해서 문화적·역사적 공통 배경이 필요한 것은 당연하다.

이러한 '반드시' 단계에서 꼭 짚어 봐야 할 것은 ① 개연성 ② 정당성 ③ 적실성이다. 그러면 위의 답안을 이 3단계의 구조에 대입해 보자.

이를 간단히 정리하면 다음과 같은 표를 작성해 볼 수 있다.

[표 2−3] 개연성, 정당성, 적실성의 3단계 구조의 틀

검토 요소	검토하는 질문	그에 대한 대답
개연성	꼭 그런 것인가?	보통 그렇게 (진행)된다
정당성	꼭 그렇게 되어야 하는가?	그렇게 되는 것이 당연하다
적실성	꼭 그렇게 될 필요가 있는가?	그렇게 될 수밖에 없다

　자신의 논리를 이 정도의 틀에 맞춰 검증할 수 있다면, 반박될 여지도 줄어들고 그만큼 정교한 논술문을 작성할 수 있다.

(5) 개요 작성의 4단계 – '가능한가'

개요작성의 마무리 단계는 '가능한가' 정도로 기억하면 된다. 이 단계에서는 논술문이 '탁상공론'을 하고 있는 것은 아닌지를 검토해 추상적이거나 공허하거나 불가능한 내용을 현실적이고 의미가 있으며 실현 가능한 내용으로 바꾸는 것이 목표다. 아무리 잘 쓴 논술문이라도 현실성이 없으면 아무 의미가 없기 때문이다.

그렇다면 현실성을 검증하기 위한 첫 번째 단계는 무엇일까? 비교 대상과 비교하여 세부적 항목별로 정리해 보는 것이다. 가령, 2008학년도 연세대 1차 예시문항의 제시문 (나)와 (다) 방법을 비교한 다음 사례를 살펴보자.

[표 2-4] 2008학년도 연세대 제시문 (나)·(다)의 방법 비교

제시문 (나)의 방법	비교 항목	제시문 (다)의 방법
장기	걸리는 시간	단기
다수	참여 인원	소수(2인 이상)
넓음	영향의 범위	좁음
애매함	내용의 명확성	명확함
강제 불가	준수 여부(강제 가능성)	(일부) 강제 가능
어려움	위반 시 제재 가능성	가능

그런데 이러한 단계만으로는 어느 것이 더 현실적이라고 확언하기에는 무언가 부족하다. 왜냐하면 현실성의 판단 기준인 '현실'을 고려하지 않았기 때문이다. 따라서 다음 단계에서는 관련된 사회 현상과 문제 상황까지 살펴보자.

당면한 사회 현실이 충분한 시간적 여유가 있어서 많은 사람들이 협동해야 하고 이왕이면 그 범위가 넓어야 할 필요가 있다면, 제시문 (나)의 방법이 더 '현실성'이 있는 방법이라고 할 수 있다. 만약 그 반대라면 제시문 (다)의 방법이 더 '현실성' 있는 방법이 될 수 있다.

이상의 단계를 거쳐 개요를 작성하였다면, 이제 비로소 글을 써 나가도 되는 것이다.

4. 논술 작성의 비결 익히기

개요 작성까지 완료되었다면, 이제 그 개요를 토대로 원고지에 실제 글을 작성해 나가는 작업만 남은 셈이다. 그런데 이처럼 개요에 살을 붙여서 한 편의 완성된 논술문으로 작성해 나가는 과정은 개요를 실현해 나가는 과정이라는 측면으로 볼 수도 있을 것이다. 그 효과적인 서술 비결을 학습해 보도록 하자.

(1) 단어 사용 능력 : 쉬운 단어를 쓰자(易 : 쉬울 이)

논제에 대한 '답'으로서의 논술을 작성하는 데 중심 틀이 되는 것은 바로 논의 대상 및 범주에 결부되는 기본 개념들이다. 그리고 그 개념들은 개요를 실현하면서 스스로 선택하는 또 다른 단어들로 표현되게 마련이다. 이때 적절한 단어 및 용어를 선별하여 사용하는 능력, 즉 개념 활용 능력이야말로 개요 실현 능력 중 가장 기본이 되는 능력이라고 볼 수 있을 것이다.

개념 활용의 필수 요소 – 개념 정의

어떠한 개념을 활용할 때, 자신이 사용하는 개념 용어가 누구라도 알 수 있는 상식적 수준의 용어라면 별도로 개념을 정의해 줄 필요가 없을 것이다. 반면, 다음의 개념은 논술문에서 개념 정의를 하는 것이 유리하다.

- 특정한 학문에서 전문적으로 쓰이는 개념, 이른바 전문 용어
- 논술문에서 특별한 의미를 강조하여 사용하는 개념, 이른바 핵심 개념

이때 개념을 정의해 주는 방법으로는 개념 앞에 수식을 붙이거나(예 : '가치의 권위적인 배분이라는 뜻의 정치란…'), 개념이 등장한 바로 다음에 그 개념을 정의해 주는 문장을 붙이는(예 : '…문화 현상이다. 이때 문화란 특정한 시기에 특정한 사회를 이루고 사는 구성원이 가지고 있는 일반적인 생활양식을 의미한다.') 등의 방법을 고려해 볼 수 있겠다.

그런데 개념을 정의할 때 출제자의 의도에 맞추어 정의하면 주제성을 확보하는 데 훨씬 유리하다. 반면 개념을 정확히 정의하거나 사용하지 못하면 오히려 감점을 당하게 되므로, 가급적 개념 활용에 있어서는 모험을 하지 않도록 하자.

따라서 일단 자신이 확실히 이해하고 있는 개념으로 선별하여 되도록 쉬운 단어로 표현하는 것이 가장 바람직하겠다.

예를 들어, 실제 논술 답안을 평가하다 보면 학생들이 피상적인 이해 수준에

머문 채 전문 용어를 구사하는 경우도 많은데, 되도록 전문 용어의 사용은 피하도록 하자. 사실 대학 입시에서의 논술은 관련 전문 용어에 대해 조예가 깊은 지원 학과의 담당 교수 및 조교들이 평가를 하기 때문에, 특히 전문 용어나 학술 용어의 사용에 민감한 평가가 이루어지는 경우도 많고, 결국 글 전체의 신뢰도마저 잃게 되는 역효과를 초래할 수 있기 때문이다.

물론 꼭 써야 할 전문 용어도 있으며, 전문 용어를 쓸 수밖에 없는 때도 있다.

첫째, 꼭 써야 할 전문 용어로서 지금까지 배운 교과 과정에 등장하는 용어를 꼽아볼 수 있겠다. 가령 정치, 경제, 사회, 문화 등 기본적인 내용으로부터 사회화, 빈곤, 법치주의 등 교과 심화 내용의 개념들까지 매우 다양한 용어들을 생각해 볼 수 있을 것이다. 특히 통합논술의 특성을 고려할 때 이러한 교과 과정상의 전문 용어를 사용하면 정확성도 담보하면서도 내용적 깊이를 확보하는 데 훨씬 유리하다고 볼 수 있겠다.

둘째, 전문 용어를 쓸 수밖에 없는 경우로는 논술 문제가 해당 용어를 핵심 개념으로 제시했을 때를 생각해 볼 수 있겠다. 이 경우에는 반드시 제시문 독해와 논제 분석을 통해 해당 개념을 정확하게 이해해야 하며, 자신이 이해한 바를 논술문에 개념 정의를 통해 명확히 밝혀야만 하기 때문이다.

이러한 경우의 사례를 통해 응용 훈련을 해 보자.

다음 논제로부터 전문 용어의 성격을 가지는 용어를 추출해 보자.

> (라)의 표에 나타난 우리나라 경제성장과 에너지 소비 변화의 특징을 설명하시오. 그리고 제시문들을 참고하여 1970년 이후 전력 소비량이 급격히 증가한 이유와 의미를 사회변동과 관련시켜 논술하시오.
>
> **– 2007년 4월 고려대 논술 모의고사 논제 3**

일단 '사회변동'이 눈에 띌 수 있겠다. 사회나 윤리 교과에 등장하는 '사회변동'이라는 개념은 분명히 상식 수준보다 전문적이고 학술적인 개념으로 정의되어 있기 때문이다. 하지만 기본 논점 자체에 등장하는 '경제성장'이라는 용어에 더 포인트를 맞추었다면, 다양한 제시문들로부터 사회변동의 양상을 총체적으로 검토하는 데 더욱 효과적이었을 것이다. 그러면 교과서에 등장하는 개념 정의를 살펴보자.

이처럼 '경제 발전'과 구분되는 '경제 성장'의 개념을 어느 정도 인지하고 있었다면, 논제가 '경제 성장'이라는 용어를 '국민 총생산'과 결부하여 사용한 의도 또한 간파할 수 있었을 것이다. 우리는 이 점에 주목해야 한다. 또한 다른 제시문들을 검토하는 데 있어서도 '소비의 의미와 구조'라는 큰 주제까지 포괄적으로 유추해 내는 데(물질적인 것 이상의 복합적인 복지까지 고려) 큰 도움이 될 수 있었을 것이다.

(2) 문장 구사 능력 : 문장은 짧게 쓰자(短 : 짧을 단)

영어에는 전치사와 관계 대명사 등이 있어서 긴 문장이라 해도 분석적으로 독해를 할 수가 있다. 반면 한국어의 경우에는 문장을 길게 쓸 경우 의미 전달에 혼동이 초래되고, 독해 역시 어려워진다. 특히 구체적이고 선명한 논지 전개를 통해 '답'으로서의 주제성과 논리성을 평가받아야 하는 입시 논술문에 있어서는, 문장을 길게 써서 유리할 것이 없다는 점을 명심하자.

특히 문장을 길게 쓸 경우 나타나는 역효과 가운데 하나는, 주어와 술어 등이 호응되지 않는 비문이 되기 쉽다는 점이다. 특히 [안은 문장-안긴 문장]의 구조를 활용하면 대부분 문장이 길어진다. 이때 수험생들은 안은 문장의 서술어를 안긴 문장에 일치시키는 실수를 종종 범하게 된다. 따라서 가급적이면 [안은 문장-안긴 문장]의 구조를 사용하지 말고 문장을 두 개로 끊어 접속사로 연결하거나 하는 등의 기술을 발휘하는 것이 바람직하겠다.

반면, 문장을 짧게 쓰려다 보면 범하기 쉬운 실수도 있으니 함께 유념해 두도록 하자. 바로 문장의 필수 성분을 빠트릴 수 있다는 것이다. 문법적으로 필수적인 문장성분(주어, 목적어, 서술어 등)은 물론이고 내용 전개상 필수 요소를 생략하는 것은 바람직하지 않다.

논리를 평가받기 위해서는 기본적으로 전달하고자 하는 의미를 구체적으로 정확하게 표현할 수 있어야 하기 때문이다. 특히 가장 많이 나타나는 '문장의 구멍'은 주어의 생략이라고 볼 수 있겠는데, 주어를 자주 생략하는 구어체의 서술 습관이 논술 작성에서까지 나타나는 경우가 대부분이다. 앞서 학습했듯이 '답'으로서의 논술문은 공식·격식화된 어조, 즉 문어체로 작성되어야 한다는 사실을 유념하자.

이러한 '문장의 구멍'은 기본적으로 논술 작성이 완료된 이후에 최종적으로 다시 검토해 보는 퇴고를 통해서 반드시 다듬어야 한다. 또한 '문장의 구멍'은 작성자의 눈으로 볼 때는 쉽게 찾기 어려운 경우가 많으므로, 첨삭 지도 등의 기회를 통하여 자신이 구사하는 문장에 어떤 '구멍'이 자주 나타나는지 파악해 보는 것도 효과적일 것이다.

(3) 문단 형성 능력 : 주제는 가장 앞에 나타내자(頭 : 머리 두)

입시 자료로서 작성되는 논술문은 엄연히 출제자가 의도한 '답'으로서의 주제성을 전제해야 한다. 그런데 통상 형이상학적이거나 추상적인 범주의 제시문 및 소재를 다루고, 창의적이고 독창적인 문제 설정 및 해결 과정을 요구하게 마련인 논술 논제의 특성상, 논술 채점이 객관적인 기준으로 표준화되기가 매우 힘들다는 점은 각 대학 당국들의 오랜 고민거리가 되어 왔다.

그런데 이를 뒤집어 생각해 보면 어떨까? 이처럼 객관적 기준으로 통일되기 어려운 채점자의 상황을 배려하여 답안을 작성할 수만 있다면, 오히려 더 높은 점수를 받을 수 있는 기회가 될 수도 있다.

일단 채점자에게 좋은 인상을 남길 수 있는 요소로는, 남들과 차별화되는 내용, 읽기 쉽게 잘 쓴 글씨, 수정을 거의 하지 않은 깨끗한 원고지 등을 꼽아볼 수 있을 것이다. 그런데 이러한 요소들을 충족하는 답안 작성 능력은 장기간의 독서와 토론 훈련이나 논술문 작성 연습 등을 통해 키울 수밖에 없다. 반면, 그 요령만 알면 당장이라도 구사가 가능한 기술도 있다.

채점자는 답지를 되풀이하여 읽지 않는다

독서 및 토론, 그리고 논술 작성 훈련 시간이 크게 부족한 현재의 교육 현실에서, 두 번 이상 읽고 싶고 두 번 이상 읽어야 그 숨겨진 뜻을 알 수 있을 정도의 깊이 있는 논술문을 작성하는 입시생은 매우 드물다. 대부분 획일화된 주장을 비슷한 근거로 전개하는 경우가 많다.

가령 평가자는 해당 논제의 답안을 스무 장 이상 첨삭 지도하다 보면, 다음 답안에서는 주장만 보아도 어떠한 근거를 내세울지 예측하게 되는 경우가 많다. 이러한 상황은 실제 입시 논술의 평가에 있어서 단시간에 수십 장, 많게는 수백 장의 논술문을 읽고 채점해야 하는 채점자(교수)도 마찬가지인 것이다. 따라서 현실적으로 한 장을 채점할 때 소요되는 시간은 비교적 짧다. 물론 그렇다고 평가 자체가 대충 이루어진다는 뜻이 아니다. 그만큼 차별화되는 답안이 적다는 뜻인 것이다.

결국 두 번 읽히지 않을 답안을 작성한다고 가정하고 가급적 쉽게 읽힐 수 있는 논술을 작성해 나간다면,

고득점의 가능성이 높아진다는 점을 명심하도록 해야겠다. 여기서, 입시 논술이 일반적으로 '비판적(반성적)으로 글을 독해하고, 창의적(독창적)으로 문제를 설정·해결하여 논리적으로 써야 하는 글'로 정의됨을 상기해 보자.

즉, 창의적인 내용을 논리적인 형식에 담은 논술문이 가장 좋은 평가를 받는 반면, 일반적인 내용을 비논리적인 형식에 담은 논술문은 당연히 나쁜 평가를 받게 되는 것이 당연하다.

'읽기 쉬운' 논술을 작성하기 위한 조건을 찾아보면 무엇일까? 일단 형식을 논리적으로 일목요연하게 구성하면 채점자 입장에서 학생의 논술을 읽기 이해하기도 쉬워질 것이다. 또한 표현이 간결하고 의미 전달이 선명하게 이루어질 때, 논술이 전체적으로 논리적으로 보이는 것도 사실이다. 결국 '읽기 쉬운' 논술을 작성하기 위해서는 '논리성'을 확보해야 하며, 이를 위해서는 다음의 세 가지 조건을 갖추어야 한다는 결론에 도달할 수 있는 것이다.

- 본인이 말하고자 하는 의사를 선명·정확히 표현할 수 있는 능력
- 논지(주장하고자 하는 바)와 논거(그를 뒷받침하는 구체적 서술) 간의 조리 있는 결합
- 각 단락 간의 체계적인 구조·구성 확보

이를 위해서 수험생들이 집중적으로 훈련해야 할 사항은 다음과 같다.
- 되도록 긴 문장을 써 본 후, 스스로 다시 검토하여 비문인 경우 교정해 보는 훈련
- 사회 현상으로부터 <u>스스로</u> 논점을 추출하여 친구나 선생님들과 능동적으로 토론, 논쟁해 보는 훈련
- 논술 작성에 앞서 상세한 개요부터 작성해 보는 훈련

여기서 단락 구성에 있어서 단락 간의 논리적 관계만큼이나 중요한 것이 각 단락 자체의 구성법이다. 가령, 각 문단마다 그 문단의 핵심 논지부터 먼저 드러내고, 그것을 뒷받침하는 근거를 그 다음에 위치시키는 형태를 유지하는 구성법(두괄식 구성)을 생각해 보자. 이렇게 문단을 구성할 경우 채점자는 각 문단의 첫 문장만 보고도 무슨 이야기를 할지 알 수 있으니 '쉽게 읽히는' 논술을 작성하는 데 효과적인 서술 방식이 되지 않을까?

물론 모든 경우에 두괄식(頭括式)이 바람직한 것은 아니다. 가령, 남들과 비슷한 주장을 자신만의 창의적인 근거로 뒷받침할 경우 강조할 부분은 비슷한 주장 부분보다는 창의적인 근거 부분일 것이다. 이러한 경우에는 당연히 창의적인 근거를 우선 제시하고 주장을 나중에 제시하는 미괄식을 활용하는 것이 득점에 유리하다. 단, 이러한 미괄식(尾括式) 단락 구성은 자신의 근거가 절대적으로 차별화된다는 자신이 있을 때만 활용하는 것이 바람직하겠다.

(4) 논술문 작성 능력 : 처음과 끝이 같게 하자(貫 : 꿸 관)

　논술의 생명인 '주제성'을 확보하기 위해서는 반드시 글 전체를 관통하는 주제 및 의식에 일관성(一貫性)을 유지해야만 한다.

　또한 이는 각 단락마다의 내용 전개는 물론, 개별 문장의 경우에도 마찬가지로 지켜져야 하는 규칙이다(예 : '폭력은 정당화될 수 없다'라는 논지 전개 이후에 아무런 상황의 반전도 없이 '폭력의 정당화 요건' 등을 논하게 되면, 논리적 충돌로 인해 큰 감점 요인 발생). 이를 위해서는 논술 작성에 앞서서 반드시 '상세한 개요'부터 작성하는 대원칙이 전제되어야 함이 물론이다.

> 　[서-본-결] 구조는 [개념의 정의와 문제의 명확화 및 제기(서론-문제 제기, 글의 방향 설정)-문제의 풀이(본론-논의의 해결)-서론에서 제기한 문제에 대한 답 정리(결론-논의의 마감)]의 단계적 역할로서 기억해 두자. 논술문이 길어지면 이렇게 도입, 해결, 마감의 형식을 취하는 것이 논리적 글 완성에 유리할 것이다. 반면, 보통 800자 이하의 단문 논술에서는 모든 분량을 본론에 집중해서 활용하는 것이 유리하기 때문에 [서-본-결] 구조를 취할 필요가 없다.

1. 통합논술, 교과서와 연결짓기

2008학년도부터는 자연계도 수리·과학 통합논술이 도입돼 실시된다. 이러한 변화에 많은 학생들이 어떻게 대비해야 할지 막막하다고 느낄 것이다.

먼저 실제 기출문제를 중심으로 살펴보면서 수리·과학 통합논술에 대한 감부터 잡아보자.

천문관측용 반사망원경 중 하나인 카세그레인식 망원경 (Cassegrain's Telescope)은 포물선과 쌍곡선의 반사성질을 이용하여 오른쪽의 그림과 같은 구조로 만들어졌다. 이처럼 포물선과 쌍곡선에서 반사성질이 성립하는 이유를 설명하시오.

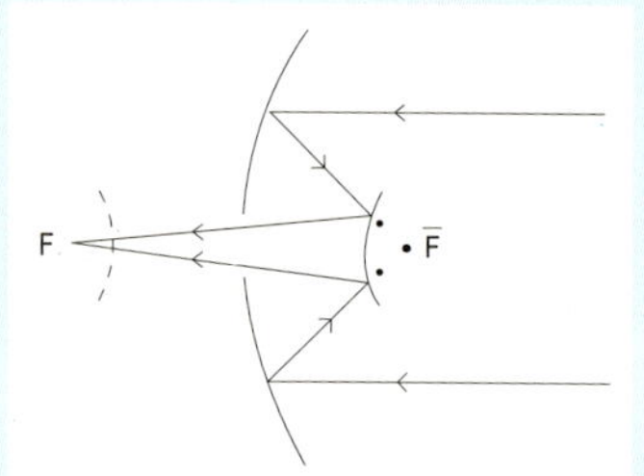

− 2008학년도 서울대 모의논술고사 2차(자연계) 예시문항 [문항 1]

이 문제의 해결과 관련해 '카세그레인식 망원경'이란 용어를 처음 들어보는 학생이 많을 것이다. 그렇다면 이 망원경에 대해 모르면, 논제를 풀 수 없는 것일까? 그렇지 않다. 비록 용어는 모르더라도 '카세그레인식 망원경'에 대한 그림이 있기 때문에 원리는 이해할 수 있어 나름대로 답변이 가능하다.

기본적으로 포물선과 쌍곡선의 정의와 성질을 알면 반사성질에 대해서도 알 수 있고, 이러한 지식과 제시된 그림의 분석을 활용하면 충분히 해답을 찾아낼 수 있다는 말이다. 가령, 포물선과 쌍곡선은 수학2의 이차곡선 단원에서 다루고 있다.

한 문제 더 살펴보자.

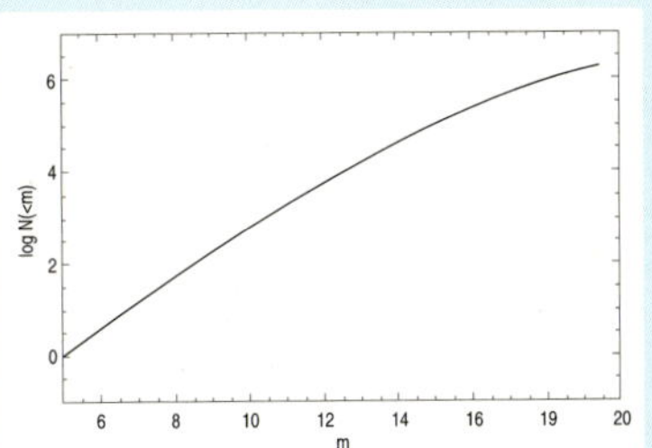

(가) (필자 요약) 사람의 감각기관은 외부의 자극에 대해 로그 함수적으로 반응한다. 별의 밝기의 경우에는 100배의 차이가 나면 5등급의 차이가 나도록 정의된다.

(나) (필자 요약) 오른쪽 그래프는 등급 m과 그보다 밝은 별의 개수 N 사이의 관계를 나타내는 그래프다. x축을 등급 m, y축을 $logN$이라 한다면 둘은 거의 비례관계에 있게 될 것이다. 별의 밝기는 거리의 제곱에 반비례하여 감소할 것이다.

[논제 1] 만약 밝기가 일정한 별들이 우주 공간에 균일하게 분포하고 있다면, N이 어떻게 주어지는가를 생각해 보고, 이를 바탕으로 위의 그림에서 관측된 결과에 대해 설명하시오.

[논제 1] 만약 사람의 눈이 지금보다 밝기에 민감하여 1등급과 6등급 별의 밝기의 차이가 100배가 아닌 10배였다면, (나)의 관측 결과는 어떻게 달라졌을지 논술하시오.

– 2008학년도 서울대 논술고사 2차(자연계) 예시문항 [문항 3]

언뜻 보면 어디서부터 손을 대야 할지 엄두가 나지 않지만, 성급한 포기는 금물이다. 차근차근 살펴보면 이 문제도 결코 교과과정을 벗어난 문제가 아님을 알 수 있다. 문제를 해결하기 위해 갖추어야 할 수리적 개념이나 사항에는 무엇이 있을까?

① 로그 함수의 성질, ② 길이의 비가 $m : n$인 경우에 넓이비, 부피비가 각각 $m^2 : n^2$, $m^3 : n^3$이 됨, ③ 가시거리를 r이라고 할 때 밝기와 r^2는 반비례 관계에 있음, ④ 우주 팽창과 적색 편이 등이다.

그런데 ①은 수학1의 지수·로그 함수 단원, ②는 중학교 수학, ④는 공통과학의 우주를 향한 과학 기술 단원과 지구과학1의 우주 팽창 단원에서 다루어지고 있다. 그리고 ③은 제시문에서 확인할 수 있다.

이러한 지식들을 기반으로 등급과 밝기는 지수 함수의 관계에 있으며, 가시거리를 r이라고 할 때 밝기와 r^2는 반비례 관계에 있으므로 그래프가 제시문과 같이 그려질 수밖에 없다는 것을 보여주면 되는 것이다. 조금 복잡하기는 하지만 차분히 수식을 써 나가면 충분히 답을 이끌어 낼 수 있다.

결국 '통합논술을 대비한 올바른 학습 방법'으로 공부한다는 전제만 지켜진다면, 교과서만 열심히 공부하더라도 통합논술에 충분히 대비할 수가 있다.

마지막으로 한 문제 더 살펴보도록 하자.

[논제 1] 미분법과 적분법이 평면 또는 공간에서 움직이는 물체의 운동에 대해 어떤 정보를 주는지 설명하시오.

[논제 2] 원 위에서 일정한 속력으로 움직이는 물체의 가속도 방향은 항상 원의 중심을 향한다. 그 이유를 설명하시오.

- 2008학년도 서울대 논술고사 2차(자연계) 예시문항 [문항 2]

이 문제는 수학2와 선택과목 '미분과 적분'의 미적분과 관련이 있다. 그리고 조금 더 확장한다면 수학2의 함수의 극한, 수학1의 수열의 극한, 그리고 수학10의 수와 연산 중 실수의 성질과 관련된다고도 할 수 있다. 미적분 자체는 실수의 성질에 기반을 두고 있기 때문이다.

그리고 직선상의 운동을 다루는 것이 아니라 평면 또는 공간이라는 2차원 또는 3차원적인 운동을 다루는 것이기 때문에 평면좌표 및 공간좌표 그리고 벡터에 대한 이해가 필요하다. 이와 관련된 내용은 수학10의 도형 단원, 수학2의 공간도형, 공간좌표, 벡터 단원 등에서 찾을 수 있다.

더 구체적으로 설명한다면 평면 또는 공간에서 움직이는 물체의 좌표를 시간 t에 대한 함수 $f(t)$로 나타내었다고 할 경우, 그것의 일계 미분 $f(t)$는 속도를 나타내고 이계 미분 $f'(t)$는 가속도를 나타내게 된다. 일계 미분의 절대값인 $f(t)$는 속력을 나타낸다. 물론 이 논제는 수학의 관련 교과를 충실히 학습했다면 풀 수 있는 문제다. 그러나 관련 물리 지식까지 있다면 훨씬 쉽게 접근할 수 있는 문제라고 할 수 있다.

그럼 이상의 기출문제를 통해 알 수 있었던 수리·과학 통합논술에 대해 정리해 보자.

(1) 왜 통합논술이 어렵게 느껴지는가?

대학은 통합논술을 통해 "자연계에 필수적인 과학적 사고와 분석적 능력(고려대)"과 "암기하고 있는 지식의 양보다 습득한 지식을 통합하여 주어진 문제 상황을 합리적으로 해결하는 능력(서울대)"을 측정하여 대학에서 학습할 소양을 갖춘 학생을 선발하고자 한다.

그런데 학생들의 일반적인 학습 방법은 과정보다 지식의 습득이라는 결과에 치중되어 있다. 또한 여러 교과서의 내용을 일상생활과 관련 지어 보는 훈련이 되어 있지 않는 경우가 많다. 그렇다 보니 수학과 과학 교과서에서 다루는 개념을 상호 접목시키고, 통합적인 추론 과정을 거쳐 심층적으로 논의해야 해결이 가능한 문제에 대한 적응력이 부족하게 된 것이다.

(2) 수리·과학 통합논술은 교과과정을 벗어나지 않는다

시험에 대비할 때 무엇보다도 중요한 것은 해당 시험에 출제되는 학습 범위를 확정하는 것이다. 공부할 범위를 확정해야 논술에 대한 막연한 두려움을 떨칠 수 있다. 이미 대학에서 통합논술을 교과과정 내에서 출제하겠다고 여러 차례 공언한 만큼 교과과정만 충실히 이수하면 어떠한 문제도 풀 수 있다는 자신감을 갖자.

실제로 통합논술 기출문제를 살펴보면 수능의 수리 영역과 과탐 영역 문제에서 요구하는 지식보다 낮은 수준의 지식을 요구하고 있음을 알 수 있다.

(3) 통합논술에 어떻게 대비해야 할까?

문제 해결 능력 배양에 앞서 우선 교과서의 내용이 어떻게 문제화되는지를 파악해야 한다. 그래야 평소 교과서로 내신과 수능을 공부하면서 동시에 과정 중심의 통합논술에 대비할 수 있는 학습 방법을 찾을 수 있다. 이에 대한 구체적인 방법으로 '교과서와 연결 짓기'가 효과적이다. 기출문제의 제시문과 논제를 분석하여 교과서의 구체적인 단원의 학습 내용과 연결해 보자. 교과서의 내용이 기출문제에 어떻게 반영되었는지를 반복적으로 살펴보다 보면, 교과서를 공부하면서 역으로 교과 내용이 어떻게 문제화될 수 있는지를 유추해 보는 능동적인 학습으로 발전해 나갈 수 있다.

아직 답안 작성까지는 어렵다고 해도 자연계 통합논술에 대해 어느 정도 개념적 이해를 갖추게 되었다면, 우선 첫 단추를 잘 꿴 셈이다. 다음으로 자연계 통합논술에서 어떻게 답안을 작성해야 할지 살펴보자.

자연계 학생들은 인문계 학생들에 비해 글쓰기 훈련이 부족하기 때문에 답안 작성에 더욱 어려움을 느끼곤 한다. 실제로 서울대, 고려대, 연세대의 통합논술 모의시험 결과 발표를 보더라도 자연계 학생들이 논리적으로 글을 구성하는 능력이 많이 부족하다는 공통적인 지적이 나온다.

논술은 주어진 논제에 대한 자신의 주장과 근거를 글로 서술하는 것이므로, 자연계열 논술에서도 글쓰기는 필요하다. 논제를 이해하고 있음에도 불구하고 글로 표현하지 못해 의미를 전달하지 못하는 답안은 좋은 평가를 받을 수 없다. 대부분의 학생이 과정은 대략 파악하고도 이를 재구성하는 능력이 부족했다. 또 자신의 생각을 전달하기 위한 기본적인 글쓰기 능력이 부족한 학생도 적지 않았다.

– 서울대

과학 및 수학 관련 교과 지식을 다른 사람에게 효과적으로 설명할 정도의 분석력과 표현력을 지니고 있는지를 측정하고자 한다.

– 고려대

여러 가지 개념을 혼용하고 문장이 체계적이지 못하여 전달하고자 하는 아이디어가 혼란스럽게 제시되는 답안이 상당히 많이 있었다. 논리적으로 문장을 구성하는 연습이 학생들에게 필요하다고 생각된다.

– 연세대

물론 교과 영역에 대한 체계적 학습이야말로 '통합형' 논술에 대비하기 위한 가장 근본적 토대가 된다. 그러나 '논술'은 엄연히 글쓰기의 형식으로 이루어지는 양식이다. 따라서 당연히 '글쓰기'로서 갖추어야 하는 기본 요건 역시 중요한 요소가 되는 것이다. 결론적으로 자연계 논술도 인문계 논술과 같은 훈련이 필요하다.

논술은 기본적으로 주어진 논제에 대해 주장(논지)과 근거(논거)의 체계적 결합 형태로 서술하는 것이므로, 평가의 초점이 논증에 맞추어지는 인문계 논술의 훈련 방법이 큰 도움이 될 수 있는 것이다. 가령, 인문계의 언어 · 사회 논술을 통해 제시문의 분석, 핵심 개념의 파악, 개요 작성 방법, 논리적인 글쓰기 방법 등을 익히면 자연계의 논술 답안 구성에도 아주 큰 도움이 된다. 물론 자연계 고유의 교과서적 지식 학습, 수식이나 그림 활용 훈련 등에도 적절하게 시간을 할애해 나가야 한다.

(5) 대학별 평가기준부터 숙지하자

　자연계 논술도 인문계 논술과 마찬가지로 결국 '글쓰기'라고 하긴 했지만, 대학에서 요구하는 자연계 논술 답안의 표현 방식은 인문계 논술과 차이가 있다. 특히 답안 작성 과정과 답안 검토 시 대학에서 제시한 평가 기준을 항목별로 적용시켜 보는 것은 필수다. 그러므로 자신이 지원하고자 하는 대학에서 발표한 평가기준부터 정확히 파악할 필요가 있다.

[표 2-5] 서울대에서 발표한 자연계열 평가기준

구분	평가내용 및 기준
개념과 원리의 이해 · 분석 · 구성능력 (이해 · 분석력)	– 논제와 관련된 수리적 · 과학적 개념과 원리에 대한 식별 및 인지 능력 – 개념의 정의와 원리에 대한 정확한 이해력 – 제시문의 내용, 수식, 도표에 대한 해석 및 변환 능력 – 수리적 · 과학적 상황에서 변인이나 대상 사이의 관계 설정 능력
통합적 추론 능력 (논증력)	– 수리적 · 과학적 개념과 원리의 통합력 – 구성 조직 및 모형화 능력 – 근거 설정 및 일반화 능력
창의력	– 심층적인 논의 전개 – 다각적인 논의 전개 – 영역전이적인 논의 전개
의사소통 능력 (표현력)	– 시각화 – 수식화 – 표현의 적절성

(6) 결론보다는 설명 과정과 논리적 근거가 중요

　자연계 통합논술 기출문제를 살펴보면, 문제의 결론을 묻기보다는 '공식을 유도하는 과정의 타당성을 논하라', '이유를 설명하라', '판정 근거를 논하라' 등과 같이 문제를 해결해 나가는 과정과 그에 대한 논리적 근거를 묻는 경우가 많다.

　과학적인 문제를 해결하기 위해서는 기본적인 개념과 원리의 이해에 근거한 추론이 필요하다. 또한 단편적인 분석에 그치지 말고 다양한 영역을 아우르는 통합적인 추론 과정이 있어야 하므로 이를 강조하는 대학의 기준은 당연하다고 할 수 있다.

(7) 수식과 그림의 활용

아울러 자연계 논술의 경우 자신의 생각을 표현하는 데 수식과 그림을 활용하는 것이 효과적일 때가 많다. 다만 연세대의 지적처럼 수식이나 그림의 활용은 논지 전개에 적합한 정도에 그쳐야 한다. 관련 없는 수식이나 그림은 감점 요인이 될 수도 있다.

(8) 답안의 분량

많은 학생들이 자연계 논술 답안을 작성할 때 분량은 어느 정도가 적당한지 궁금해 한다. 자연계 논술에서는 인문계 논술에서와 달리 수식이나 그림이 다수 포함될 수 있고, 논제에 대한 해결 방법에 따라 분량이 차이가 날 수 있기 때문에 일반적으로 분량 제한을 두지 않는다.

따라서 답안을 작성할 때 분량 자체에 신경을 쓰기보다는 자신의 생각을 글로 옮길 때 논리 전개를 간략하게 하되, 핵심적인 개념은 반드시 포함되도록 한다는 생각을 가지고 있어야 한다. 특히 다음의 감점 요인을 기억해 둔다면 답안 작성에 큰 도움이 된다.

학생 스스로가 논리 전개를 간략하게 할 수 있도록 하는 것이 좋다. 어차피 많이 써 봐야 중심 개념을 제외한 중언부언은 가점되지 않는다.

– 고려대

자연계열 논술고사에서는 답안 분량에 제한을 두고 있지 않고, 답안지 형태도 원고지가 아니다.

– 서울대

(9) 답안을 작성했다면 첨삭 지도를 받자

논술 답안을 작성했다면, 첨삭 지도의 보완을 통해 그 효과를 극대화할 수 있다. 첨삭 지도의 객관적인 평가를 통해 좋은 점은 더 발전시키고, 나쁜 점은 시정할 수 있다. 또한 평가자가 읽을 것을 상정하고 글을 쓰게 되면 일단 답안을 작성하는 자세부터 달라진다. 따라서 늘 첨삭 내용을 꼼꼼히 검토해 보고, 납득할 만한 지적 사항에 대해서는 숙지하고 개선해 나가려는 노력을 견지해 나가도록 하자.

2. 자연계 논술 학습 방법

각 대학에서는 통합 논술을 통해 어떤 점을 평가하고자 하는지, 또 어떻게 공부해야 바람직한지에 대해 수차례 밝힌 바 있다.

서울대는 "암기하고 있는 지식의 양보다 습득한 정보와 지식을 통합하여 주어진 문제 상황을 합리적으로 해결하는 능력, 즉 비판적, 창의적 사고력"을 평가하겠다고 밝혔다. 이와 함께 바람직한 공부 방법으로 "별도의 교과가 필요한 것이 아니라, 개별 교과가 제안하는 여러 학습활동을 자기 주도적으로 충실히 수행하는 것 자체가 논술을 준비하는 바람직한 방법"이라고도 했다. 이는 수학능력시험의 평가 목표나 공부법과도 상통하는 내용이다.

이런 대학의 지침을 염두에 두고 좀 더 구체적인 방법에 대해 함께 생각해 보자. 논술 공부법이라는 게 사실 넓게 보면 비단 논술만이 아니라 모든 학습의 바람직한 방법이기도 하다. 이번 학습에서는 특히 수학 영역에 초점을 맞추어 보자.

먼저 수학을 공부해 나가는 과정에 대한 구체적인 전략부터 수립하는 것이 필요하다. 대체로 다음과 같은 여섯 단계를 염두에 두고 학습 계획을 수립하면 된다.

- 단원을 배우는 목적 생각해 보기
- 정의 및 개념을 직관적으로 이해하기
- 정의 및 개념들 간의 관계 파악하기
- 정리 및 공식의 의미 및 유도 과정 이해하기
- 정리 및 공식을 직관적으로 이해 및 암기하기
- 다른 단원과의 관련성을 생각해 보기

(1) 수학 영역 짚어보기

1) 단원을 배우는 목적 생각해 보기

고등학교 1학년 수학 [10 - 개] 단계에서 일반 연산에 대해서 공부한 기억을 떠올려 보자.

그런데 왜 구체적인 연산인 덧셈, 곱셈 등이 아닌 추상적인 연산에 대해서도 다루었을까? 특히 실수의 연산에 관해서는 너무나 당연한 내용을 증명해 보도록 했을까? 이처럼 단원의 목적을 생각해 보는 것이 1단계라고 할 수 있다.

수학을 공부하다 보면 다양한 연산이 나온다. 고등학교 과정에 나오는 연산만 해도 실수, 복소수의 사칙연산, 집합의 교집합, 합집합 연산, 행렬의 덧셈·곱셈 연산, 다항식의 덧셈·곱셈 연산, 함수의 합성 연산 등 그 수가 많다.

구체적인 내용은 다르겠지만 두 개의 요소로부터 새로운 하나의 무엇인가를 얻는다는 점에서는 공통점이 있다. 이와 같은 공통점에 착안하여 추상적인 성질을 밝혀두면 통일적인 원리를 찾을 수 있을 뿐만 아니라 그 내용을 구체적인 경우에 활용할 수 있다. 가령, 이러한 과정을 통해서 실수의 연산 중 핵심적인 성질을 추출하여 실수의 연산과 비슷한 연산을 만드는 데 활용할 수도 있다.

2) 정의 및 개념을 직관적으로 이해하기

다음 단계는 해당 단원에서 나오는 정의 및 개념을 직관적으로 이해하는 것이다.

실수, 복소수의 연산에서 덧셈과 곱셈의 항등원의 개념은 직관적으로 어떻게 이해할 수 있을까? 항등원은 0과 1의 성질에 바탕을 둔 것이다. 수학을 공부하다 보면 이미 알고 있는 익숙한 내용, 정의를 바탕으로 새로운 것을 정의하는 경우가 많은데, 일반적인 연산에서의 항등원도 실수, 복소수 연산 중 덧셈의 0과 곱셈의 1에 착안해 만든 것이다.

역원, 교환법칙, 결합법칙, 분배법칙 등도 마찬가지다. 이를 파악하는 것이 2단계라고 할 수 있다.

3) 정의 및 개념들 간의 관계 파악하기

여기에 질문이 하나 있다. 연산 *에 대하여 닫혀 있는 집합 S가 주어졌다고 하자. 연산 *에 대한 항등원이 있다는 것과 연산 *에 대해 교환법칙이 성립한다는 것 사이에는 어떠한 관계가 있을까?

실제로는 두 개념 사이에 아무런 관련도 없다. 항등원의 존재 여부, 교환법칙의 성립 여부에 따라 (2가지 경우의 곱이기 때문에) 4가지의 가능성이 있다. 그래서 항등원이 존재하는 것과 교환법칙이 성립하는 것은 독립이라는 것이다. 항등원도 존재하고 교환법칙도 성립하는 예로는 실수에서의 덧셈 연산을 들 수 있다.

항등원은 존재하지만 교환법칙이 성립하지 않는 예로는 각 성분이 실수인 2차 정사각행렬들의 집합과 행렬의 곱셈 연산을 생각할 수 있다. 곱셈에 대한 항등원인 2차 단위행렬을 포함하지만, 행렬의 곱셈은 교환법칙을 만족하지 않는다. 항등원은 존재하지 않지만 교환법칙은 성립하는 예로는 어떤 것이 있을까?

그 좋은 예가 자연수 집합에서의 덧셈이다. 자연수의 덧셈은 교환법칙은 성립하지만 항등원인 0은 자연수가 아니므로 항등원은 없다. 마지막으로 항등원도 없고 교환법칙도 성립하지 않는 예를 살펴보자.

$S=\{\begin{pmatrix} a & b \\ c & d \end{pmatrix} | a,\ b,\ c,\ d \in R,\ ad-bc=0\}$로 두고 $*$를 행렬의 곱셈으로 두면 이 연산은 행렬의 곱셈에 대해 닫혀 있다. 그리고 $1^2-0^2 \neq 0$이므로 행렬의 곱셈의 항등원인 $\begin{pmatrix} 1 & 0 \\ 0 & 1 \end{pmatrix}$는 이 집합에 없다. 또 $\begin{pmatrix} 1 & 2 \\ 3 & 6 \end{pmatrix}\begin{pmatrix} 1 & 2 \\ 2 & 4 \end{pmatrix} \neq \begin{pmatrix} 1 & 2 \\ 2 & 4 \end{pmatrix}\begin{pmatrix} 1 & 2 \\ 3 & 6 \end{pmatrix}$이므로 교환법칙이 성립하지 않는다. 이와 같이 각 정의 및 개념들 사이의 관계를 파악하는 것은 각 정의 및 개념 자체를 이해하는 데도 도움을 준다.

4) 정리 및 공식의 의미 및 유도 과정 이해하기

덧셈에 대한 항등원을 0이라 할 때 임의의 실수 a에 대해 $a \cdot 0 = 0 \cdot a = 0$이 성립한다는 것을 증명한 적이 있을 것이다. 혹시 너무 당연한 것을 증명하라고 해서 그냥 결과만 기억하고 넘어갔던 기억은 없는가?

다른 단원에 새로운 내용에 대한 증명이 많이 나온다면, 이 단원에서는 이미 알고 있던 것들을 새로운 개념을 써서 소개하고, 그 개념을 이용해서 증명하라고 하는 경우가 많다.

위의 내용은 덧셈에 대한 항등원과 곱셈이라는 연산과의 관계에 대한 정리다. 수학 [10-개] 이전 단계까지는 다양한 실수의 연산의 성질을 주어진 것으로 생각했다. 그러나 수학 [10-개] 단계에서는 이러한 성질 자체를 주어진 것으로 보지 않고, 보다 근본적으로 실수와 연산을 정의하고 이러한 성질에 대한 정리를 유도하는 것이다. 실수의 덧셈 및 곱셈에 대한 항등원, 역원의 존재, 교환법칙, 결합법칙, 분배법칙의 성립 등에서 위의 결론을 이끌어 낼 수 있다.

5) 정리 및 공식을 직관적으로 이해 및 암기하기

누구라도 많은 증명을 모두 외우기란 힘이 든다. 직관적인 이해란 증명에 사용되는 핵심 원리, 방법을 포착하는 것을 의미한다. 그리고 이 단계에서는 각 증명이나 공식이 전체 내용에서 어떠한 의미를 갖는지를 파악하는 것이 중요하다.

앞에서 다룬 증명은 좀 더 추상화할 수 있다. 꼭 실수가 아니더라도 위와 같은 성질이 성립하는 연산 구조에서는 같은 결론이 성립한다는 것을 알 수 있다. 주어진 연산의 성질 외에는 실수의 다른 성질을 증명에 이용하지 않았기 때문이다. 이와 같은 추상적인 연산 구조를 가진 집합을 '체(體, field)'라고 하고, 추상적인 연산 구조에 순서를 주고 완비화시킨 유일한 완비순서체(Complete ordered field)를 '실수체'라고 정의한다.

대학교에 가면 실수를 이렇게 정의하는데, 지금은 구체적인 내용을 알지 못해도 상관없다. 다만 이 단원에서 이와 같은 추상화의 기본 단계를 시작하고 있다는 점 정도는 기억해 두는 편이 좋다.

6) 다른 단원과의 관련성을 생각해 보기

고등학교 수학을 공부하면서 새로운 연산이 나오기만 하면 항등원, 역원의 존재 여부, 교환법칙, 결합법칙, 분배법칙의 성립 여부에 대해서 검토했던 것이 기억날 것이다. 이와 같이 각종 연산과 관련하여 일반적인 연산을 공부할 때 배웠던 내용을 다시금 떠올려보는 것도 도움이 된다.

앞에서 항등원의 존재 여부와 교환법칙의 성립 여부에 따른 예를 들 때도 이러한 다른 단원의 지식이 많이 도움이 되었던 것처럼 말이다. 이는 단원을 뛰어넘어 전체 내용을 스스로 꿰어본다는 의미도 갖고 있다. 다양한 단원을 여러 기준으로 꿰어보는 것은 종합적 사고력의 향상에 많은 도움이 된다.

물론 위의 방법이 다는 아니다. 실제 공부를 하는 과정에서 자신이 좋다고 생각하는 다른 방법을 채택할 수도 있다. 사실 공부 방법을 스스로 세워보는 것 자체도 실제 공부에 많은 도움이 된다. 공부 방법을 세우기 위해서는 각 과목의 성격을 면밀히 파악해야 하고 그 과정에서 전체적인 조망을 하기 위한 노력이 필요하기 때문이다.

(2) 과학 영역 짚어 보기

이제 수학 영역에 이어, 이번에는 과학 영역의 공부법에 대해서 살펴보도록 하자.

대학은 과학 논술을 통해서 과학적 사고력이 갖춰져 있는지 알아보고자 한다.

대학이란 기존의 지식을 배우고 전수하는 곳인 동시에 새로운 지식을 창조하는 곳이다. 그렇기 때문에 새로운 지식, 특히 과학 지식을 창조하기 위해서는 과학적 사고력이 필요하기 때문이고 이런 능력을 검증하고자 하는 것이다.

그렇다면, 과학적 사고력이란 과연 무엇일까? 그 답은 실제로 과학 탐구 과정이 어떻게 이루어지는지에 대해 살펴보면 단서를 얻을 수 있다. 새로운 과학 지식은 거칠게 말해서 다음과 같은 과정을 통해서 만들어진다.

- 다루고자 하는 대상 파악, 개념 정의
- 설득력 있는 가설 세우기(귀납적, 연역적 방법 사용)
- 가설로부터 연역적으로 결론 도출하기
- 결론과 현실 비교하기
- 법칙 확립

이와 같은 탐구 방법을 과학적인 방법(Scientific Method)이라고 할 수 있는데, 비단 자연과학뿐만 아니라 사회과학에도 널리 쓰이는 방법이다. 위와 같은 과정을 논리적으로 잘 수행해 낼 수 있는 능력이 있다면 바로 과학적 사고력을 갖춘 것이다. 공부할 때 위의 단계를 염두에 두면서 과학 지식을 재구성하도록 노력하자.

1) 다루고자 하는 대상 파악, 개념 정의

과학 법칙을 세울 때는 모든 것을 그 근저에서부터 낱낱이 밝히는 것이 가장 이상적이다. 하지만 이성의 한계, 실험의 한계 등으로 쉽지 않은 경우가 많다. 그래서 같은 자연 현상을 다양한 층위에서 바라보게 되는데, 이것이 분과학문이다.

자연을 가장 세밀하게 들여다보는 사람은 입자를 다루는 물리학자이고 보다 큰 단위인 분자 단위에서 자연을 바라보는 사람은 화학자, 그리고 다소 큰 단위인 생물에 초점을 맞추는 사람이 생명과학자라고 할 수 있다. 이와 같이 과학의 다양한 분과는 각기 다른 층위에서 자연을 바라보고 있기 때문에 과학을 접할 때는 어떤 층위에서 무엇에 초점을 맞추고 있는지를 먼저 파악할 필요가 있다.

다음으로는 개념 정의를 명확히 해야 한다. 과학 법칙은 일반적이어야 하기 때문에 구체적인 자연 현상 중에서 공통점이 있는 것들을 뽑아 개념을 만들게 된다. 이 같은 개념 정의는 과학 법칙을 도출하기 위한 전제 조건으로, 개념을 잘 파악하지 못하면 이후의 과정을 충실하게 수행할 수가 없다.

2) 설득력 있는 가설 세우기(귀납적·연역적 방법 사용)

일단 개념 정의를 한 뒤에 이들 사이의 관계에 관한 가설을 세울 수 있게 된다. 이 과정은 고등학교 과학 과정에 나오는 경우도 있고 나오지 않는 경우도 있다. 가설을 세우게 된 과정이 비교적 소상히 나온다면 그것을 잘 알아둘 필요가 있고, 그렇지 않은 경우에도 왜 그러한 가설을 세우게 되었을까 스스로 생각해 보는 습관을 가지는 것이 좋다.

가설을 세우는 대표적인 방법에는 귀납적·연역적인 방법이 있다. 쉽게 말해, 귀납은 개개의 구체적 사실로부터 일반 법칙을 이끌어 내는 것이고 연역은 그 반대의 과정이다.

귀납적 방법을 사용하는 경우에는 실험 결과를 분석해 일반적으로 설명할 수 있는 방법을 찾는 능력이 필요하다. 반면 연역적 방법은 기존의 법칙으로부터 논리적으로 새로운 법칙을 도출하는 것이라고 할 수 있다. 케플러의 법칙에서 만유인력을 도출해 낸 것이 그 예다.

3) 가설로부터 연역적으로 결론 도출하기

가설을 세웠다면 이를 바탕으로 구체적인 결론들을 도출할 수가 있다. 예를 들어 라는 가설로부터, 힘을 두 배 가하면 가속도를 두 배가 된다거나 힘과 질량을 두 배로 하면 가속도는 그대로라는 결론 등을 도출해 낼 수 있다.

책에서는 이 과정을 오히려 가설을 세우는 과정보다 많이 다루고 있다. 확립된 법칙을 가르치고 그것으로부터 결과를 이끌어 내는 경우가 많기 때문이다. 따라서 이 과정은 충실히 이해할 필요가 있다. 단순히 결론만을 외워서는 안 되고 도출 과정의 논리 흐름을 잘 살펴봐야 한다. 과정의 논리 흐름을 중시하는 공부법은 수학과 비슷한 셈이다.

4) 결론과 현실 비교하기, 법칙 확립

이 과정은 가설로부터 도출한 결론과 현실이 얼마나 잘 부합하는가를 따져보는 단계다. 가설은 기존의 현상을 잘 설명해야 하는 것은 물론 나아가 타당성 있는 예측이 가능해야 한다. 이 두 역할을 잘 수행해야 설득력 있는 가설이 되는 것이다. 가설이 설득력을 얻을 때 비로소 과학 법칙이 된다.

과학 공부를 할 때는 지금 공부하고 있는 것이 위의 다섯 단계 중 어디에 해당되는 것인지를 늘 생각해야 한다. 그리고 단편적인 결론을 외우기보다는 설득력 있게 추론해 나가는 연습도 필요하다.

일례로 서울대 모의 논술에서는 자연계 학생들 중 일부에게 책을 참조할 수 있게 하는 오픈북 형태로 테스트를 했는데, 그중 4분의 3은 책을 참조하는 것이 별로 도움이 되지 않는다고 답했다. 이 결과를 통해 미루어 보면 단순한 결론만 알아서는 과학 논술을 대비하기 힘들다고 할 수 있다.

과학적 사고력 배양에 초점을 맞추고 위의 과학 탐구 과정을 스스로 충실히 복원해 본다는 마음가짐으로 공부하면 좋은 결과를 얻을 수 있을 것이다.

(3) 수학과 과학의 통합 영역

자연계 논술은 통상 수학·과학 통합 논술이라고 불린다. 수학과 과학이 긴밀하게 관련되어 있기 때문이다. 과학적인 성질을 수치로 표현한 뒤 그들 간의 관계를 식으로 표현하는 경우가 많다.

위에서 본 탐구 과정 중에 '설득력 있는 가설 세우기'가 있었다. 수학이 과학, 특히 물리학에 많이 사용되는 이유는 가설을 세울 때 수학적 모델을 사용하면 효과적이기 때문이다. 물리학 중에서도 특히 역학 부분은 미적분학과 관련된 수학을 많이 사용하고 있는 점으로도 이를 알 수 있다.

역사적으로 봐도 수학과 물리학은 많은 관련을 맺고 있다. 물리학을 위해서 수학이 발전하기도 하고, 수학을 사용하여 물리학이 발전해 나가는 등 서로 상보적인 관계를 갖고 있다.

전자의 예로는 역학과 관련해 발전한 미적분학을 들 수 있다. 뉴턴은 다양한 힘과 운동을 기술하기 위해 미적분학이라는 체계를 고안했다. 그리고 미국의 클레이 재단이 현상금 100만 달러를 내건 문제 중 하나(Yang–Mills Theory)는 특정 물리 현상을 설명할 수 있는 수학 체계를 세우라는 것이었다.

후자의 예로는 20세기에 베네치아노가 강력(강한 핵력)을 설명하는 수학 모델을 찾다가 우연히 200년 전 오일러에 의해 연구된 감마 함수가 이를 잘 설명한다는 점을 찾아낸 경우를 들 수 있다.

물리학뿐만 아니라 생물학과 관련해서도 수학적 모델을 사용하는 수리생물학이라는 분야가 점차 자리를 잡아가고 있다. 과학뿐만 아니라 경제학 등의 사회과학에서도 수학은 폭넓게 활용되고 있다. 따라서 수학적 모델을 사용하는 가설, 법칙의 경우에는 수학 자체도 잘 알아야 한다.

일단 수학적 모델을 만드는 것은 수학을 응용하는 것이라고 할 수 있다. 따라서 과학 교과서를 학습할 때 수학적 모델을 사용하는 가설과 법칙이 있다면, 반드시 관련 수학 단원을 찾아서 함께 공부하는 것이 좋다. 마찬가지로 수학을 공부할 때도 과학 개념이 등장하면 해당 과학 교과서를 반드시 참조해야 한다.

수학과 과학은 서로 분리된 과목이지만, 학습과 사고의 방식은 동일하다는 것을 명심한다면 통합논술에 대한 막연한 두려움을 떨쳐 버릴 수 있을 것이다.

03 완벽한 자료 분석 도전하기(공통)
–시각적 자료 분석의 비결 익히기

1. 수학 교과서의 통계부터 공략하자

2007학년도의 통합논술에서는 지나치게 사회과학적 접근에 한정되었던 문제를 극복하면서 수리적 계산과의 연결을 통해 난이도가 지나치게 높아지던 부분을 완화시킨 대신에 문학과 사회과학의 만남, 통계적 수치의 해독 등을 통해 통합적 요소를 강화시킨 것이다.

– 고려대 논술모의고사 해설

부정확한 확률통계 용어 사용으로 의미전달이 불분명

– 서울대 논술모의고사 채점평

표나 그래프와 같은 도표들은 대부분 우리 일상생활에서 쏟아져 나오는 다양한 통계 자료를 기반으로 한다.

서울대, 연세대, 고려대의 예시문항, 모의시험, 수시 기출문제를 분석해 보면 통계 자료를 활용한 문제의 비율이 매우 높음을 알 수 있다. 각 대학은 통합논술 시험의 목적으로 '일상생활과 의사결정을 연결짓는 능력을 평가하여 대학에서 제대로 수학(修學)할 수 있는 인재를 뽑고자 함'을 공통적으로 꼽고 있다.

[표 2-6] 고려대 논술모의고사에 사용된 통계 자료

항목＼연도	1970	1980	1990	2000
국민총생산(억 원)	27,639	387,749	1,866,909	5,786,645
에너지소비량(1,000 TOE)	19,698	43,911	93,192	192,887
1인당 전력 소비량	240	860	2,200	5,060
총광고비(억 원)	127	2,753	20,001	58,534

표나 그래프는 우리의 일상을 간략하고 효과적으로 나타낼 수 있는 자료다. 이를 감안한다면 이를 결부한 유형의 출제 빈도가 높아지는 것은 당연하다고 할 수 있겠다. 게다가 2007년부터는 주요 대학들이 수리교과 영역에 초점을 맞춘 '수리논술'을 추가할 것이라고 발표한 상황이다. 이러한 상황에서 통계 자료를 활용한 문제가 출제될 가능성이 더욱 확대되고 있는 만큼, 이를 분석·이해·활용하는 능력은 필수라 할 수 있다.

그런데 의외로 통계 자료를 분석하는 데 어려움을 겪는 학생들이 많다. 학생들과 이야기를 나눠 보면 공통적으로 통계 자료 이해의 중요성에 대해 인지하고는 있지만, 정작 어떤 방법으로 학습해야 할지에 대해서는 막막하게 생각하고 있다.

[표 2-7] 연세대 논술모의고사에 사용된 통계 자료

국가	인구(명)	법조인구(명)	변호사 1인당 인구(명)
한국	47,000,000	8,200	5,700
일본	120,000,000	24,000	5,247
프랑스	58,000,000	38,000	1,500
독일	82,000,000	142,000	578
영국	52,000,000	95,000	557
미국	276,000,000	1,030,000	266

그렇다면 통계 자료 분석에 능통해질 수 있는 지름길은 없는 것일까?

길은 교과서에 있다. 통합논술에서 다루는 통계 자료들은 전문적인 지식을 필요로 하지 않는다. 고등학교 수학 교과서(수학10-가, 수학Ⅰ)에 나오는 통계 지식 정도만 충실히 학습해 두더라도 통계를 이해하고 활용하기 위한 기본적인 준비는 충분히 갖추었다고 볼 수 있다.

교과서의 핵심 개념을 이해했다면, 기회가 닿는 대로 이를 각종 통계 자료에 적용하는 훈련을 하자.

2. 도표의 응용

(1) 통합논술에서 도표의 중요성

2008학년도부터 다양한 교과 영역별로 여러 문항이 출제되는 통합교과형 논술의 형식으로 변화되면서 각종 그래프, 도표 등의 시각적 자료를 제시하는 추세가 보편화되고 있다. 이번 장에서는 여러 시각적 자료 형태 가운데 도표에 초점을 맞추어 자료 해석에 유의할 점은 무엇인지 함께 고민해 보자.

(2) 논술에서 도표는 어떻게 활용되나?

[표 2−8]은 연세대 모의논술고사에서 제시된 자료다. 일단 이 표를 통해 연도별, 연령층별 인구 변화 등을 직관적으로 쉽게 분석해 낼 수 있을 것이다.

[표 2−8] 연령층별 인구비율(%)

연도 \ 연령층	0~14세	15~64세	65세 이상
1970	42.5	54.4	3.1
1980	34.0	62.2	3.8
1990	25.6	69.2	5.1
2000	21.1	71.7	7.2
2010	16.8	72.8	10.9
2020	12.6	71.7	15.7
2030	11.2	64.7	24.1
2040	10.1	57.9	32.0
2050	9.0	53.7	37.3

하지만 이 정도에서 머문다면 통합 논술적 사고 확장으로서는 부족하다. 이러한 분석을 지식과 연계하고, 논제의 요구에 부합하는 결론을 내야 한다. 글은 물론 스스로 응용한 별개의 도표 등을 통해 구체적으로 표현해 낼 수 있어야 한다. '단순히 교과서의 내용을 이해했다고 해서 모든 학생들이 이 지식을 실생활의 영역에 적용시킬 수 있는 것은 아니다'라는 서울대의 지적을 염두에 두고 다음 논제에 접근해 보도록 하자.

(3) 통합논술에서 도표의 활용

논제는 '우리나라 전체 인구의 평균 연령 변화를 분석하고자 할 때의 수리적인 과정을 설명하고, 우리나라 전체 인구의 평균 연령이 어떻게 변화하는지 설명할 것'을 요구했다. 그런데 이 도표를 통해 평균 연령 변화를 구하려면 연도별 평균 연령을 산출해야 하고, 평균 연령의 산출을 위해서는 수학 시간에 배운 통계적 지식을 활용할 수 있어야 한다.

각 연령층의 대표값을 각각 7세, 39.5세, 72세(도표상의 65세 이상을 65~79세로 가정)로 본 후 비율을 곱하면 연도별 평균 연령을 [표 2-9]와 같이 구할 수 있다.

[표 2-9] 연도별 평균연령

연도	1970	1980	1990	2000	2010	2020	2030	2040	2050
평균연령	26.7	29.7	32.8	35	37.8	40.5	43.7	46.6	48.7

[표 2-9]를 보고 연도별로 평균 연령이 상승하고 있음을 설명할 수는 있다. 하지만 이처럼 도표의 직관적 해석 단계에만 그쳐서는 다각적인 분석과 응용이 어렵다. 가령 이 표를 1차원 정도의 자료라고 가정해 보았을 때, [표 2-10]과 같이 2차원적인 그래프로 변환 제시하게 되면, 평균 연령이 거의 일정한 기울기로 상승하고 있음을 짚어준다든지 제시된 표에서의 연도 이후의 상황까지 예측할 수 있는 등 보다 확장된 단계의 다양한 서술도 가능해진다.

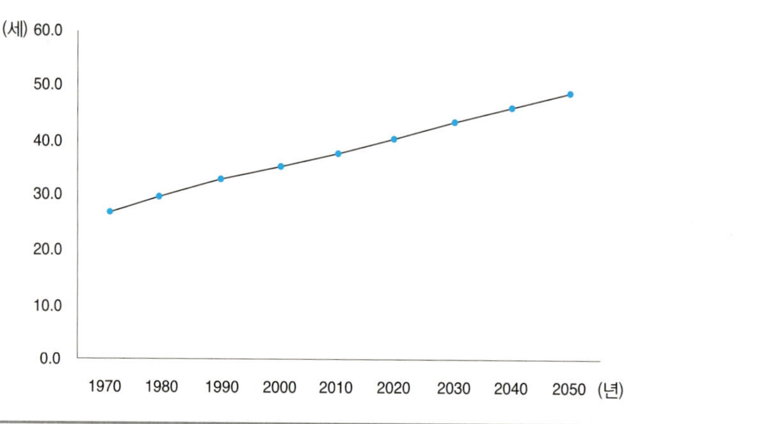

(4) 준비는 어떻게?

평소 신문, 잡지 등을 통해 접하는 다양한 도표를 그냥 지나치지 말고, 제시문과 비교하며 그 의미를 짚어보는 훈련을 해야 한다. 특히 교과서에 등장하는 도표의 경우 해당 단원의 핵심 교과 내용과 어떤 관련을 가지는지 구체적으로 따져 봐야 한다. 또한 구체적인 수치를 표현해야 할 경우 도표를 이해하고 분석하는 데 머무르지 말고, 그래프로 그려 보도록 하자.

3. 대표값 – 평균1

통계 데이터의 전체적인 특성을 하나의 값으로 표시했을 때 이를 대표값이라 한다. 대표값에는 평균(Mean), 중앙값(Median), 최빈값(Mode)이 있다. 중앙값은 수치로 된 데이터를 순서대로 나열했을 때 중앙에 오는 값을, 최빈값은 가장 여러 번 나타나는 값을 말한다.

$$단순산술평균 \quad \overline{X} = \frac{X_1 + X_2 + \cdots + X_n}{n}$$

$$가중산술평균 \quad \overline{X} = \frac{w_1 X_1 + w_2 X_2 + \cdots + w_n X_n}{w_1 + w_2 + \cdots + w_n}$$

$$w_1, w_2, \cdots, w_n 은 \ 각 \ 데이터의 \ 가중치$$

평균에는 일반적으로 산술평균이 많이 쓰인다(기하평균과 조화평균도 있지만, 많이 쓰이지 않으므로 여기에서는 설명을 생략한다). 산술평균은 다시 전체 데이터의 합을 전체 데이터의 개수로 나눈 단순산술평균과 각 데이터에 가중치를 곱하여 합한 후 가중치의 합으로 나누어 구하는 가중산술평균(이에 대해서는 다음 기회에 자세히 설명한다)으로 나눌 수 있다.

평균은 수학적 연산이 가능하다는 장점이 있기 때문에 대표값으로 가장 많이 사용된다. 하지만 데이터의 평균을 잘못 사용하거나 현실과 어긋나는 분석이 되는 경우도 많다. 그 예로 다음의 기사를 살펴보자.

[표 2-11] 2006년 평균 이혼연령과 재혼연령(세)

구분	평균 이혼연령	평균 재혼연령	차이
남자	42.6	44.4	1.8
여자	39.3	39.7	0.4

위의 기사는 통계청에서 발표해 필요한 부분만 발췌·가공한 [표 2-11]을 스스로 했다. 기사에서는 여성의 경우 남성보다 이혼 후 빨리 재혼한 것으로 분석하고 있다. 그런데 이혼 후 재혼까지 5개월도 채 걸리지 않는다는 것은 상식에 맞지 않다. 상식에 맞지 않는 결론이라면 그 결론에 이르는 과정이 타당한지 검토해 보아야 한다.

'평균 이혼연령'은 당해년도에 이혼한 사람들 연령의 산술평균이며, '평균 재혼연령'은 재혼한 사람들 연령의 산술평균이다. 2006년도에 [표 2-12]와 같이 이혼한 7명의 여성이 있고, 이 중 G여성은 요즘 많이 언급되는 황혼이혼 이후 재혼을 하지 않았다고 가정하자.

[표 2-12] 여성별 이혼연령과 재혼연령(세)

구분	A	B	C	D	E	F	G	평균
이혼연령	45	39	31	37	35	29	62	① 39.3
재혼연령	48	40	39	41	39	31	–	② 39.7
④ 차이	6	1	8	4	4	2	–	③ 0.4

    기사에서는 평균 재혼연령과 평균 이혼연령의 평균값을 가지고 그 차(②-①=③)가 이혼 후 재혼까지의 평균 기간에 해당한다고 계산해 낸 것으로 보인다. 그런데 이와 같은 계산은 잘못된 것이다. 이혼연령의 평균에 산입되는 데이터와 재혼연령의 평균에 산입되는 데이터의 범위가 일치하지 않기 때문이다. 고령의 G가 이혼연령의 평균에는 반영되었지만, 재혼연령의 평균에는 반영되지 않다보니 ③과 같이 실제보다 차이가 적게 나타난 것이다.

    이혼 후 재혼까지의 평균 기간을 계산하려면, 재혼한 사람 각각의 이혼 후 재혼까지의 기간을 모두 조사한 후 그 평균을 내면 된다. 따라서 [표 2-11]에서도 재혼한 사람 각각의 재혼 연령과 이혼 연령의 차(④)를 구한 후 그 값들의 평균을 산출했어야 하는 것이다. 각 개인의 실제 이혼 후 재혼까지의 기간인 ④를 평균해 보면 4.2(년)가 된다.

POINT

- 통계 자료 분석의 결과가 상식에 부합하는지 검토한다. 부합하지 않는다면 결과에 대해 의심해 보고, 근거 데이터와 분석이 올바른지 따져 보자.
- 평균을 비교할 때는 모집단의 범위가 잘 설정되어 있는지 확인하자.

4. 대표값 – 평균2

(1) 평균의 허점

　　–두 명의 사냥꾼이 오리 사냥을 갔다. 한 사냥꾼이 먼저 오리를 쐈는데, 왼쪽으로 1미터가 빗나갔다. 다시 다른 사냥꾼이 오리를 쐈는데, 이번에는 오른쪽으로 1미터가 빗나갔다. 그러자 먼저 쏜 사냥꾼이 다음과 같이 말했다.

　　"역시 우린 명사수야. 평균으로는 우리가 오리를 잡은 거야."

　　–상식적으로 알 수 있는 사실(대한민국 남자가 국회의원이 될 확률이 94%가 아님)에서 수리적 원리를 찾아내고….

– 2007년 2월 22일 서울대 모의논술시험 실시 문항 설명 중

　　통계 자료 분석 결과를 검토할 때는 상식에 부합하는지를 항상 따져봐야 함을 강조했었다. 위의 '오리 사냥' 일화에서도 '오리를 잡았다'는 사냥꾼의 결론은 상식과는 다르다. 상식 밖의 결론이라면 결론에 이르는 과정에 문제가 없는지 살펴봐야 한다.

　　평균은 데이터의 특징을 수치적으로 간단히 표현할 수 있다는 장점을 지니고 있기 때문에 대표값으로 많이 사용되곤 한다. 하지만 어디까지나 가상의 수치기 때문에 이를 현실의 수치로 그대로 받아들여서는 안 된다는 점도 잊지 말아야 한다. 가령, 위의 일화에서도 사냥꾼은 오리를 명중시키지 못했음에도, '평균'으로는 오리를 명중시켰다는 말도 안 되는 논리의 오류를 저지른 것이다.

　　또한 데이터에 극단적인 차이(극단치)가 있을 때 오히려 대표값으로서 평균이 부적절한 경우가 있다. [표 2–13]에서 A회사의 평균 연봉은 3,538만 원으로 우리나라 근로자의 평균 임금 수준에 비교할 때 적지 않은 편이다. 하지만 이 평균 수치만 보고 '그 회사의 직원들은 보통 3,500만 원 정도의 연봉을 받는구나' 하고 착각해서는 안 된다. 임원을 제외한 대다수 직원들의 평균 연봉은 2,000만 원에 불과한 것이다.

[표 2-13] A회사의 직급별 연봉

직급	사원	대리	과장	임원	평균
인원 수(명)	10	7	5	4	–
연봉(만 원)	1,800	2,000	2,400	12,000	3,538

또한 프로야구선수협회가 2003년도에 조사·발표한 자료에서 프로야구 선수의 평균 연봉은 5,803만 원이다. 평균 연봉만 놓고 본다면 프로야구 선수들의 연봉이 일반인들보다 상당히 높은 수준이라고 할 수 있다. 하지만 실재로는 3,000만 원 미만인 선수가 전체의 54%나 차지하고 있는 상황에서, 소수의 고액 연봉자가 평균을 높이고 있을 뿐인 것이다.

[표 2-14] 2003년도 KBO 등록선수 연봉 현황(용병, 신고선수 제외)

4,000~6,000만 원 미만	57	13%	2,714,000	10%
6,000~8,000만 원 미만	33	7%	2,241,500	9%
8,000~1억 원 미만	23	5%	1,997,000	8%
1~2억 원 미만	39	9%	5,256,450	20%
2억 원 이상	26	6%	7,890,000	30%
합계	450	100%	26,117,950	100%

이처럼 극단에 위치한 소수의 수치가 전체의 평균 수치를 크게 왜곡시킬 수 있다는 점을 늘 염두에 두어야 하겠다. 게다가 극심한 편차를 감추기 위한 도구로 평균을 의도적으로 오용하는 경우도 많이 있다. 가령, 빈부 격차가 극심한 국가의 국민들이 빈민 계층에 대한 관심과 제도개선을 요구를 했을 때, 부를 독점하고 있는 소수로 인해 높아진 전체 국민 소득의 평균값이 여론 무마용으로 사용될 수도 있다.

데이터에 극단치가 존재하는 경우에는 오히려 평균값보다 중앙값(Median)이나 최빈값(Mode)이 대표값으로 적합할 수 있다. 가령, [표 2-14]의 데이터를 기초로 선수 연봉의 평균 척도라 할 수 있는 연봉 순위 중앙값(선수 총 450명 중 225번째인 선수의 연봉)을 산출해 보면 2,500만 원에 불과하다. 이 수치가 대다수의 프로야구 선수들이 체감하는 실재 연봉 수치가 아닐까?

5. 산포도

교육인적자원부가 2008학년도 대학입학제도 개선안을 내놓으면서 "성취도를 '원점수(과목평균, 표준편차 병기) 표기제'로 변경하여 '성적 부풀리기'를 방지할 것이다"라고 발표한 바 있다. 이에 따라 고등학교 학생생활기록부의 교과성적표를 보면 '표준편차'란 항목이 들어가게 되었다. 그렇다면 평균과 표준편차의 기재가 어떻게 성적 부풀리기를 막을 수 있다는 것일까?

[표 2-15] 학생생활기록부 교과성적 표기방식

과목	1학기		
	단위 수	원점수/ 과목평균(표준편차)	석차등급(이수자 수)
A	3	90/87(6.6)	10(532)
B	2	100/87(10.4)	1(532)

산포도(Dispersion)란 통계 자료들이 흩어져 있는 정도를 말한다. '대표값'은 통계 자료를 수치적으로 하나의 값으로 표시할 수 있다는 장점을 가지고 있긴 하지만, 통계 자료의 분포에 대한 정보를 얻을 수 없다는 단점이 있다. 데이터의 양이 적은 경우에는 산포도를 어림으로 비교할 수 있겠지만, 데이터의 양이 많은 경우 수치화하여 표현하지 않으면 산포도를 파악하기가 어렵다. 따라서 산포도를 수치적으로 표현한 지표가 필요한데, 많이 쓰이는 지표에는 평균편차, 분산, 표준편차가 있다.

각각의 데이터와 평균과의 차이를 편차(Deviation)라고 하고, 편차의 절대값의 평균치를 평균편차(Mean Deviation)라 한다. 평균편차는 데이터 X_1, X_2, $\cdots$, X_n이 있고, 이에 대한 평균을 $\overline{X}$라 하면 다음 수식과 같이 계산할 수 있다. 그런데 평균편차는 절대값을 다루어야 하기 때문에 수학적으로 조작하는 데 어려움이 있다는 단점이 있다.

$$\text{평균편차} \quad MD = \frac{|X_1-\overline{X}| + |X_2-\overline{X}| + \cdots + |X_n-\overline{X}|}{n} = \frac{\sum_{k=1}^{n} |X_k-\overline{X}|}{n}$$

분산(Variance)은 평균편차와 달리 편차를 제곱하여 평균한다. 분산은 편차를 제곱하여 계산하기 때문에 실제 편차들보다 큰 수치를 만들어 내 체감 편차가 실제 편차보다 크게 되고, 평균으로부터 거리가 먼 데이터일수록 그 의미가 과장되는 문제점을 가지고 있다.

$$\text{분산}\quad s^2=\frac{(X_1-\overline{X})^2+(X_2-\overline{X})^2+\cdots+(X_n-\overline{X})^2}{n}=\frac{\sum\limits_{k=1}^{n}(X_k-\overline{X})^2}{n}$$

표준편차(Standard Deviation)는 분산의 이러한 문제점을 해결하기 위해 분산에 제곱근을 취하여 구한다. 표준편차는 산포도로 활용되는 지표 중 가장 많이 사용된다.

$$\text{표준편차}\quad s=\sqrt{\frac{(X_1-\overline{X})^2+(X_2-\overline{X})^2+\cdots+(X_n-\overline{X})^2}{n}}=\sqrt{\frac{\sum\limits_{k=1}^{n}(X_k-\overline{X})^2}{n}}$$

[표 2−16]의 9명에 대한 'A과목'과 'B과목'의 성적 분포를 보자. A과목의 경우 9명 중 7명이 90점으로 최고등급을 받는다. 이에 비해 B과목의 경우 9명 중 3명이 최고등급을 받게 된다.

기존의 학생생활기록부와 같이 석차만 기재되어 있는 경우에는 대학에서 A과목에서와 같은 성적 부풀리기를 파악하기 힘들다. 하지만 평균과 표준편차를 함께 기재하게 되면 대학에서 성적의 산포도를 알 수 있기 때문에 성적 부풀리기를 어느 정도 방지할 수 있다.

[표 2−16] 과목별 성적 분포

과목	성적 분포	평균	평균편차	분산	표준편차
A	71, 82, 90, 90, 90, 90, 90, 90, 90	87	4.7	43	6.6
B	73, 76, 80, 82, 85, 89, 98, 100, 100	87	8.7	107.3	10.4

POINT

표준편차가 다른 산포도 지표들보다 많이 활용되는 이유를 이해하고, 계산 방법을 숙지해 두자.

6. 표본조사

　　1932년 미국 대통령 선거에서 〈다이제스트〉가 여론 조사를 통한 대통령 후보 지지도 분석을 실시했다. 조사자인 〈다이제스트〉는 유권자를 대표하는 표본집단으로 구독자 중에서 전화번호 명부에 올라 있는 사람들 중 1,000명을 무작위로 선별하였다. 표본집단에 대한 설문 결과, 공화당 371, 민주당 161로 민주당의 루즈벨트 후보의 완패가 예상되었다. 그러나 결과는 반대로 루즈벨트가 압승하였다. 무엇이 잘못된 것일까?

　　찌개가 잘 끓여졌는지, 간은 적당히 되었는지를 알기 위해 찌개를 다 먹어봐야 알 수 있는 것은 아니다. 냄비의 찌개를 다 먹지 않고 한 수저의 국물만으로도 찌개의 맛을 알 수 있다.

　　마찬가지로 어떤 통계 조사의 대상(모집단)을 전부 다 조사하지 않고, 일부(표본)만을 조사하여 전체를 추정할 수 있는데, 이를 표본조사(Sample Survey)라 한다. 그리고 모집단에서 표본을 뽑아내는 과정 및 방법을 '표본추출'이라고 한다. 반면 조사대상 전체를 일일이 조사하는 방법을 전수조사(Complete Enumeration)라고 하는데, 통계청에서 실시하는 인구주택총조사, 산업총조사가 여기에 해당한다.

(1) 표본조사는 왜 하나?

　　표본조사는 전체를 다 조사하는 경우가 사실상 불가능하거나, 시간과 비용이 매우 많이 들어 전수조사가 비효율적인 경우, 전구나 타이어 등과 같이 성능을 조사하고 나면 조사대상이 파괴되어 쓸모가 없어지는 경우, 그리고 전수조사 기간 동안 전체가 변화되어 오히려 표본추출이 전수조사보다 더 정확한 값을 제공하는 경우 등에 실시한다.

(2) 표본조사를 위한 표본추출에는 어떤 방법이 있을까?

- **단순무작위추출** : 모집단에 있는 개개의 자료들이 뽑힐 확률이 같도록 무작위로 뽑는 방식(예 : 로또에서 수많은 공들 중에 하나의 공을 뽑아내는 방식)
- **층화추출** : 모집단을 우리가 이미 알고 있는 하부 집단별로 구분한 후, 그 하부집단에서 단순무작위 표본 추출하는 방법(예 : 20대, 30대, 40대로 구분해 그 안에서

일정 수를 뽑아내는 방식)

- **계통추출** : 미리 정해진 순서에 의해 일정 부분만 추출하는 방식(예 : 미국산 소고기 박스를 검사할 때, 매 100개마다 하나씩, 예를 들면 1번, 101번, 201번, 301번 등으로 뽑아내는 방식)
- **군집추출** : 표본을 뽑을 때 직접 개별적인 구성원을 선택하는 것이 아니라 자연적 또는 인위적인 집단을 먼저 뽑고, 그 집단 중에서 필요한 만큼의 표본을 추출하는 방식(예 : 서울시 교통정책 평가를 할 때, 은평구와 강남구만 조사하는 경우)

(3) 〈다이제스트〉 조사 방법의 문제점

1932년의 〈다이제스트〉는 미국의 상류층이 주로 보는 잡지였다. 또한 당시 전화기를 소유한 사람은 어느 정도 재력이 있는 부유층이었다. 따라서 표본으로 추출된 대상이 어느 정도 사회적 위치와 재력을 갖춘 기득권층이었던 셈이다. 기득권층은 보수 정당인 공화당 후보에 대한 지지 성향이 강하다. 잘못된 표본추출이 잘못된 예측을 낳은 것이다. 표본은 모집단의 특성을 잘 대표할 수 있어야 한다.

표본조사는 전수조사에 비해 시간과 비용을 절감할 수 있다는 장점을 가지고 있지만, 표본이 모집단의 특성을 잘 대표하지 못하게 되면 적절하지 못한 결과를 도출하기도 한다. 따라서 항상 표본이 모집단 전체의 특성을 제대로 반영할 수 있도록 추출되었는지를 따져보고, 그 결과의 신뢰 여부를 결정하여야 한다.

POINT

표본 조사를 통한 통계 결과라면 표본의 추출이 적절한 방법으로 이루어졌는지 확인해 보도록 하자.

7. 조건부 확률

에이즈를 야기하는 바이러스(HIV)의 발병률이 0.1%라고 하자. 이 검사에서 양성이 나오면 보균자로, 음성이 나오면 비보균자로 진단하게 된다. 이 검사는 HIV 보균자일 경우에 검사 결과가 100% 양성으로 나오지만, HIV 비보균자인 경우에도 양성으로 나올 확률이 5%가 된다. 만약 어떤 사람의 검사결과가 양성으로 나왔을 때, 이 사람이 HIV 보균자일 확률은 얼마일까?

– 2008학년도 서울대 모의 논술고사(인문계) 수정

이 논제는 두 사건의 종속 여부에 대한 조건부 확률의 개념을 알아야 답할 수 있다. 확률에 대한 성질은 간단한 몇 개의 공식으로 정리할 수 있는데, 이를 정확히 이해하지 못해 제대로 활용하지 못하는 경우가 많다. 교과서에서의 확률에 관한 공식들을 이 논제에 적용하여 분석해 보도록 하겠다.

두 사건 A, B에 대하여 사건 A가 일어났다는 가정 하에서 사건 B가 일어날 확률을 사건 A가 일어났을 때의 사건 B의 조건부확률이라고 한다.

조건부 확률 $\quad P(B|A) = \dfrac{n(A \cap B)}{n(A)} = \dfrac{n(A \cap B)}{n(S)} \div \dfrac{n(A)}{n(S)} = \dfrac{P(A \cap B)}{P(A)}$

확률의 곱셈정리
$$P(A \cap B) = P(A) \cdot P(B|A) \;(\text{단, } P(A) \neq 0)$$
$$P(A \cap B) = P(B) \cdot P(A|B) \;(\text{단, } P(B) \neq 0)$$

우선 한 사람을 선택했을 때 검사 결과가 양성으로 나오는 경우를 사건 A라 하고, HIV 보균자인 경우를 사건 B라 하자. 그러면 당연히 검사 결과가 양성으로 나오는 경우는 사건 A^c, HIV 비보균자인 경우는 사건 B^c가 된다. 이와 같이 정리하면 "어떤 사람의 검사결과가 양성으로 나왔을 때, 이 사람이 HIV 보균자일 확률은 얼마일까?"라는 질문은 "$P(B|A)$의 값이 무엇이냐?"라는 질문으로 바꿀 수 있다.

[표 2-17] 사건별 확률(1)

검사결과 \ 감염여부	보균자(사건 B)	비보균자(사건 B^c)
양성(사건 A)	① P($A \cap B$)	② P($A \cap B^c$)
음성(사건 A^c)	③ P($A^c \cap B$)	④ P($A^c \cap B^c$)

논제에 답하기 위하여 제시문에 따라 계산하여야 확률을 정리하면 [표 2-17]과 같다. ①은 양성이면서 보균자인 사건, ②는 양성이면서 비보균자인 사건, ③은 음성이면서 보균자인 사건, ④는 음성이면서 비보균자인 사건의 확률이 된다.

제시문의 밑줄 친 부분을 통해 알 수 있는 확률값들을 정리해 보면 [표 2-18]과 같다.

[표 2-18] 제시문을 통해 알 수 있는 확률값

제시문	알 수 있는 확률값
HIV의 발병률 0.1%	보균자일 확률 P(B)=0.001 비보균자일 확률 P(B^c)=1-0.001=0.999
HIV 보균자일 경우에는 검사결과가 100% 양성	HIV 보균자가 양성일 확률 P(A∣B)=1 HIV 보균자가 음성일 확률 P(A^c∣B)=1-1=0
HIV 비보균자일 경우에는 검사결과가 5% 양성	HIV 비보균자가 양성일 확률 P(A∣B^c)=0.05 HIV 비보균자가 음성일 확률 P(A^c∣B^c)=1-0.05=0.95

[표 2-18]의 확률값과 [표 2-17]의 확률의 곱셈정리를 활용하여 각 사건별 확률을 구하면 다음과 같다.

① $P(A \cap B) = P(B) \cdot P(A \mid B) = 0.001 \times 1 = 0.001$

② $P(A \cap B^c) = P(B^c) \cdot P(A \mid B^c) = 0.999 \times 0.005 = 0.04995$

③ $P(A^c \cap B) = P(B) \cdot P(A^c \mid B) = 0.001 \times 0 = 0$

④ $P(A^c \cap B^c) = P(B^c) \cdot P(A^c \mid B^c) = 0.999 \times 0.95 = 0.94905$

[표 2-19] 사건별 확률(2)

검사결과 \ 감염여부	보균자(사건 B)	비보균자(사건 B^c)
양성(사건 A)	0.001	0.04995
음성(사건 A^c)	0	0.94905

이제 마지막으로 $P(B|A)$를 구해 보자.

$$P(B|A) = \frac{P(A \cap B)}{P(A)} = \frac{P(A \cap B)}{P(A \cap B) + P(A \cap B^c)} + \frac{0.001}{0.001 + 0.04995} \fallingdotseq 0.0196$$

8. 로또의 확률

최근 인터넷상에서는 로또의 결과가 조작되고 있다는 음모론이 제기되고 있다. 당첨자에 대한 정보가 공개되지 않다 보니, 여러 가지 억측이 나올 수밖에 없는 것이다. 일단 음모론의 진위 여부는 논외로 하기로 하고, 교과서에 배운 확률 지식이 로또에서 어떻게 활용될 수 있는지 살펴보자.

[표 2-20] 로또 당첨금(총 당첨금은 판매금액의 50% 이상)

등위	당첨 기준	당첨 확률	당첨금
1등	6개 숫자 일치(2등 보너스 숫자 제외)	1: 8,145,060	총 당첨금 중 5등 당첨금을 제외한 당첨금의 60%
2등	5개 숫자+2등 보너스 숫자 일치	1:1,357,510	총 당첨금 중 5등 당첨금을 제외한 당첨금의 10%
3등	5개 숫자 일치(2등 보너스 숫자 제외)	1:35,724	총 당첨금 중 5등 당첨금을 제외한 당첨금의 10%
4등	4개 숫자 일치(2등 보너스 숫자 제외)	1:733	총 당첨금 중 5등 당첨금을 제외한 당첨금의 10%
5등	3개 숫자 일치(2등 보너스 숫자 제외)	1:45	5,000원

(1) 로또의 당첨 확률의 계산 방법

로또는 45개의 숫자 중에서 6개의 숫자를 선택하는 방법을 취하고 있다. 따라서 로또에서 가능한 총 경우의 수는 45개 중 6개를 선택하는 조합의 수가 되므로, $C(45, 6) = 8,145,060$이 된다.

1등은 6개의 숫자가 당첨 번호와 모두 일치해야 하는데, 이때의 경우의 수는 $C(6, 6) = 1$이다. 따라서 1등의 당첨 확률은 $1/8,145,060$이다. 2등이 되는 경우의 수는 6개의 당첨 번호 중 5개가 일치하고, 나머지 1개는 보너스 숫자와 같아야 하므로 $C(6, 5) \times C(1, 1) = 6$이 되고, 당첨 확률은 $6/8,145,060 = 1/1,357,510$이다. 3등은 6개의 당첨 번호 중 5개가 일치하고, 나머지 1개는 보너스 숫자를 제외한 38개의 숫자 중의 하나가 되는 경우다. 따라서 3등의 경우의 수는 $C(6, 5) \times C(38, 1) = 228$이 되고, 당첨 확률은 $228/8,145,060 = 1/35,724$가 된다.

이와 같은 계산 방법에 따라 4등과 5등을 계산해 보면, [표 2-20]에서와 같은 당첨 확률이 나오게 된다.

(2) 1등 당첨자가 받게 되는 평균 당첨금은 얼마일까?

로또의 1등 당첨자가 받게 될 평균 당첨금을 로또의 판매 게임 수와는 상관없이 계산해 볼 수 있다.

로또의 판매 가격은 1게임 당 1,000원이다. n개의 게임이 팔렸다고 하면 총 판매금액은 1,000n원이 된다. 총 당첨금을 판매금액의 50%라고 하면, 총 당첨금은 $1,000n \times 0.5 = 500n$(원)이다. 5등의 당첨 확률이 1/45이므로, 5등의 당첨금은 $n \times \dfrac{1}{45} \times 1,000 = \dfrac{1,000}{9} n$(원)이다. 따라서 [표 3-15]에 따라 계산해 보면, 1등의 당첨금은 $(500n - \dfrac{1,000}{9} n) \times 0.6 = \dfrac{700}{3} n$(원)이다.

1등 당첨자의 수를 X, 1등이 될 확률을 p라 하면, X는 이항분포 B(n, p)를 따른다. 이때 X의 기대값 E$(x) = np$가 된다. 1등의 당첨금을 1등 당첨자가 나누어 가지게 되므로, 1등 당첨자 1인당 받게 되는 당첨금은 $\dfrac{700}{3} n \div np = \dfrac{700}{3p} = \dfrac{700 \times 8,145,060}{3} = 1,900,514,000 \fallingdotseq 19억$(원)이 된다.

로또의 총판매액에 관계없이 1등 당첨금은 19억 원 정도로 예상할 수 있다.

POINT

1. 조합을 활용해 경우의 수를 구하고, 확률을 계산하는 훈련을 하자.
2. 이항분포의 개념을 정확히 정리하자.

9. 이항분포

앞서 로또 1등 당첨자의 예상 당첨금을 계산하면서 1등이 될 확률을 p라 하고, n개의 게임이 판매되었으며, 1등 당첨의 횟수를 확률변수 X라고 할 때, X의 확률분포는 이항분포 B(n, p)를 따른다는 것을 살펴본 바 있다. 이항분포는 수학I에서 다루어지고 있는데, 대부분의 교과서에서 아래와 같이 간략하게 기술하고 있다.

일반적으로 한 번의 시행에서 사건 A가 일어날 확률이 p일 때, n번의 독립 시행에서 사건 A가 일어나는 횟수를 확률변수 X라고 하면 X의 확률분포는

$$P(X=x) = {}_nC_x p^x (1-p)^{n-x} \ (x=0, 1, 2, \cdots, n)$$

이다. 이때, $q=1-p$라고 하면 X의 확률분포는 다음과 같다.

X	0	1	2	$\cdots$	x	$\cdots$	n	합계
P(X=x)	${}_nC_0 q^n$	${}_nC_1 pq^{n-1}$	${}_nC_2 p^2 q^{n-2}$	$\cdots$	${}_nC_x p^x q^{n-x}$	$\cdots$	${}_nC_n p^n$	1

이와 같은 확률분포를 이항분포라 하고, 기호로 B(n, p)와 같이 나타낸다.

개념 설명이 자세하게 되어 있지 않다 보니 이항분포를 정확히 이해하고 있는 학생이 많지 않았다. 이항분포를 정확하게 이해하기 위해서는 베르누이 시행(Bernoulli Trial)과 이항(Binomial)의 의미에 대해 살펴볼 필요가 있다.

(1) 베르누이 시행

동전을 던질 때 앞면이 나오는 사건과 뒷면이 나오는 사건은 서로 배타적이다. 또한 주사위를 던졌을 때 1이 나오는 사건과 1 이외의 수가 나오는 사건은 서로 배타적이다. 하나의 사건이 발생한 경우를 성공(S), 다른 사건이 발생한 경우를 실패(F)라고 본다면 동전이나 주사위를 던졌을 때의 결과를 두 개의 사건으로 구분할 수 있다.

이와 같이 각 시행이 서로 배타적인 두 사건으로 구분되고, 각 시행이 서로 독립적이라 한 시행의 결과가 다음 시행의 결과에 영향을 주지 않는다는 조건을 만족할 때, 이러한 시행을 베르누이 시행(Bernoulli Trial)이라고 한다. 베르누이 시행에서는 성공일 확률을 p, 실패일 확률을 q라고 하면 p + q = 1이 항상 성립한다.

(2) 이항분포의 의미

주사위를 10번 던져 1이 나올 때마다 1,000원씩 받기로 했다고 하자. 이는 1이 나오는 경우가 성공, 나머지 수가 나오는 경우가 실패인 '베르누이 시행'이다. 이때 중요한 것은 성공의 횟수다. 3번을 성공한다면 3,000원, 5번을 성공한다면 5,000원을 받게 될 것이다.

베르누이 시행을 반복했을 때 성공 또는 실패의 횟수를 '이항확률변수(일반적으로 X로 표시)'라고 한다. 이항확률변수의 분포가 이항확률분포(Binomial Probability Distribution)인데, 일반적으로는 이항분포(Binomial Distribution)라고 한다. 여기서의 '이항'이란, 가능한 경우가 두 개임을 의미한다. 고교 과정에서는 다루지 않지만, 주사위를 던졌을 때 6가지의 경우가 나오는 것처럼 다수의 배타적인 사건의 확률분포를 다항분포라고 한다.

(3) 이항분포의 기대값과 표준편차

일반적으로 이항분포에서는 시행횟수가 많기 때문에 기대값과 표준편차를 구할 때, 일일이 확률변수와 확률값을 곱하여 계산하기보다는 다음과 같은 식을 활용하여 구하게 된다.

기대값 $E(X) = np$

분산 $V(X) = npq$ (단, $p + q = 1$)

표준편차 $\sigma(X) = \sqrt{npq}$ (단, $p + q = 1$)

POINT

1. 이산확률분포 중 가장 많이 활용되는 이항분포의 개념을 정확히 이해하자.
2. 이항분포의 기대값과 표준편차의 계산 방법을 알아두자.

10. 정규분포 - 9등급제의 이해 1

2008년도 입시부터는 수능 성적표에서 9등급만 제공하게 되고, 내신에서의 과목별 석차 등급제도 9등급제로 바뀌게 된다. 9등급제는 2002학년도 수능 성적표에 기재되었던 여러 가지 성적표기 방법 중 하나다. 교육인적자원부는 등급을 세분화하면 치열한 점수 경쟁을 막을 수 없고, 등급을 줄이면 한 등급 안에 너무 많은 학생이 포함되어 변별 자료로서 기능할 수 없게 되기 때문에 9등급제가 가장 적합하다는 입장이다.

[표 2-21] 9등급과 해당 비율

등급	1	2	3	4	5	6	7	8	9
비율(%)	4	7	12	17	20	17	12	7	4

9등급제는 구간척도(九間尺度, Stanine)를 활용한다. 구간척도란 표준점수의 하나로서 원점수가 분포 상의 어느 위치에 있는지를 나타내는 척도다. 'Stanine'이란 용어는 'Standard'와 'Nine'의 합성어다. 가령 'A라는 학생이 상위 35%라면 성적분포상 4등급에 위치한다'라는 식으로, 분포상 어느 위치에 있는지를 1자리의 수치로 나타낼 수 있는 척도가 바로 구간척도다.

그렇다면 각 등급별로 부여된 비율은 어떠한 방법으로 결정된 것일까? 구간척도의 비율은 표준정규분포를 기반으로 결정된다. 따라서 정규분포에 대한 이해가 선행되어야 등급별 비율의 부여 방법에 대해 이해할 수 있게 된다. 통계 단원에서 배우는 정규분포에 대한 지식을 9등급제와 연결시켜 보면, 정규분포에 대한 심도 있는 이해에도 도움이 될 것이다.

(1) 정규분포

이항분포가 이산확률분포 중 가장 중요한 분포였다면, 정규분포(正規分布, Normal Distribution)는 연속확률분포 중 가장 널리 사용되는 분포다.

K. F. 가우스가 측정 오차를 계산할 때 자료의 분포가 종모양의 곡선과 가까운 형태면 정상이고, 그렇지 않은 경우에는 비정상이라는 생각에서 '정규'라는 용어를 사용했다. 이후 많은 현상들의 자료가 정규분포를 이룬다는 사실이 밝혀졌다. 정규분포는 우리가 접하는 일상의 다양한 자료의 분포도와 비슷한 형태를 가지고 있으며, 이후 다루어지는 통계적 추정에서 아주 중요한 역할을 한다.

정규분포의 확률밀도함수를 살펴보면 e, π는 상수이고, 평균 m과 표준편차 σ 만이 정규분포의 확률밀도함수를 결정하는 요인임을 알 수 있다. 평균 m은 정규 곡선의 위치를 결정한다. m이 클수록 오른쪽으로 이동하게 된다. 표준편차 σ는 정규곡선의 모양을 결정한다. σ가 클수록 넓게 분포한다는 의미이므로 넓적한 모 양이 된다.

[표 2-22] 평균에 따른 정규분포 곡선의 이동

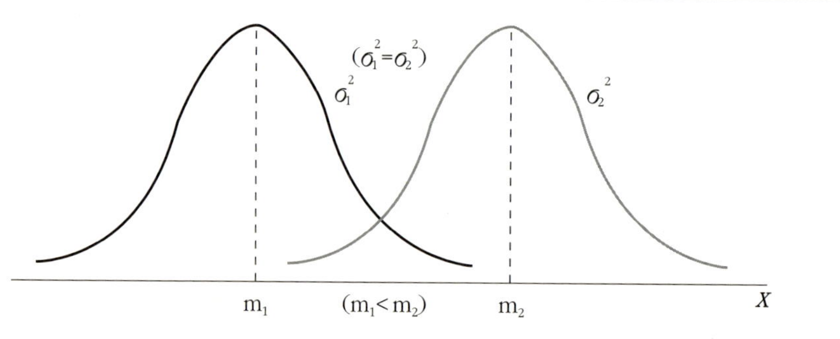

[표 2-23] 표준편차에 따른 정규분포 곡선 모양의 변화

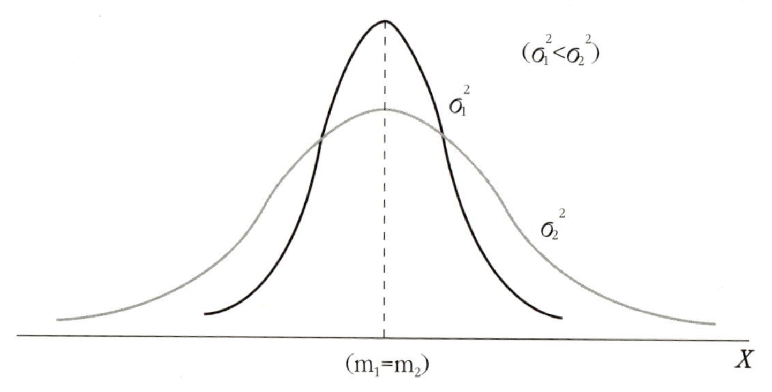

11. 정규분포 – 9등급제의 이해 2

9등급제는 구간척도(Stanine)를 따르고, 구간척도에서는 표준정규분포를 동일한 간격으로 9개로 나누어 각 등급으로 삼는다. 따라서 9등급제의 비율이 어떻게 결정되는지 알려면 정규분포 중에서도 표준정규분포를 이해해야 한다.

(1) 표준정규분포

기말고사 결과 A학생이 수학 80점, 영어 85점을 받았다. 어떤 과목을 더 잘한 것일까? 평균과 표준편차를 공부했다면, 위 수치만으로는 어떤 과목을 잘했는지 판단할 수 없음을 알 것이다. 학교 전체의 수학 평균이 60점, 표준편차가 10점, 영어 평균이 80점, 표준편차가 5점이라 가정하고 두 과목의 점수를 비교해 보자.

정규분포에서는 평균이 정규곡선의 위치를 결정하고, 표준편차가 곡선의 모양을 결정한다. 따라서 평균과 표준편차가 다른 경우에는 두 분포를 비교하기 어렵다. 또한 특정한 정규분포에서는 원하는 확률을 계산하기가 쉽지 않다. 이러한 이유 때문에 평균과 표준편차를 표준화한 표준정규분포가 필요하다.

표준정규분포에서는 어떤 관찰값 X가 평균(m)으로부터 표준편차(σ)의 몇 배 정도나 떨어져 있는가를 다음과 같이 표준화된 확률변수 Z로 나타낸다.

$$Z = \frac{X-m}{\sigma}$$

확률변수 Z의 분포는 항상 평균 m = 0, 분산 $\sigma^2 = 1$이 된다. 따라서 정규분포 N(0, 1)를 따를 때, 표준정규분포가 된다고 할 수도 있다. [표 2 – 22]은 평균과 표준편차가 다른 두 정규분포를 표준정규분포로 표준화했을 때의 곡선의 변화를 나타낸다.

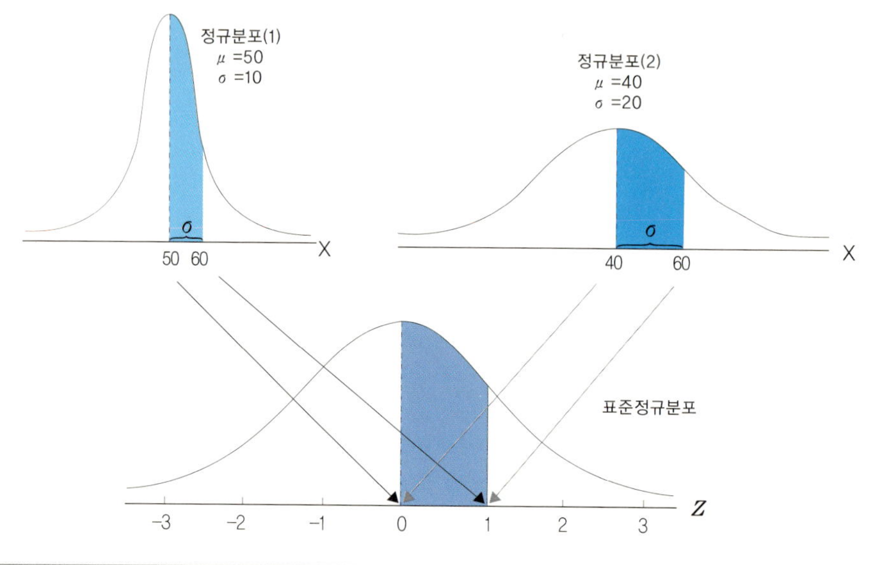

이제 A학생의 수학과 영어 점수를 Z로 바꾸어 비교해 보자. 수학이 $Z = \dfrac{X-m}{\sigma}$ $= \dfrac{80-60}{10} = 2$, 영어가 $Z = \dfrac{X-m}{\sigma} = \dfrac{85-80}{5} = 1$이 된다. 두 수치를 비교해 보면, 표준정규분포 곡선 상에서 수학 점수가 영어 점수보다 오른쪽에 위치하게 됨을 알 수 있다. 이로써 A학생은 영어보다 수학을 더 잘 봤다고 할 수 있다.

12. 정규분포-9등급제의 이해 3

2008년도 입시부터 도입되는 수능 성적표에서 9등급제와 내신에서의 과목별 석차 9등급제의 각 등급별 비율이 어떻게 결정되는지를 알아보기 위해 정규분포와 표준정규분포에 대해서 알아봤다.

실제로 9등급제의 등급별 비율이 어떻게 결정되는지 살펴보자. [표 2-25]의 표준정규분포곡선은 수평축(Z축) 중간부터 좌우로 동일한 간격으로 잘려 있다. 1등급과 9등급을 제외한 등급은 Z의 간격이 0.5이다. 표준정규분포 곡선은 좌우로 무한히 뻗어 있기 때문에 1등급과 9등급에는 일정한 간격을 부여하지 않는다.

[표 2-25] 표준정규분포곡선 상의 9등급

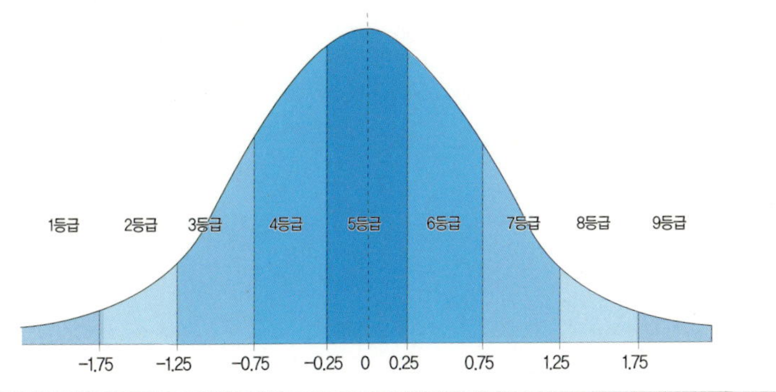

이를 토대로 각 등급 구간의 면적을 구하면 해당 등급의 확률 비율을 계산할 수 있다. 수학I 교과서 맨 뒤에 실려 있는 표준정규분포표를 보면서 비율을 계산해 보자.

[표 2-26] 표준정규분포표

Z	0.00	0.01	⋯	0.05	⋯
⋮					
0.2	0.0793	0.0832		**0.0987**	
⋮					
0.7	0.2580	0.2611		**0.2734**	
⋮					
1.2	0.3849	0.3869		**0.3944**	
⋮					
1.7	0.4554	0.4564		**0.4599**	
⋮					

세로축의 수치와 가로축의 수치를 조합하여 해당 등급의 Z값을 찾는다. 중앙에 위치한 5등급의 경우 $Z=0.25$까지의 확률에 2배를 하면, 5등급의 비율이 나온다. 나머지 등급에 대해서 순차적으로 계산해 보면 아래와 같다.

① 5등급(0.25) : $0.0987 \times 2 = 0.1974 ≒ 0.20$

② 4,6등급(0.75) : $0.2734 - 0.0987 = 0.1747 ≒ 0.17$

③ 3,7등급(1.25) : $0.3944 - 0.2734 = 0.1210 ≒ 0.12$

④ 2,8등급(1.75) : $0.4599 - 0.3944 = 0.0655 ≒ 0.07$

⑤ 1,9등급(∞) : $0.5 - 0.4599 = 0.0401 ≒ 0.04$

위의 결과를 [표 2−27]과 같이 정리할 수 있다.

[표 2-27] 9등급과 해당 비율

등급	1	2	3	4	5	6	7	8	9
비율(%)	4	7	12	17	20	17	12	7	4

이제 분포 상 어느 위치에 있는지를 1자리의 수치로 나타낼 수 있게 되었다. 이렇듯 구간척도(Stanine)는 자료에다 등위만 배정하면 적용할 수 있기 때문에, 이해하기 쉽고 또한 계산하기 쉬운 장점이 있다.

13. 인터넷 여론 조사

고교 내신 반영 비율을 높이라는 교육인적자원부와 내신의 비중을 축소하겠다는 주요 대학들이 갈등하고 있는 가운데, 모 인터넷 사이트에서 다음과 같은 여론 조사를 했다.

〈설문〉

대학들은 '내신만으로는 정확한 실력을 확인할 수 없다'며 내신 반영 비율을 높이는 데 난색을 표시하고 있으며, 학부모와 학생들도 내신 비중의 확대가 학교 내 학생 간의 경쟁을 심화시키고 갈등을 유발할 수 있다고 우려하고 있습니다. 내신 반영 비율의 확대에 대해 어떻게 생각하십니까?

1. 찬성　　　　　　　　　　　　　　2. 반대

〈설문 결과〉

일주일 동안 진행된 이 여론 조사에 총 342명이 참여했고, 이 중 '찬성'이 120명으로 35%, '반대'가 222명으로 65%인 것으로 나타났다. 따라서 국민의 2/3 이상이 내신 비중의 확대에 반대하고 있음을 알 수 있다.

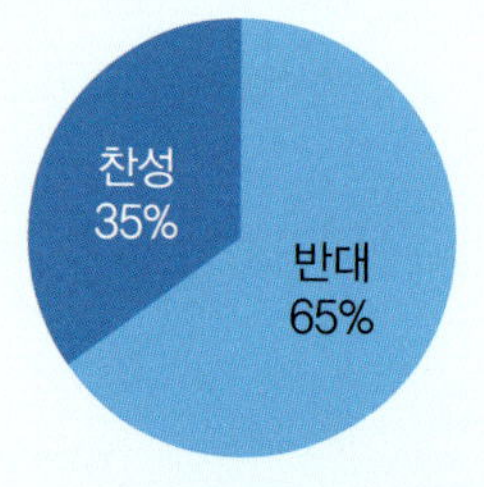

위 사이트가 발표한 설문 결과에 대한 해석은 정당한가? 정당하지 않다면 그 이유는 무엇일까?

(1) 설문 자체의 문제점

설문에서 내신 비중의 확대를 '실력 평가의 어려움', '경쟁 심화', '갈등 유발' 등의 부정적 측면과 연결시켜 은연중에 반대를 유도하는 질문이 되고 있다. 유도성 질문은 특정한 방향으로 답변을 유도하여 여론을 호도하기 때문에 바람직하지 않다. 적당한 설문이 되기 위해서는 내신 비중 확대를 찬성하는 입장에서의 논거도 함께 제시해야 한다.

(2) 대표성 없는 표본

대표성을 지닌 표본에 대한 여론 조사여야 그 결과를 신뢰할 수 있다. 표본으로 모집단의 속성을 추정해 내야 하기 때문에 표본이 모집단을 대표해야 하는 것은 당연하다. 그런데 인터넷상에서의 여론 조사는 다음과 같은 이유 때문에 대표성 있는 표본을 확보하기가 쉽지 않다.
- 여론 조사에 해당 사이트의 접속자만 참여한다
- 자발적 참여자를 대상으로 하기 때문에 참여하지 않은 대상의 의견을 알 수 없다

(3) 중복 투표의 가능성

인터넷의 특성상 중복투표가 가능하다. 특정 의견을 가진 개인이나 집단이 반복적으로 의사 표현을 해 설문 결과를 조작할 수 있다. 회원 가입 없이 여론 조사를 하는 경우에는 쿠키를 삭제하여 중복 투표가 가능하고, 회원을 상대로 하는 여론 조사의 경우에도 인터넷상에서 쉽게 구할 수 있는 개인 정보를 활용하여 복수의 아이디로 중복 투표할 수 있다.

POINT

1. 여론 조사가 진실을 호도하는 경우도 많다. 설문 자체에 편향성이 없는지 살펴보자.
2. 인터넷 여론 조사의 한계를 인식하자.

14. 여론 조사의 한계

여론 조사 결과는 항상 신뢰할 만한 것일까? 같은 시기에 발표된 여론 조사 간에도 결과가 모순되어 당황해 본 적은 없었는가?

(가) '하반기 경기 더 나빠진다. 본사 30대 그룹 설문 조사, 절반이 시설 투자 계획 없어'

(나) '경기 내년에 좋아진다. 본사 30대 그룹 설문 조사, 금리도 대부분 안정 낙관'

위 두 글의 차이는 무엇일까? 하나는 앞으로 하반기 경기가 더 나빠진다는 전망이고, 다른 하나는 앞으로 내년 경기가 좋아진다는 긍정적인 전망이다. 그렇다면 두 글의 공통점은 무엇일까?

그것은 같은 날 신문, 같은 기사의 제목이라는 사실이다. 그것도 머리기사의 제목이다. 하나는 발행일 전날 저녁에 발간된 초판이었고, 다른 하나는 아침에 독자에게 배달된 판이었다. 수수께끼는 어떻게 밤사이에 같은 기사의 제목이 이처럼 정반대로 바뀔 수 있었냐는 것이다.

— 김영욱, '한국 언론의 저널리즘 상실', 〈매체 비평〉

— '가' 신문(2003년 6월 3일)

환경운동연합 부설 시민환경연구소가 지난 달 30, 31일 이틀 동안 여론조사 전문기관인 한길리서치에 의뢰해 전국의 성인남녀 1,000명을 대상으로 전화면접 조사를 한 결과, 전북도민은 새만금 간척사업에 76.8%가 찬성 의사를 보인 반면 52.5%만이 방조제 공사를 마무리해야 한다는 의사를 보였다고 밝혔다. 그러나 나머지 국민은 대다수(84.6%)가 공사 중단을 지지해 전북도민의 의식과 여전히 큰 간극을 보였다. 간척사업에 대해서도 67.7%가 반대 의사를 표시해 76.8%가 찬성하고 있는 전북도민과 대조를 보였다.

— '나' 신문(2003년 6월 16일)

매경인터넷이 지난 9일부터 16일 오전까지 실시한 인터넷 여론조사에서 총 응답자 중 42.1%인 2,559명은 "새만금을 개발하되 용도변경 등 절충안이 필요하다"고 응답했다. 또 응답자의 33.6%인 2,044명은 "새만금 간척사업은 계속돼야 한다"고 답하는 등 새만금 간척사업 중단에 반대하는 입장을 보였다. 참고로 "새만금 간척사업은 백지화되어야 한다"는 응답은 24.2%에 불과했다.

— 2004학년도 성균관대 1학기 수시전형 제시문 중

여론을 파악하는 대표적인 방법은 바로 선거와 여론 조사이다. 하지만 과거 부패 정권 시절 선거 과정이 왜곡되어 결과가 여론을 올바르게 반영하지 못한 경우가 많았듯, 여론 조사의 결과도 여러 요인에 의해 위의 사례처럼 왜곡되는 경우를 흔히 발견할 수 있다.

(1) 여론 조사의 전제

다음은 여론 조사를 실시할 때 반드시 전제해야 할 사항이다.

> • 가치중립적인 질문과 여론 수집, 결과 발표가 이루어진다.
> • 모든 사람이 의견을 가지고 있고, 적극적으로 본인의 의견을 정직·정확하게 드러낸다.

하지만 현실은 이러한 이론적 전제와 괴리되어 있기에 여론 조사는 다음과 같은 한계를 가진다.

1) 여론 조사의 오류 가능성

① 통계학적으로 표본 오차가 기본적으로 존재한다. 또한 표본 집단, 조사 시기 등에 따라 천차만별의 조사 결과가 나올 수 있다.

② 해당 조사 기관이 미리 정해놓은 선택의 폭 안에서 선택을 강요받기 때문에 각 개인마다 다른 다양한 의견이 정확하게 반영되기 어렵다. 따라서 여론 조사의 결과가 여론을 정확히 보여준다고 볼 수 없다.

③ 여론 조사에 참여하는 주체들이 무성의하게 답변하거나, 자신의 견해를 정확·정직하게 답변하기 어려운 경우가 많다.

④ 다른 여론 조사 결과 등 외부적 요건에 의해 영향을 받을 수 있다. 사표 방지 심리와 같이 다수의 의견에 동조하게 되는 성향, 신분 노출의 우려 등이 그것이다.

2) 여론 조사의 왜곡 가능성

① 여론 자체가 그 형성 단계에서부터 언론사가 의도하는 방향으로 조성될 수도 있다. 가령, 의제설정기능(Agenda Setting)과 관련, 언론 기관이 의제로 선정하여 집중적으로 다루는 사건은 여론화되는 반면, 언론 기관이 무시하는

사건은 여론화되지 못하고 사장되는 경우도 허다하다. 요컨대, 현대에는 언론사의 의도에 따라 여론 형성 자체가 좌지우지될 만큼 언론사가 여론 형성에 지대한 영향을 미치고 있다.

② 여론 수렴 및 조사 과정도 언론사의 이해관계나 사조·입장에 따라 왜곡됨으로써 결과가 오도될 수 있다. 즉, 여론 조사 기관이 조사 대상이 되는 표본의 설정, 조사 시기의 선택, 설문 조사 방식, 설문 내용의 구성 등을 인위적으로 조정함으로써 언론사가 의도하는 결론이 나오도록 유도할 수 있는 것이다(여론 형성, 수렴, 조사 단계에 있어서의 오류·왜곡 가능성).

③ 여론 조사 결과를 언론사의 의도에 맞게 편집하여 구성함으로써 원래의 여론 조사 결과와는 다른 방향의 결과를 발표할 수 있다(여론 조사 결과 발표·전달 단계에서의 오류·왜곡 가능성).

POINT

선거와 여론 조사가 항상 여론을 올바르게 반영한다고 맹신해서는 안 된다.
신문이나 TV의 내용을 당연히 진실이나 보편적 진리인 것처럼 받아들이는 맹목적인 태도를 버리고, 비판적 수용자로서의 성숙한 통찰력을 키우자.

04 표현짱 도전하기(공통)
−표현력 강화를 통해 논리성 배가하기

지난 10여 년간 3만 명에 가까운 학생들의 논술 답안을 첨삭 지도해 오면서 필자가 가장 답답하게 느꼈던 점은 무엇이었을까? 그것은 해가 바뀌고 수험생들이 변해도 맞춤법(철자법, 띄어쓰기) 오류만큼은 늘 똑같은 사항에서 똑같이 되풀이되고 있다는 점이었다.

하지만 단언하건대 '표현의 정확성'만큼 약간의 노력만으로 실력을 크게 향상시킬 수 있는 항목도 없다. 수험생들이 10여 년 동안이나 읽고 쓰기를 해왔으면서도 기초적인 맞춤법 오류를 고치지 못하고 있는 것은 단지 무관심에 기인할 뿐이다. 즉, 마음만 먹으면 당장이라도 개선시킬 수 있는 불필요한 감점 요인을 대다수 학생들이 간과하고 있다는 말이다.

지금 구태여 이런 강조를 하는 이유는 앞으로 진행될 표현력 특강에 독자들이 집중해 주길 바라는 진심 어린 바람에서다. 감히 규정하건대, 이제부터 진행할 강의는 모 방송국의 '우리말 겨루기'나 '도전 올드 앤 뉴' 등에나 나옴직한 희귀하거나 난해한 표현들에 대한 것이 아니다.

현재 수험생들의 대부분, 다시 말해 20~90%가량이 범하고 있는 오류들만을 엄선하여 진행하는 핵심 정리인 것이다. 띄어쓰기, 맞춤법 등으로 일목요연하게 구분하여 기본 원리를 이해하고, 그를 통해 교정해 나가도록 할 것이니, 반드시 되풀이하여 숙지해 보기 바란다. 조금만 관심을 가진다면 자신의 오류를 90% 이상 줄일 수 있을 것이다.

1. 띄어쓰기

(1) 문법적 구조를 알면 맞춤법, 띄어쓰기가 보인다

1) 문장 성분이란 무엇인가?

국어, 외국어 학습을 불문하고 문장을 분석하는 데 있어 가장 기본적으로 사용하는 단위는 '주어, 서술어, 목적어, 보어, 관형어, 부사어' 등의 단위이다. 이처럼 '~어'로 표현해 가며 문장을 세분화하고 분석하는 구분 단위가 바로 문장 성분의 단위에 해당한다.

2) 문장 성분 단위마다 띄어쓰기를 한다

띄어쓰기 단위가 되는 마디를 '어절'이라 표현하는데, 이 단위는 하나의 '문장 성분'을 만들어 내기 위한 최소 단위가 된다. 이를 역으로 말하자면, 문장을 최대한 잘게 '문장 성분' 단위로 나누어 보면 그것이 곧 띄어쓰기 단위와 일치한다는 말이다. 따라서 수험생들은 '더 이상 쪼개지지 않는 가장 작은 문장 성분별로 띄어쓰기를 한다'라는 정도로 기억해 두면 되겠다. 결국 문장 성분이 어떻게 구성되는가만 이해하면, 정확한 띄어쓰기를 할 수 있게 된다는 것이다.

3) 문장성분의 형성

① 용언(用言 : 문장의 주체를 서술하는 기능을 가진 동사와 형용사 등)의 경우 : 어간에 어미를 결합한다.

용언이란 '어찌하다, 어떠하다'에 해당하는 말이다. 용언으로는 사물의 움직임을 나타내는 동사('먹다', '자다', '공부하다' 등)와 성질이나 상태를 나타내는 형용사('예쁘다', '조용하다' 등) 등이 있다.

그런데 용언은 세부적으로 어간(변하지 않는 부분)과 어미(변하는 부분)로 나뉘며, 어미를 적절한 형태로 변형시킴으로써 그 용언의 문장성분을 결정시켜 줄 수 있다(이러한 작용을 '활용(活用)'이라 함). 가령 '예쁘다'라는 형용사의 경우, 어미의 활용에 따라 '예쁜'(관형어), '예쁘게'(부사어), '예쁘다'(서술어) 등으로 문장 성분이 결정된다는 것을 확인해 보도록 하자.

② 체언(體言 : 문장의 주체, 대상의 자리에 쓰이는 명사, 대명사, 수사 등) : 격조사를 결합한다.

체언이란 '무엇'에 해당하는 말이다. 체언으로는 사물의 이름을 나타내는 명사('하늘', '책' 등), 사람이나 사물의 이름을 대신하는 대명사('너', '그것', '무엇' 등), 수를 헤아리거나 차례를 나타내는 수사('하나', '첫째' 등) 등이 있다.

그런데 체언은 그 형태를 변형시킬 수 없으므로 별도의 품사인 '격조사'를 결합시켜 문장 성분을 결정해 줄 수 있다. 가령 '연필' 등과 같은 체언의 경우, 여기에 '～은(는)/～이(가)' 등의 주격조사를 결합시키면 주어로, '～을/를' 등의 목적격조사를 결합시키면 목적어로, '～이다' 등의 서술격조사를 결합시키면 서술어로 문장 성분이 결정된다는 것을 확인하자.

실전 tip

우리말 '용언'의 상당 부분은 체언(일부에 해당)으로부터 파생되었다. 가령 '걱정하다(동사)', '걱정되다'(동사), '걱정없다'(형용사) 등의 용언은 '걱정'이라는 체언에 '하다', '되다', '스럽다' 등과 같은 접미사가 결합되어 만들어진 것이다.

(2) 조사는 앞말에 붙여 쓴다

1) 띄어쓰기의 기본원칙 : 단어별로 띄어 쓴다

이 때 '단어'로 지칭하는 범주는 문장에서 뜻을 담당하는 실사(實辭)에 국한된다. 문법적 관계를 형성시키기 위한 허사(虛辭; 조사, 어미 등)는 실사에 붙여 써야 하는 것이다. 이를 더 쉽게 정리하자면, 수험생들은 '문장성분별로 띄어 쓴다' 정도로 기억해 두면 되겠다. 하나의 띄어쓰기 단위가 되기 위해서는 문장성분을 결정해 주어야 한다.

2) 체언에는 조사를 결합하여 문장성분을 결정한다

예를 들어, '학생 이다'는 띄어쓰기 오류이다. '학생'이라는 체언만으로는 하나의 문장성분이 될 수 없으므로 띄어쓰기 단위도 될 수 없는 것이다. 따라서 당연히 '학생이다'와 같이 붙여 써야 한다.

이로부터 역으로 도출되는 띄어쓰기의 기본 원칙이 바로 '조사는 그 앞 말에 붙여 쓴다'라는 것이다. 여기서 '앞 말'에 해당하는 품사로서 부사나 어미 등 빈도가 낮은 경우는 논외로 하고 일단 '조사는 체언이나 다른 조사에 붙여 쓴다' 정도로 기억해 두면 되겠다.

조사는 체언은 물론 다른 조사에 붙여 써야 한다.

가령, '그에게서부터라기보다도'를 한번 적어보자. 과연 띄어쓰기는 몇 번 해야 할까? 답은 '모두 붙여 써야 한다'이다. 일단 '그'는 체언이다. 또한 '에게서', '부터', '라기', '보다', '도' 등은 모두 조사(격조사, 보조사 등)이기 때문이다. 특히 시간, 장소, 방향, 유래, 인용, 비교 등 매우 다양한 부사격 조사가 존재한다는 것을 선명히 인식하자.

그렇다면 '무시함이라기보다'에서의 띄어쓰기 횟수는? 역시 모두 붙여 써야 한다. 특히 '~이다'(서술격조사), '~보다'(비교의 부사격조사) 등도 조사임에 각별히 유의하자.

(3) 동사와 접미사의 구분

'하다, 되다, 받다, 당하다, 시키다' 등의 단어들을 보았을 때 연상되는 품사는 무엇인가? 90% 이상의 학생들은 '동사'라고 대답한다. 하지만 사실 이 단어들은 '접미사'로 쓰이는 경우가 더 많다. 수험생은 물론 일반인, 심지어 출판이나 언론 매체들까지도 가장 많이 범하고 있는 띄어쓰기 오류를 고쳐보도록 하자.

1) '공부하다'와 '공부를 하다'는 문법적 구조가 전혀 다르다

가령 '하다'의 경우 중고생 가운데 20% 정도는 '학습 하다'처럼 체언과 띄어쓰기를 하고 있다. 또한 '되다'나 '받다' 등의 경우에는 50% 정도가 '인정 받다', '검증 되다'처럼 띄어서 표기한다. 더 나아가 '~화'라든지 '~시'등으로 끝나는 체언에 이 단어들이 결합되는 경우에는 90% 이상이 띄어쓰기를 하고 있다('초토화 되다', '중요시 하다' 등). 하지만 이상에서 열거한 사례의 경우 모두 붙여 쓰는 것이 원칙이다('공부하다', '인정받다', '검증되다', '초토화되다', '중요시하다' 등). 왜 그럴까?

가령 '공부 하다'와 같은 어처구니없는 띄어쓰기 오류를 범한 학생들에게 그 이유를 물어보면, 대부분 '공부를 하다'와 마찬가지의 문법적 구조일 것이라고 생각했기 때문이라고 답한다. 하지만 '공부하다'와 '공부를 하다'는 서로 문법적으로 전혀 다른 구조이다. 이번 기회에 그 차이를 숙지해 둔다면, 다시는 유사한 오류를 범하지 않게 될 것이다.

① <u>공부를</u> <u>하다.</u>
   목적어 서술어(동사)

> → '공부를'이 목적어(목적격 조사 '를'로 규정)에, '하다'가 서술어
> 에 해당. 따라서 목적어와 서술어라는 문장성분별로 띄어 씀.

② **공부하다.**
   서술어(동사) ('하다'-접미사)

> → '공부'라는 체언에 '하다'라는 접미사를 결합하여 '공부하다'
> 라는 동사를 파생시킴. 따라서 하나의 서술어로서 당연히 붙
> 여 씀.
> 특장: 별도의 목적어를 취할 수 있음(가령 '수학을', '영어를' 등).

이처럼 '하다, 되다, 받다, 당하다, 시키다' 등은 그 자체가 동사로 쓰이는 경우와 체언 등을 용언으로 만들기 위한 접미사로 쓰이는 경우로 구분된다는 점을 분명히 인식하고, 후자의 띄어쓰기에 각별히 유의해야겠다.

2) 명사에 조사 없이 '하다' 등이 바로 연결되면 접미사로서 앞 말에 붙여 써야 한다

요컨대 '하다, 되다, 받다, 당하다, 시키다' 등이 일부 명사나 부사, 의성·의태어 등의 뒤에 붙어 그 단어를 동사나 형용사로 만들 때에는 하나의 문장성분을 만들기 위한 접미사로서 붙여 써야 한다(예 : 사랑하다, 운동하다, 어렴풋하다, 좋아하다, 반짝반짝하다, 시름시름하다, 가결되다, 이해시키다, 이용당하다 등). 특히 이 단어들이 명사 뒤에 조사 없이 바로 이어 나오는 경우 붙여 씀에 유의하자.

유의사항

① '하다', '받다', '당하다', '드리다'의 경우
체언 앞에 수식하는 말(관형어)이 있을 경우에는 별도의 목적어를 취할 수 없고 그 체언 자체가 목적어가 될 수밖에 없다(앞서 설명한 문법적 구조상 ①에 해당, 체언 뒤에 목적격 조사가 없더라도 생략된 것으로 봄). 따라서 '하다', '받다', '당하다' 등은 서술어가 되기 때문에 띄어 써야 한다.
(예) '예쁜 사랑 하세요', '심한 핍박 당했다' (비교) '사랑하세요', '핍박당하다'

② '받다', '드리다', '시키다'의 경우
추상적인 범주의 명사 다음에 쓰일 때는 피동·사동·높임 등을 나타내는 접미사로 다루어 붙여 쓰지만 구체적인 사물을 가리키는 명사 다음에 쓰일 때는 본래의 의미를 가지는 동사로 다루어 띄어 쓴다.
(예) 강요받다, 인정받다, 말씀드리다, 입원시키다 / 편지 받다, 선물 받다, 용돈 드리다, 자장면 시키다 (비교) 편지하다, 선물하다.

③ '-되다', '-시키다'의 경우

'-하다'가 붙을 수 없는 명사에 '-되다, -시키다'가 올 때는 동사로서 띄어 쓴다.

(예) 문제하다(×)→문제 되다, 하나하다(×)→하나 되다 (비교) 검증하다(○)→검증되다

이 경우에도 용언으로서, 활용을 통해 문장 성분을 결정하게 됨은 물론이다.

(4) 의존 명사의 띄어쓰기

'것, 수, 줄, 바…' 등의 단어들을 보았을 때 연상되는 품사는 무엇인가? 만약 '의존 명사'가 떠오른 학생이라면 일단 의존 명사는 띄어 써야 한다는 기본 정도는 이해하고 있을 것이다('할 것', '할 수', '할 줄', '할 바' 등). 하지만 의외로 '의존 명사'의 띄어쓰기를 정확히 구사하는 학생이 거의 없다. 쉬운 것 같으면서도 많은 혼동과 오류를 불러일으키기 때문이다.

1) 관형어 뒤에서 의존 명사를 띄어 쓴다

논술에 흔히 등장하는 '할수있다'라는 표현의 띄어쓰기부터 먼저 해 보자. 현재 중고생들 가운데 20% 정도는 '할수 있다'로 표기한다. 또한 '할 수있다'나 '할수있다'와 같이 표기하는 학생들도 상당한 비율을 차지한다. 하지만 정확한 띄어쓰기 용법은 '할∨수∨있다'와 같이 띄어 쓰는 것이다. 왜 그럴까?

다른 예로 '빨간모자가있다'라는 문장의 띄어쓰기를 해 보자.

앞서 이야기한 '최소한의 문장 성분별로 띄어 쓴다'라는 기본 원칙만 가지고도 쉽게 '빨간(관형어)∨모자가(주어)∨있다(서술어)'와 같이 정확하게 띄어 쓸 수 있을 것이다. 그렇다면 다시 '할 수 있다'로 돌아와 문장 성분을 분석해 보면 어떨까. 이 부분만을 하나의 문장으로 가정하자면, 역시 '할(관형어)∨수(주어)∨있다(서술어)'로서 마찬가지 구조임을 깨달을 수 있을 것이다.

그런데 이 사례에서 왜 '수'를 가리켜 '의존(또는 '불완전', '형식')' 명사라고 하는 것일까? 일단 이 경우 '수'에 '는'이나 '가' 등의 주격 조사를 붙여 보아도 자연스러우므로 '명사'임은 분명하다. 다만 늘 관형어와 함께 쓰여야만 의미가 성립('수'→'능력')될 수 있으며, 제각각 선행하는 관형어의 형태(가령 '수'는 용언의 관형사형 형태만 가능)나 후술되는 서술어의 형태('있다'나 '없다'만 가능) 등에 제약이 있다 보니 문법적으로 '의존' 명사라 분류되는 것이다.

요컨대 수험생들은 의존 명사가 관형어 뒤에서 하나의 '명사'의 역할과 의미를 가지게 될 때 비로소 띄어 쓰는 것으로 기억해 두도록 하자. 그러면 '할 수록', '할 뿐더러' 등과 같은 띄어쓰기 오류를 줄일 수 있을 것이다('하'(어간) + 'ㄹ수록'(어미) = '할수록', '하'(어간) + 'ㄹ뿐더러'(어미) = '할뿐더러').

2) 의존 명사와 어미의 구분
① 의존 명사 '데'와 연결 어미 '〜는데(ㄴ데)'의 구분

현 수험생들의 90% 정도는 무의식적으로 '운동하는데'와 같이 표기하며 그중 대부분은 아예 '데'가 의존 명사로 쓰인다는 사실조차 인식하지 못하고 있다. 하지만 격식화된 어조를 취하게 마련인 논술에서는 오히려 '데'가 의존 명사로 사용되어 '운동하는∨데'와 같이 띄어 써야 하는 경우가 더 많다는 데 유의하자. ('데'→ '곳', '것', '경우', '장소' 정도의 의미)

'데'가 의존 명사인지 어미의 일부인지 혼동된다면, 그 뒤에 '〜에는'(또는 '∨있어서')을 붙여 보자. 가령 '〜에는'이라는 조사가 자연스럽게 연결될 수 있다면 '데'는 당연히 체언, 곧 의존 명사이다.

Ⓐ 나는 <u>운동하는</u> ∨ 데 소질이 없다.
　　　　　관형어　　∨ 의존 명사

Ⓑ 운동하<u>는데</u> 방해하지 마
　'운동하'(어간)+ '는데'(어미)

② 의존 명사 '수'와 연결 어미 '〜ㄹ수록'의 구분('할수록'인가 '할 수록'인가?)

만약 '수'가 의존 명사라면 이에 연결되는 '록'은 조사(주격)여야만 한다. 하지만 국어에 '〜이/가'나 '께서', '에서' 등의 주격조사는 있을지언정, '록'이라는 조사는 없다. '〜ㄹ수록'(과정, 조건을 나타내는 어미)가 결합된 경우로서 당연히 붙여 써야 함을 기억해 두자.

③ 의존 명사 '듯'과 연결 어미 '〜듯이'의 구분
ㄱ. '〜인 양·것', '〜인 것처럼'의 의미로 연결될 때 : '양', '척' 등과 마찬가지로 '듯'이 의존 명사로 쓰인 경우로, 이때는 띄어 쓴다.

(예) 모르는 ∨ 듯이 말했다./뜰 ∨ 듯이 기뻐했다.[추측, 짐작]

ㄴ. 앞 절과 뒤 절의 내용이 거의 같음을 나타낼 때 : 연결 어미 '듯이'가 결합
된 경우로, 이때는 붙여 쓴다.

(예) 사람마다 얼굴 생김새가 다르듯이 성격도 다르다.

3) 어미의 일부를 의존 명사로 혼동하는 경우
① 어미 '∼ㄴ지' (또는 '∼ㄹ지')와 의존 명사 '지'의 구분

어미의 일부를 의존 명사인 양 착각하여 띄어 쓰는 오류도 빈번한데, 그 대표
적인 경우가 바로 어미의 일부인 '지'를 의존 명사로 착각하는 경우이다.

→ 오직 시간의 경과를 나타내는 경우에만 '지'가 의존 명사, 그 이외의 모든
경우는 '∼ㄴ지' 혹은 '∼ㄹ지' 형태의 어미가 결합된 형태로서 붙여 써야
한다고 기억해 두자.

(예)

그가 떠난 ∨ 지 10년이 지났다. [시간의 경과]
      (의존 명사: 오직 시간의 경과를 나타낼 때만 '지'를 의존명사로 띄어 쓴다)

그가 떠날는지(떠났는지) 모르겠다. [의문, 짐작, 추측]
떠나든지 말든지. [양보, 선택]
떠날지언정(떠날지라도) [양보]
사과라든지 배라든지 [열거]
(위의 경우는 모두 '∼ㄴ지' 혹은 '∼ㄹ지' 형태의 어미가 결합된 것이므로 붙여 쓴다)

② '뿐' 뒤에 '더러'가 붙으면 항상 연결 어미 '∼ㄹ뿐더러'(그것만이 아닌 나아가 다른 일이 더 있음)의 일부로서 붙여 써야 한다고 기억해 두자

(예) 장미는 아름다울뿐더러 향기도 좋다. [연결어미 '∼ㄹ뿐더러']
[비교] 장미는 아름다울 ∨ 뿐만 아니라 향기도 좋다. [의존명사 '뿐']

③ '바'로 앞 절이 마무리되고 다른 절이 연결되면 항상 연결 어미 '∼ㄴ/는바'(뒤 절의 사실
과 관련된 상황을 제시하는 데 쓰임)의 일부로서 붙여 써야 한다고 기억해 두자

(예) 여름방학이 시작되는바 계획서를 제출하도록 합시다. [연결어미 '∼ㄴ/는바']
[비교] 그는 이전에도 약속을 어긴 ∨ 바 있다. / 느낀 ∨ 바를 말해라.
구별 point 의존명사인 경우는 '바' 바로 뒤에 조사를 붙일 수 있고, 다른 의존명사로 대체할 수도 있다.

④ '리' 뒤에 '만큼'이 붙으면 항상 연결 어미 '∼리만큼'(∼ㄹ 정도로)의 일부로서 앞말에
붙여 써야 한다고 기억해 두자

(예) 한 숟갈도 더 먹지 못하리만큼 배가 불렀다. [연결어미 '∼리만큼' : '∼ㄹ 정도로']
[유사] 내가 오늘 당번이니만큼 일찍 등교해야 한다. [연결어미 '∼니만큼' : 원인이나 근거]

4) 의존 명사를 어미의 일부로 혼동하는 경우
① '게', '건', '걸' 등의 준말

각각 '것이', '것을', '것은'의 준말로 쓰인 경우라면, 모두 의존 명사 '것'의
용법을 따라 띄어 써야 한다.

(예) 할 ∨ 게 없다. / 본 ∨ 걸 솔직히 말해 봐. / 내가 아는 ∨ 건 그게 다야. [의존 명사 '것'의 결합]
[비교] 단 문장의 끝에 오는 '게'의 경우에는 종결형 어미 '∼ㄹ게'의 일부이므로 붙여 써야 한다.
(예) 내가 가지고 올게. / 나중에 할게. [종결형 어미 '∼ㄹ게'의 결합]

② '~ㄹ테다'

의존 명사 '터'(의지, 예정, 추측, 처지, 형편)가 결합된 '터이다'의 준말이므로 앞말(관형어)과 띄어 쓴다.

(예) 며칠을 굶은 ∨ 터에 눈에 보이는 것이 없었다. / 난 빠질 ∨ 테니 너희들이나 해라. / 시장할 ∨ 텐데, 어서 먹어라. / 꼭 하고야 말 ∨ 테다. [의존 명사 '터'의 결합]

5) 의존 명사와 조사의 구분

이 역시 수험생들 대부분이 오류를 범하고 있는 사항이다. '뿐', '대로', '만큼' 등은 용언의 관형사형(관형어) 뒤에서는 '의존 명사'로서 띄어 쓰되, 체언(주로 대명사)이나 조사의 뒤에서는 '조사'로서 붙여 써야 한다는 점을 반드시 기억해 두자.

(예)
할 ∨ 뿐만 아니라
좋을 ∨ 대로 하렴
할 ∨ 만큼 했다.
(관형어 뒤에서 수식을 받는 의존명사로서 띄어 써야 함)

나뿐, 너뿐, 그녀뿐만 아니라…
너대로, 나대로, 그대로 하렴…
나만큼, 그만큼, 저만큼, 너에게만큼은 …
(체언이나 조사 뒤에 결합하는 조사로서 붙여 써야 함)

'만' 의 띄어쓰기

용언의 관형사형 뒤에서는 물론, 체언 뒤에서도 '시간의 경과'를 의미하는 경우에 한해서는 의존 명사로서 띄어 쓴다. 체언 뒤에서 쓰이는 그 밖의 경우('한정', '정도/비교' 등)에는 조사에 해당하므로 붙여 써야 한다.

6) 의존 명사와 접미사의 구분 ('~간'의 띄어쓰기)

① 일부 명사 뒤에 붙어 '동안'이나 '장소'의 뜻을 더하는 경우 : 접미사로서 붙여 쓴다

② '사이'(관계)나 공간적인 '거리'의 뜻으로 쓰일 때 : 의존 명사로서 띄어 쓴다

그러나 '간'이 결합된 복합어로 굳어진 단어들은 붙여 쓴다(주로 대응되는 관계를 표현하는 한자어와 결합).

7) 명사 '밖'과 조사 '밖에'의 구분

① 부정의 서술어와 호응될 때→조사 '밖에'('그것 말고는', '그것 이외에는')가 연결되는 경우로서 앞 체언이나 조사에 붙여 쓴다

(예) 사과가 하나<u>밖에</u> 없다, 할 수<u>밖에</u> 없다. [부정의 서술어–조사]

② 긍정의 서술어와 호응될 때→명사 '밖'(바깥)이 쓰이는 경우로서 다른 체언이나 관형사와 띄어 쓴다

(예) 사과는 이 ∨ <u>밖</u>에도 많다. [긍정의 서술어–명사]

8) '안'과 '못'의 띄어쓰기

기본적으로 '안'과 '못'이 용언 앞에서 용언을 부정하는 부사로 쓰일 때는 당연히 용언과 띄어 써야 함이 원칙이다.

(예) <u>안(못)</u> ∨ 먹다, <u>안(못)</u> ∨ 가다 등

다만 다음의 예외적인 경우들을 반드시 기억해 두자.

① '안되다/안 되다'

'안되다'가 섭섭하거나 가엾고 애석한 느낌이 있음을 나타내는 형용사인 경우에만 붙여 쓴다. 그 외에는 '안'이 부정문을 만드는 부사로 쓰인 경우로서 띄어 쓴다. 또한 기타 서술어와 연결되는 '안'은 모두 부정문을 만드는 부사어로서 띄어 써야 한다(– '안∨하다', '안∨자다', '안∨먹다' 등).

(예) 상을 당했다니 <u>안됐</u>구나, 취업에 실패했다니 <u>안되었다</u>. [형용사]
　　시간이 아직 <u>안</u> ∨ 되었다, 일이 잘 <u>안</u> ∨ 되다, 가면 <u>안</u> ∨ 돼. [부사]

② '못되다/못 되다'

'못되다'가 '성질이나 하는 짓이 악하거나 고약하다', '나쁘거나 덜 되다'의 의미의 형용사인 경우에만 붙여 쓴다. 그 외에는 '못'이 부정문을 만드는 부사로 쓰인 경우로서 띄어 쓴다.

(예) 못된 송아지 엉덩이에 뿔난다. / 심보가 못되다. / 못된 자식 [형용사]
　　공무원이 못 ∨ 된 것을 비관하다. / 공부를 시작한 지 1년이 못 ∨ 되었다. [부사]

③ '못하다/못 하다'

'못하다'가 '잘하다'의 반대말인 동사나 질과 양의 열등함을 나타내는 형용사(주로 비교할 때)로 쓰이는 경우 또는 부정의 어미 '–지'(종종 '는', '를' 등 조사 결합) 다음에 오는 경우(부정 보조 동사)에만 붙여 쓴다. 그 외에는 '못'이 부정문을 만드는 부사로 쓰인 경우로서 띄어 쓴다.

(예) 그는 원래 운동을 못한다. [동사] / 형보다 못하다. [형용사] / 하지 못하다. /
　　예쁘지 못하다. [부정 보조 동사]
　　몸이 아파서 운동을 못 ∨ 했다. / 일이 생겨서 연락을 못 ∨ 했다. [부사]

9) '같은'과 '같이'의 띄어쓰기
① '～같은' : 형용사로서 앞말과 띄어 쓴다

(예) 너 ∨ 같은 사람도 없다. [형용사]

② '～같이' : 조사로서 앞말에 붙여 쓴다

(예) 너같이 착한 사람은 상을 받아 마땅하다. [조사]

2. 맞춤법

수험생들뿐만 아니라 일반인들, 심지어는 방송계나 언론계에 종사하는 사람들 조차도 널리 범하고 있는 맞춤법 오류를 일목요연하게 정리해 보도록 하겠다. 단순히 암기하기보다는 그 기본 원리를 이해함으로써 본인의 오류를 고치는 기회로 삼기 바란다.

(1) 착각에 의한 오류

1) 삼가해야(×) 삼가야(○)

앞서 살펴본 바와 같이, 우리말 '용언'의 상당 부분은 체언(일부에 해당)으로부터 파생되었다. 가령 '걱정하다', '걱정되다'(이상, 동사), '걱정스럽다'(형용사) 등의 용언은 '걱정'이라는 체언에 '하다', '되다', '스럽다' 등과 같은 접미사가 결합되어 만들어진 것이다.

그런데 이러한 용법에 너무나도 익숙해진 나머지 거의 대부분의 사람들이 혼동하여 범하는 오류가 있으니, 바로 '삼가해야 합니다'나 '삼가해 주세요' 등과 같이 '삼가하다'라는 형태의 용언을 염두에 둔 표기 오류이다.

하지만 이 단어는 '삼가'라는 체언에 '하다'라는 접사를 붙여서 동사로 파생시킨 형태의 단어가 아니다. 원래 그 자체가 용언으로서, '삼가다'를 기본형으로 하는 단어인 것이다. 따라서 '삼가'는 엄연히 용언의 어간에 해당되는바, '하다'라는 접미사가 붙을 수 없다. 당연히 '~야', '~아' 등의 어미부터 결합된(또는 동음 계열의 어간 뒤에서 축약됨) 이후에 보조 용언 등이 연결될 수 있는 것이다.

(예) '<u>삼가해야</u> 합니다', '<u>삼가해</u> 주세요'(×)
　　'<u>삼가야</u> 합니다', '<u>삼가</u> 주세요'(○)

2) 염두해(×) 염두에(○)

또한 흔히 사용하는 '염두하세요'나 '염두해 두세요' 등의 표현도 철자법 오류이다. 일단 '염두하다'라는 형태의 용언이 존재하지 않는다는 것부터 기억해 두자. '염두(念頭)'는 '머릿속의 생각', '마음속'을 의미하는 한자어로서 뒤에 '하다' 등과 같은 접미사가 결합될 수 없는 범주의 체언이기 때문이다. 그렇다면 바른 표현은 무엇일까? '마음속에 두다' 표현과 같이, 관용적으로 '염두에 두다'라는 형태의 표현만 사용될 수 있음을 숙지해 두도록 하자.

> (예) '염두해 두세요', '염두하세요', '염두를 하세요'(×)
>   '염두에 두세요' (○)
> [비교] '유념하다', '유념을 하다' (○)

(2) 피상적 이해에 기인하는 오류

1) '망치는 도구로(   ) 사용되다'에서 괄호 안에 들어가야 할 것은? (서, 써)

필자의 경험상 이 질문에 답한 수많은 학생들 가운데 정답률은 채 5%가 되지 않았다. 95% 이상은 '써'라고 대답했던 것이다. 하지만 답은 '서'이다. 즉 이 경우에는 '~로서'라는 '자격·신분'의 격조사가 사용되는 것이 맞다.

그런데 '도구'라는 단어에 결합되니까, 당연히 '도구·수단'을 나타내는 '~로써'가 결합되어야 하는 것 아니냐며 반문하는 학생들도 많다. 물론 많은 학생들이 주지하고 있다시피 '~로서'는 신분·자격, '~로써'는 수단·도구를 나타내는 부사격 조사이다.

하지만, 일단 '격(格)'이란 '문장에서 어떠한 문장 성분(문장을 구성하는 지위)을 구성하는가를 지칭함'을 환기하자. 즉 그 조사가 어떠한 단어 뒤에 연결되었는가가 아니라, 그 단어를 어떠한 문장 성분으로 만들어 주느냐에 따라 결정된다는 말이다.

가령 이 경우 '도구'라는 단어 뒤에 연결된다고 '도구'의 격조사가 사용되어야 하는 것이 아니다. '도구'라는 단어를 신분·자격의 '격(格)'으로 규정해 주기 위해 쓰였기에, 당연히 '신분·자격'의 격조사인 'A로서'(항상 전후 대상과 A가 동등한 지위로 귀결, 가령 '망치'≒'도구')가 쓰여야 하는 것이다.

- '~을 써서'(혹은 '~을 가지고')라고 대체했을 때 의미가 자연스럽게 연결되면 '~로써', 그렇지 않으면 '~로서'의 조사가 쓰여야 한다.

  (예) 망치라는 도구( ) 못을 박는다. : '~을 써서' (O) → '~로써'

  　　망치는 도구( ) 사용된다. : '~을 써서' (X) → '~로서'

  [참고] 종종 '~로써'나 '~로서' 모두 사용 가능한 경우도 있는데, 이때에는 어떠한 조사를 사용하느냐
  　　　에 따라 문장 전체의 의미가 달라짐에 유의하자.

  (예) 나는 군인으로서, 전쟁을 일으킬 것이다. ➡ ('나' = '군인') - 주체

  　　나는 군인으로써 전쟁을 일으킬 것이다. ➡ ('나' - 주체) ≠ ('군인' - 객체)

2) '하므로써', '하므로서', '함으로써', '함으로서' 가운데 철자법이 정확한 것은?

① '하므로써', '하므로서' (X) - 문법적으로 존재 불가

이 경우는 분명히 '하~'라는 어간 뒤에 어미가 결합되어야 하는 형태이다. 물론 한글에는 까닭·근거를 나타내는 '~므로'(~이기 때문에)라는 어미가 존재한다(예 : '하므로' = 하기 때문에). 그러나 '~므로써(서)'라는 어미는 분명 존재조차 하지 않으므로, '하므로서'나 '하므로써'라는 표현은 아예 문법적으로 존재할 수 없는 것이다.

② '함으로써' (O), '함으로서' (△) - 문법적으로는 두 용법 다 가능하나 실재 문맥상에서는 '함으로써' 용법만 쓰임

이 경우는 분명히 '함'이라는 체언형('하' : 어간 + 'ㅁ' : 명사형 전성 어미) 뒤에 조사가 결합되어야 하는 형태이다. 그리고 한글에 '~으로써(서)'라는 조사가 엄연히 존재하므로, 당연히 '함으로써'나 '함으로서' 형태 모두 성립한다. 다만 'A함으로서' 형태의 용법(대상≒A함)은 문맥상 어색하기에 사용되지 않는다(통상 '하는 것으로서' 등의 표현으로 쓰임).

한편, 앞서 살펴보았듯이 '함으로 인해'의 뜻을 표현할 경우는 반드시 수단·도구의 '으로써'라는 조사를 결합하여야 하므로, 실재로는 오직 '함으로써' 형태로의 표기만 사용된다고 기억해도 무방할 것이다.

바른 표기법 정리

그렇기 때문에=그러므로(○), 그럼으로(×)

[비교] 그러므로 인해(×), 그럼으로 인해(○)

≒그럼으로써(○), 그럼으로서(×) 그러므로써(×), 그러므로서(×)

(3) 발음에 기인하는 오류

1) '되서', '되야', '됬다', '되요', '돼니', '돼면', '돼네', '됀다', '안 되.', '기대 되.' (×)

가령, '먹다'라는 동사를 예로 들어 보자. 우리는 '먹'이라는 어간에 '야', '서', '요', '쓰' 등을 어미로 결합하여, '먹야', '먹서', '먹요', '먹쓰'라고 결코 쓰지 않는다. 너무나도 당연히 '먹어야', '먹어서', '먹어요', '먹었' 등과 같이 사용하지 않는가? 즉 '먹'이라는 어간에 각각 '어야', '어서', '어요', '었' 형태의 어미를 결합하는 것이다.

다른 예로 '지다'라는 동사의 경우는 어떨까. 역시 '지'라는 어간에 '어야', '어서', '어요', '었' 등의 어미가 결합되어 '지어야', '지어서', '지어요', '지었'이 되고, 결국 '져야', '져서', '져요', '졌' 등으로 축약되는 것이 당연하지 않은가?

그럼 '높다'라는 형용사의 경우는 어떨까. 역시 '높서', '높요', '높야', '높쓰'이 아닌 '높아서', '높아야', '높아요' '높았' 등의 형태로 활용한다.

이는 모든 용언에 공통적으로 적용되는 원칙이다.

'~야', '~서', '~요', ~'쓰' 형태의 독립적 어미는 존재하지 않는다.

용언의 어간에 '~어(아)야, 어(아)서' [연결 어미]와 '~어(아)요' [종결 어미] '~었(았)' [선어말 어미] 형태가 결합되어야 한다.

그런데 유독 '되다'라는 동사의 활용에 있어서만큼은 많은 사람들이 발음이 자연스럽게 된다는 이유로 '되야', '되서', '되요', '됬' 등과 같이 표기하고 있다. 하지만 이는 엄연히 위에서 살펴본 기본 규칙에 어긋난 잘못된 표기이다.

즉, '되'라는 어간에도 당연히 '야', '서', '요', '씨'이 아닌, '어야', '어서', '어요', '었'이라는 어미가 결합돼야 한다. 그 결과 '되어야', '되어서', '되어요', '되었'이라고 표기하든지, '되어'를 '돼'로 축약하여 '돼야', '돼서', '돼요', '됐'이라고 표기해야 하는 것이다. 물론 '~고', '~게', '~니', '~는', '~ㅂ니다' 등 여타 독립적인 어미가 결합될 때는 당연히 '되'라는 어간의 원형에 바로 연결되어 '되고', '되게', '되니', '되는', '됩니다' 등으로 표기해야 함을 혼동해서는 안 되겠다.

앞선 강의에서 띄어쓰기의 기본원칙을 학습한 학생이라면 가령 '먹다'라는 용언에서의 어간 '먹'이 단독으로 문장성분을 결정, 어절을 형성할 수 없음을 쉽게 이해할 것이다. [예외 : ('가' + '아'→'가아'→'가')와 같은 동음 축약 사례] 마찬가지로 '되다'라는 용언에서의 어간 '되' 역시 단독으로는 어절을 형성할 수는 없음이 물론이다. 당연히 '~어'라는 연결 어미를 결합하여 '되어' 혹은 축약하여 '돼'의 형태로 표기해야 한다.

예) 나 밥 먹(×)→ 나 밥 먹어(○)

　　기대되, 해도 되?(×)→ 기대돼, 해도 돼?(○) (돼＝되어)

- '되어'로 바꿔 봐서 자연스러우면 '돼'를, 어색하면 '되–'를 쓰자.
- '되'와 '돼'는 발음으로는 그 차이를 구분할 수 없으므로, '되/돼'와 문법적 구성이 거의 같은 '지/져' 또는 '하/해' 등을 대입해서 구분해 볼 수도 있다('되다' 대신 '지다' 또는 '하다' 활용). 가령 다음 사례에서 괄호 안에 '지' 또는 '하'가 어색하지 않으면 어간만 쓰인 경우이므로 '되'가 맞다. 반면 '져' 또는 '해'가 어색하지 않으면 준말('지어' 또는 '하여')이 쓰인 경우이므로 '되어', 즉 '돼'로 표기하면 된다.

　　(　)네 ― (지)네, (하)네 ― ('지' 또는 '하'가 적절) → 되네
　　(　)지 ― (지)지 ― ('지' 또는 '하'가 적절) → 되지
　　(　)서 ― (져)서 ― ('져' 또는 '해'가 적절) → 돼서
　　(　)요 ― ('져' 또는 '해'가 적절) → 돼요

(　　)야 ― ('져' 또는 '해'가 적절) → 돼야

안 (　　). ― 안 (져)., 안 (해). ― ('져' 또는 '해'가 적절) → 기대돼

(　　) 보면 ― (해) 보면 ― ('해'가 적절) → 돼 보면

흥분(　　) ― 흥분(해) ― ('해'가 적절) → 흥분돼

2) '하십시오'인가, '하십시요'인가?

발음 때문에 발생하는 맞춤법 오류 가운데 대표적인 것이 바로 명령형 표현에서 '～(ㅂ)시요'라고 표기하는 오류이다. 하지만 바른 종결 어미는 '～(ㅂ)시오'라는 점을 기억해 두자. 이를 축약할 경우, '～(ㅂ)쇼'라고 표기할 수 있는 것이다. 또한 종결 어미 '오'와 연결어미 '요'의 구분에 유의하자.

(예) : 하십<u>시요</u>. (×) / 하십<u>시오</u>. (○) (＝하십쇼.) : 종결 어미 '～시오'

당신은 회사원이<u>요</u>, 나는 학생이<u>오</u>. ('～이오' = '～요')
　　　　　(연결 어미)　　　(종결 어미)

(4) 혼동하기 쉬운 오류

1) '가르치다'와 '가리키다', '잃다'와 '잊다'의 구별

'가르치다'와 '가리키다', 그리고 '잃다'와 '잊다'의 오용(誤用) 역시 과반수의 학생들에게서 발견되는 사항이다. 이번 기회에 각 동사의 의미를 선명하게 기억해 둠으로써, 정확히 구분하여 사용하도록 하자.

> **가르치다** – 지식이나 기능, 이치 따위를 깨닫거나 익히게 한다.
> **가리키다** – 손가락 따위로 어떤 방향이나 대상을 집어서 보이거나 말하거나 알리다.
> 　(참고 : '가르키다'는 틀린 표기임에 유의하자)

> **잃다** – 가졌던 물건이 없어져 그것을 갖지 아니하게 되다.
> **잊다** – 한번 알았던 것을 기억하지 못하거나 기억해 내지 못한다.

2) '~든가(지)'와 '~던가(지)'의 구분

잘못된 맞춤법 상식 가운데 하나가 '~든가(지)'는 구어체적인 표현인 반면, '~던가(지)'가 맞춤법상 정확한 표현이라는 식의 엉뚱한 인식이다. 그 결과 그 쓰임을 불문하고 '~던가(지)'로 표현하는 경향이 만연해 있다.

하지만 결론적으로 말하자면 '~든가(지)' 역시 맞춤법상으로 정확한 표현이며, 그 쓰임에 비추어 보자면 일상생활은 물론 글쓰기에서도 오히려 '~든가(지)'로 표현해야 할 경우가 압도적으로 많다. '~던가(지)'는 오직 과거를 회상하는 경우에만 써야 할 표현이기 때문이다.

기본적으로 '~던가(지)'는 과거 회상의 선어말 어미 '~더'가 결합된 형태라는 점부터 선명히 상기해 보자. 그렇다면 과거를 회상하는 경우가 아닌 여타의 모든 경우(선택, 양보, 열거…등)에는 당연히 '~든가(지)'로 표기해야 하는 것으로 기억할 수 있을 것이다.

(예) 먹든지(가) 말든지(가) … [선택, 양보]
　　사과라든지(가) 배라든지(가) … [열거]
　　어찌나 많이 먹었던지(가) … [과거의 회상]
[참고] 할런지(×), 할른지(×), 할는지(○)

3) '~대로'와 '~데로'의 구분

'그런데로'가 맞을까, '그런 대로'가 맞을까? 답은 '그런 대로'이다. 한글에서 '어떤 모양이나 상태와 같이'라는 뜻으로 사용되는 의존 명사 (용언의 관형어형 뒤에서) 또는 조사 (체언 뒤에서)는 분명히 '대로'라는 것을 기억하자.

(예) 뿌린 대로 거둘 것이다. (의존 명사 '대로'), 나는 나대로, 너는 너대로. [조사 '대로']
[비교] 어제 씨앗을 뿌린 데로 안내하렴. [의존 명사 '데' + 조사 '로']

4) '안 하다'가 맞는가, '앓 하다'가 맞는가?

용언의 앞에 붙여서 부정을 나타내는 부사는 '안'이다. 따라서 일단 '안 하다'가 맞는 표기이다.

이때 부사 '안'은 반드시 부정하려는 용언의 앞에 위치한다는 점과 '아니'의 준말임을 기억해 두자. 반면, '앓'은 '앓다'('아니하다'라는 뜻의 타동사 혹은 보조동사·보조형용사로 쓰임)라는 단어의 일부로서, 부정하고자 하는 용언의 뒤에 쓰인다는 점, 그리고 '아니하'의 준말로서 기억해 두면 구분하기에 도움이 될 것이다.

> (예) <u>앓</u> 먹는다 (×) / <u>안</u> 먹는다 (○)　　　➜ 용언의 앞 : 부사 '안'
> '아니하' (×) '아니' (○)
>
> 먹지 <u>안</u>는다 (×) / 먹지 <u>앓</u>는다 (○)　　➜ 용언의 뒤 : 타동사 혹은 보조 동사·
> 크지 <u>안</u>다 (×) / 크지 <u>앓</u>다 (○)　　　　　　형용사 '아니하다'의 일부
> '아니' (×) '아니하' (○)

5) 의존 명사 '채'와 '체'의 구분

'채'는 '～인 상태로'의 의미, '체'는 '～척'의 의미로서 정확히 기억해 두자.

> 그는 죽은 <u>체</u>했다. [～인 척]
> 그는 죽은 <u>채</u> 발견되었다. [～인 상태 그대로]

세상을 읽고 창의의 나래 펴기

01 이슈 스크랩(인문계)
−이슈와 교과적 지식, 주제 특강의 만남

1. 인간은 무엇이며, 사회는 무엇인가?

(1) 삶의 질을 결정하는 것은 무엇인가?

2007년 5월 중순경 한 60대 여성이 고려대 의료원을 찾아와 익명으로 400억 원에 달하는 가치의 부동산을 기부한 사실이 뒤늦게 알려져 세간에 화제가 됐다. 기부자는 어머니께서 생전에 재물에 집착하지 말고 항상 어려운 이웃을 돌보며 사회에 환원하라고 당부하신 유지를 받들었다며, 끝내 본인의 신분을 드러내기를 거부했다고 한다.

이처럼 수백억 원에 달하는 재산을 아무런 조건 없이 사회에 기부하는 사람도 있는가 하면, 한편으로는 돈을 목적으로 하는 각종 부정부패와 패륜, 심지어는 단돈 몇만 원 때문에 벌어지는 강력 범죄들이 하루가 멀다 하고 발생하고 있다. 과연 인간에게 행복을 가져다 줄 수 있는 조건은 무엇일까?

1) 자본주의와 소유양식의 삶

자본주의의 체제에서 돈은 인간에게 있어 삶의 목적인 양 여겨진다. 돈은 모든 경제 활동의 매개가 되며, 대부분의 사람들은 노동을 사회에 제공하고 대가로 받은 돈으로 다시 자신과 가족의 생존에 필요한 상품과 용역을 사회로부터 제공받는다. 게다가 노동력 상실은 생계의 곤란으로 이어지기 때문에 생계유지 및 노후 보장 등에 대비하여 부를 축적하는 것이야 말로 사회 구성원 다수의 지상 과제가 되기에 이른 것이다.

① 자본주의 경제의 부작용 - 황금만능주의, 물신주의, 가치 전도 현상

생산의 양적 증가와 질적 상승효과를 가져 온 자본주의는 다른 한편으로 다음과 같은 문제점을 드러냈다. 우선, 물질적 가치의 생산 증가만을 지나치게 중시하다 보니, "돈만 있으면 무엇이든지 다 할 수 있다"는 황금만능주의 풍조가 나타나게 되었다. 더 나아가 노동에 의하여 생산된 상품이나 화폐, 자본 등의 물질이 마치 고유의 힘을 지니고 있어서 독자적으로 행동하는 것처럼 믿고, 그것을 신앙 내지 숭배의 대상으로까지 여기는 물신 숭배의 경향조차 나타나게 되었다. 이러한 현상은 결국 윤리·도덕과 같은 정신적 가치를 소홀히 여기면서 물질에만 최고의 가치를 부여하는 '가치 전도' 현상으로까지 이어지게 되었다.

- 고등학교 《윤리와 사상》, 교육인적자원부

② 소유양식의 삶과 인간소외

레스터 C. 서로우는 《부의 구축》에서 '부(富)'는 인적·물적 자원의 통제는 물론, 정치적 영향력 행사까지 가능하게 한다고 분석했다. 또한 사회적 서열 및 개인의 가치를 재는 유일한 척도라고 보았다. 이처럼 화폐 자체가 인간 간의 사회적 관계까지 매개하고 규정하게 됨에 따라 인간관계의 성격마저 변질시키기에 이르렀다.

즉, 모든 대인 관계를 화폐 관계로 환원시켜 타인을 합리적인 계산의 대상으로 인식케 함으로써, 결국 자신을 포함하는 인간 자체를 하나의 상품으로 간주하는 비인간화가 초래된 것이다. 게다가 무한한 축적을 지향하는 자본의 논리는 부에 대한 인간의 무절제한 욕망까지 정당화될 수 있다는 그릇된 인식까지 확대시키고 있다.

인간의 손에서 나온 자본이 인간을 지배하는 이러한 주객전도(主客顚倒) 현상과 마찬가지로 자본가가 자본에 대해, 노동자가 자신의 노동력과 노동 산물에 대해, 지식인이 지식에 대해, 학생이 학업에 대해 주체적인 의미를 부여하지 못하고 도리어 자본, 노동력, 지식 등을 재생산하는 수단으로 전락하는 것을 소외라고 한다.

2) 행복의 조건은 무엇인가?

미국 미시간대의 사회학자이자 정치학자인 로널드 잉글하트는 지난 20여 년간 세계 각국의 '행복지수'를 발표하고 있다. 세계 각국 국민들의 1인당 국민총생산(GNP)과 주관적인 행복감의 관계를 나타낸 표를 보면, 한국은 1인당 국민소득이 1만 달러가 넘는 나라 중에서 '국민들이 제일 행복하지 못한 나라'였다. 근래 사회 전반으로 거세지고 있는 웰빙 열풍도 이러한 상황과 무관하지 않을 것이다. 과연 '삶의 질'을 고양시키기 위한 방법은 무엇일까?

① 물질적 조건과 주관적 행복감의 간극

한국을 비롯하여 세계 39개국에서 실시된 '2005년~2007년 세계 가치관 조사'의 결과가 2007년 8월 발표되었다. 그 결과에 따르면 한국인의 행복지수는 100점 만점에 65.93점에 불과하여 세계 평균인 69점에도 못 미친다. 또한 37개 조사 대상국 가운데 28위에 머문 것으로 나타났는데, 10년 전 조사 결과(66.04점, 24개 조사 대상국 중 15위)보다도 나빠진 것이다. 반면 1인당 국내총생산(GDP) 등 경제력이 한국에 뒤지는 멕시코(1위)를 비롯해 콜롬비아(8위), 말레이시아(9위), 인도네시아(19위), 베트남(22위) 등은 한국보다 행복지수가 높았다. 이 조사 결과는 행복과 물질적 풍요와는 큰 관계가 없음을 말해 주는 것인지도 모른다.

② 조용한 혁명, 자아실현의 욕구

▶ 미국 미시건 대학의 잉글하트는 물질적 소비와 안전에 대한 강조로부터 생활의 질에 대한 관심 증대로의 이행, 즉 삶의 질을 중시하는 가치관으로의 변화 과정을 '조용한 혁명'이라고 불렀다. 그에 따르자면, 삶의 질에는 일단 경제·환경적 생활 조건 등 객관적 지표가 전제되어야 한다. 그런데 최소한의 경제적·육체적 안전이 보장되는 경우, 인간에게는 사랑, 존경에의 욕구가 점차 뚜렷해지고, 그 다음에는 지적·심미적 만족이 중심적인 중요성을 갖게 된다.

▶ 미국의 인본주의 심리학자 아브라함 매슬로는 인간의 욕구는 하위 단계에서 상위 단계를 향해 계층적으로 배열되어 있어서, 그 하위 단계의 욕구가 충족되어야 그 다음 단계의 욕구가 발생한다는 '욕구 단계설'을 주장했다.

그의 분류에 따르면, 1단계 생리적 욕구(먹기, 자기, 종족보존 등), 2단계 안전에 대한 욕구(추위·질병·위험 등으로부터 자신을 보호, 장래를 위해 저축하는 행위 등), 3단계 애정과 소속에 대한 욕구(가정을 이루거나 친구를 사귀는 등 어떤 단체에 소속되어 애정을 주고받는 욕구), 4단계 자기존중의 욕구(소속단체의 구성원으로 명예나 권력을 누리려는 욕구), 5단계 자아실현의 욕구(자신의 재능과 잠재력을 충분히 발휘해서 자기가 이룰 수 있는 모든 것을 성취하려는 최고 수준의 욕구)의 순으로 충족을 꾀하게 된다. 결국 인간에게 최상위의 욕구는 육체나 물질보다는 정신적인 단계에 있다는 것이다.

③ 존재적 삶의 지향 – 인간의 주체성 회복

에리히 프롬은 《소유냐 존재냐》에서, 현대인이 명예·권력·물질 등 어떠한 대상을 소유함으로써 삶의 의미를 찾으려는 소유 양식의 삶을 추구함에 따라, 결국 비인간화와 지구 자원 고갈이라는 위기에 봉착하게 되었다고 분석한다. 또한 그는 보다 높은 가치를 실현하려는 숭고한 삶을 통해 인간 본연의 의미와 가치를 상승시키자고 역설했다. 곧 진리를 추구하고, 이성과 사랑, 자유와 독립성을 실현하고 나타내려는 '존재로서의 삶'을 꾀하자는 것이다.

1. 자신이 생각하는 '웰빙(well-being)'이란 무엇인지 500자 내외로 정리해 보자.

2. 친구들과 '물질만능주의와 가치의 다양성 인정'이라는 주제로 간단한 토론을 진행해 보자.

(2) 인간에게 노동이 가지는 의미

지난 몇 개월간 모 기업을 둘러싸고 노사갈등(勞使葛藤)이 장기화·과격화 양상을 보임에 따라 노(勞), 사(使) 양측 모두 국민적 여론의 도마 위에 올라 있다. 이처럼 매년 되풀이되고 있는 노사 간 갈등은, 본질적으로는 좀 더 저렴하게 노동을 구매하여 이윤을 창출하려는 자본가(사용자 : 使用者)와 조금이라도 더 노동력을 비싸게 팔아서 생계를 도모하려는 노동자 사이에서 벌어지는 이해관계의 대립 양상으로 이해될 수 있을 것이다.

결국 노사관계의 매개물이요, 노사문제의 근간이 되는 것은 다름 아닌 인간의 '노동'이다. 과연 인간에게 있어서 '노동'이란 어떠한 의미를 가지는 것일까?

1) '노동'은 인간의 자아실현을 위해 그 자체로서 의의가 있다

혹자는 인간을 '노동하는 인간'으로서 규정하기도 하고, 또 어떤 사람은 노동이야말로 인간을 인간답게 하는, 다른 동물들과 구별되는 본질적인 성질이라고 말하기도 한다. '일하지 않으면 먹지도 말라'라는 격언에서는 노동에 대한 윤리 의식이 강조되고, '직업엔 귀천이 없다' 등의 격언에서는 노동의 신성함이 표현되고 있다. 인간은 왜 노동을 하고, 노동을 통해 어떤 발전을 하고 있는 걸까?

① '노동'은 인간으로 하여금 자아를 실현하게 하는 기능을 한다

데카르트는 자연의 적대적인 힘을 정복하여 그것을 인간의 수단으로 바꾸고 문화를 형성하는 것은 노동에 의해서만 가능하다고 보았다. 그런데 인간이 노동을 통해 자연과 사물을 바꾸는 동시에 인간 스스로의 모습도 재탄생된다고 본 루소의 관점을 빌리자면, 노동은 곧 인간화의 과정이라고 볼 수 있다.

헤겔 역시 노동은 자연 환경뿐만 아니라 인간 존재 자체의 변형을 일으킨다고 보았으며, 자아를 실현하기 위한 필수적인 구원 수단, 해방의 도구임을 강조했다. 노동이 인간을 인간답게 하며, 일하는 자만이 자유를 얻을 수 있다고 본 것이다.

② '노동'의 의미 왜곡

자본주의 사회는 생산 수단을 사적으로 소유한 자본가와 임금 노동자 사이에 생산된 상품을 시장을 통해 판매하여 이윤을 추구하는 경제 체제를 유지하고 있다. 따라서 현대의 자본주의 사회를 살아가는 우리에게 보통 '노동'은 '생계를 위하여 화폐나 재화를 획득하기 위한 노동'의 범주로 인식되는 것이 보편화되었다.

현대인의 하루 생활에서 대부분을 차지하는 것이 바로 이 노동의 시간이고, 일용직 노동자들에게 있어서 노동은 하루 벌어 하루 먹는다는 식으로 날이면 날마다 행해진다. 그 결과 대다수가 '노동'이라는 단어에서 땀 흘리는 것, 수고스러운 것, 힘든 것 등을 연상하게 되었다. 이처럼 자본주의의 특성은 '노동' 자체의 본연의 의미를 희석시키고 부정적 개념으로 바꾸어 놓았다.

③ 노동 소외

아담 스미스(A. Smith)는 《국부론》에서 핀 만들기 공정의 예를 들어 '분업화'의 장점을 설명한다. 노동이 단순화될수록 숙련도가 높아지고, 전체 생산 공정을 최대한 세분화(분업화)할수록 생산력이 비약적으로 증가한다는 것이다. 이는 분업화된 노동을 이어주는 컨베이어시스템(포디즘), 노동의 표준화(테일러리즘) 양상 등으로 발전되어 현대 자본주의의 특징적 노동 형태를 낳게 되었다.

그런데 마르크스에 따르면, 분업화된 노동 과정에서 인간은 전체 생산 과정 중 일부분만을 담당하기 때문에, 자기 자신을 실현하고 충족하기보다는 자기 자신이 부정되고 대상화·수단화되어 노동 과정으로부터 소외된다. 또한 이러한 조건 속에서 노동의 산물인 상품이 인간에 대해서 적대적인 것으로 대립하게 된다(노동 생산물로부터의 소외).

2) '노동'은 인간이 생계를 유지하기 위해 감수하는 불가피한 활동일 뿐이다

노동이란 단어(프랑스어 travail, 라틴어 labor)의 어원은 고문·속박이다. 즉 노동은 원래부터 고통스런 활동을 지칭했던 것이다. 사실 인간이 노동하는 것은 결국 부족함에서 비롯되는데, 인간의 욕구는 끝이 없다고 전제해 볼 때 결국 인간은 끝없이 일을 해야 한다는 비관적 결론에 도달할 수도 있다. 이처럼 노동이란 자유와 여가의 박탈을 감내하여 생계 수단을 확보하는 수단적 활동에 불과하다고 보는 사상가도 많다.

---

① 종교적·경제적 환경 변화에 따른 '노동'의 의미 왜곡

고대 그리스에서는 노동은 인간의 삶의 본질과는 거리가 멀었다. 가령, 아리스토텔레스는 일이란 가능하면 노예들에게 떠맡겨야 하는 것이며, 이득을 얻기 위해 하는 일은 그 자체로 저주가 될 수 있다고 믿었다.

그런데 로마 제국의 몰락 이후, 노동의 의미는 점차 긍정적으로 인식되기 시작했다. 가톨릭 수도원에서는 자급자족 체제를 유지하기 위하여 일과에 노동과 면학을 첨가하였고, 일은 인간이 원죄 때문에 의무적으로 수행해야 할 '눈에 보이는 기도'로서 여겨지게 되었다.

또한 중세에 들어 장인 조합의 등장이나, 베이커(빵 굽는 사람), 스미스(대장장이) 등 종사하는 직업과 동일한 성의 일반화 등의 사회적 환경 변화에 따라 점점 노동에 긍정적 의미가 결부되기 시작한다. 특히 르네상스 시대에는 게으름을 비난하는 노동 윤리가 널리 확산되었는데, 가령 토머스 모어나 톰마소 캄파넬라 등은 노동의 조직화와 분배에 대한 구체적 이상향을 제시하기도 했다.

게다가 종교 개혁 이후에는 루터와 칼뱅의 노동 윤리, 프로테스탄트 노동 윤리 등 노동 소명설로 발전, 자본주의의 태동 이후 많은 노동력을 필요로 했던 시대적 상황과 맞물려 오늘날의 노동 윤리로 발전해 오기에 이른 것이다.

② 노동은 인간의 자아실현에 본질적 요소가 아니다

아리스토텔레스는 "노동의 목적은 여가를 얻기 위한 것에 불과하다"고 말했다. 또한 소크라테스, 플라톤 등은 노동에 매달리는 것은 고통을 받으며 쾌락을 느끼는 가학적 경향이라고 보기도 했으며, 버트런드 러셀은 "자기가 하는 일이 중요하다며 노동에 집착하는 것도 정신병 증세"라고 꼬집으며 게으름을 찬양했다.

한편, 니체는 노동 예찬론자들의 '게으름은 모든 악의 근원'이라는 주장은 노동자들을 완벽한 일의 노예로 만들려는 지배층의 간책에 불과하다고 간주하면서 노동자들의 착취와 교화는 동시에 이루어졌음을 지적했다. 그의 관점에 의하자면, 생존이라는 초라한 목적을 위한 단순하고 반복적인 노동은 인간의 사고, 관조, 꿈, 사랑 등의 본질적 가치를 변질시키고 인간이 스스로에 대해 사색할 수 있는 능력을 마비시키므로, 노동은 자아실현을 돕기는커녕 자아의 상실을 야기하는 요소일 뿐인 것이다.

③ 탈산업사회 노동의 전망

　노동 소외뿐만 아니라, 노동의 의의를 전적으로 부정하는 관점에 대해서도 희망적 대안이 될 만한 전망을 내놓은 미래 학자들이 있다. 가령, 엘빈 토플러는 《전망과 전제》에서 노동의 의의를 인정하는 관점을 견지하면서, 노동 소외에 대한 대안으로서의 희망적 전망을 내놓은 바 있다. 그는 인간이 담당했던 분업화된 노동을 로봇이 담당하게 되고, 노동자는 적응력, 독창력, 고학력을 갖춘, 개성적 두뇌 노동자로서 자기에 적합한 방식을 스스로 결정해서 일을 하기 때문에 표준화와 획일화가 발생하지 않게 되리라고 본 것이다.

　또한 마셜 맥루언은 《미디어의 이해》에서 문화와 예술이 산업이 되면서 노동자들의 노동은 예술가들의 예술 활동처럼 창조적 활동이 되고, 결국 상업과 예술, 노동과 여가활동의 구분 자체가 사라지게 되리라 전망했다.

　반면, 제레미 리프킨은 《노동의 종말》에서 생산의 자동화로 노동의 필요가 사라져 가는 것을 오히려 재앙이라고 보았다. 노동의 대량 추방은 여가 시간의 증가보다도 영속화된 실업을 급속도로 확산시키는 부정적 결과를 초래할 것으로 본 것이다.

생각을 키우자!

1. 1970년 청계 피복 노동 조합원 전태일이 근로기준법 준수, 근로조건 개선 모임 등 노동운동을 전개했던 배경은 무엇이었을지 토론해 보자.

2. '한미 FTA 협정과 실업 문제'라는 주제로 800자 내외의 논술을 작성해 보자.

(3) 인간에게 죽음을 선택할 권리가 있는가?

국가별 안락사 허용 사례(매일경제신문)

일본	2007년 4월 생명연장 수단 제거하는 소극적 안락사 허용 가이드라인 제정
대만	2000년 무의미한 연명 치료 중단 허용
프랑스	2005년 소생 불능 판정 후 환자와 가족 동의 뒤 진료 중지
네덜란드	2000년 독극물 투여 등 적극적 안락사 합법화
미국 오리건주	1997년 여명 6개월 이하 성인환자 대상 허용
스위스	• 1937년 제정된 스위스 법에 의해 환자에게 본인이 사용할 수 있도록 치사 약물을 주는 것은 합법화 규정 • 디그니타스 등 소극적 안락사 지원단체 4곳 합법 운영
벨기에	시한부 환자에 대한 소극적 안락사 묵인

안락사(Euthanasia)란 어원적으로는 '좋은(eu)'과 '죽음(thanatos)'의 합성어로, 사전에 따르면 '편안하고 수월한 죽음', 또는 '자비로운 죽음'으로 정의된다. 그리고 오늘날에는 '치유될 수 없는 질병으로 심한 고통을 겪고 있는 사람들의 고통을 덜어주기 위해 비자연적인 방법으로 그 사람을 죽게 하는 행위'라는 의미로 통용되고 있다. 그러나 인간이 죽음을 선택할 수 있는지에 대한 사회적 이해가 다르기 때문에, 안락사는 항상 뜨거운 논쟁의 대상이다.

1) 안락사를 도덕적으로 허용해서는 안 된다는 입장

얼마 전 오랫동안 뇌사 상태에 빠진 아들의 인공호흡기를 떼어내 숨지게 한 아버지가 살인 혐의로 입건된 사건이 있었다. 그러나 이 사건은 불구속 입건으로 종결되었다. 이는 여타 살인 사건과 비교해 볼 때 그 형벌이 매우 낮은 수준인데, 우리 사회가 안락사와 살인을 다른 것으로 간주하고 있다는 사실을 함축한다. 그러나 안락사 또한 사람의 생명을 인위적인 방법으로 빼앗는 행위라는 점에서 도덕적인 비판의 대상이 된다.

① 안락사와 생명의 존엄성

생명을 소중하게 여기는 것은 인간의 존엄성에 대한 믿음에서 우러나오며, 이것은 도덕성의 기본 바탕이 된다. 모든 생명은 고귀하고 신성하므로 누구든지 생명에 손상을 입히는 것은 바람직하지 않다는 점에서 많은 사람들은 공감하고 있다. 따라서 윤리적 존재로서 인간 생명의 존엄성을 깨닫고, 더 나아가 생명이 있는 모든 것들의 소중함을 인식하고 그들을 보호하고 존중하는 것은 우리에게 매우 중요한 것이다. 최근 우리나라에서도 뇌사와 장기 이식, 대리모와 안락사, 유전자 복제 등과 같은 생명 의료 윤리 문제가 심각하게 대두되고 있다. 물론 이러한 현상은 급격한 사회 변화와 생명 공학 및 의학 기술이 발전함에 따라 나타난 것이기는 하지만, 근본적으로는 생명의 존엄성에 대한 인식이 약화되었음을 나타내는 것이라고 할 수 있다.

– 고등학교 《시민윤리》

② 인간의 생명의 주인

2,000년 동안, 기독교 저술가들은 자살을 죄로 간주해 왔다. 토마스 아퀴나스가 말했듯이 우리가 죽어야 할 순간은 신이 결정할 일이지 우리가 결정할 일이 아니다. 이 견해는 기독교 국가에 깊이 새겨져 자살을 시도하는 것은 범죄였으며, 어떤 경우에는 사형에 처해졌다. 자살 금지는 국가가 시민들에게 도덕성을 강요하고 온정적 간섭주의적으로 행동해야 한다는 일반적 견해 중 하나의 요소였다.

– 피터 싱어, 《삶과 죽음》

③ 안락사에 반대하는 입장 정리

안락사를 비도덕적인 행위로 간주하는 사람들의 의견은 크게 다음의 두 가지로 정리할 수 있다. 첫째, 인간의 생명은 본래 그 생명을 불어넣어 준 신의 것이기 때문에 죽음을 선택할 권리가 없다는 것이다. 둘째, 안락사는 결국 자살의 일종이므로 안락사를 용인하는 것은 여타 자살도 도덕적으로 정당하게 만들기 때문에 결코 허용되어서는 안 된다는 것이다.

물론 안락사는 자살과는 달리 당사자의 고통을 어느 정도 객관적으로 파악할 수 있을 뿐만 아니라, 더 이상 호전될 수 없는 상태가 분명하다는 단서가 붙어 있긴 하다. 그러나 사실상 당사자의 고통을 객관적으로 파악한다는 것 자체가 불가능하다. 특히 정신적인 고통의 경우, 그것이 얼마나 견디기 힘든 것인지는 객관적으로 판단하기 힘든 것이다. 따라서 실질적으로 안락사와 자살을 구분할 수 있는 기준을 마련할 수 없기 때문에, 안락사는 수많은 자살을 정당화시켜 주는 오류를 범하게 될 것이다.

2) 안락사를 도덕적으로 허용해야 한다는 입장

오늘날 자살에 대해서는 여전히 사회적 비난이 일고 있는 반면에, 안락사에 대해서는 동조의 목소리가 높아지고 있다. 이는 인간이 여타 동물과는 달리 단순히 생존하는 것만으로 만족하지 못하기 때문이다. 따라서 안락사에 대한 합리적인 판단은 무엇이 우리의 삶을 더 의미 있게 만드는지에 대한 논의와 함께 이루어져야 한다.

① 인간의 생명 소유 권리

▲ 로버트 노직

노직은 로크의 사유 재산권 개념을 확장하여 공유의 것들에 대한 배타적인 사유가 성립하려면 사유를 가능케 하는 개인의 신체에 대한 소유권이 인정되어야 한다는 생각을 근거로 신체에 대한 개인의 소유를 주장했다.

즉, 공유의 상태에서 배타적인 사유권이 형성되려면 노동이 필요한데, 모든 노동이 개인의 신체로 이루어진다는 점을 염두에 둘 때 정당한 소유권은 모든 개인의 신체에 대한 소유가 인정될 때 실현된다는 것이다. 개인이 각자의 신체를 소유할 수 있게 되면, 아무런 대가나 동의 없이 타인의 신체를 사용하는 것은 필연적으로 부당한 행위가 된다. 그리고 이는 거꾸로 개인이 일정한 대가를 받고 자신의 의사에 따라 자기 신체의 권리를 포기하는 것을 정당화한다. 따라서 노직의 논의는 각 개인이 자살을 할 수도 있으며, 개인의 의지에 따라 대가를 받고 노예가 될 수도 있다는 것으로 귀결된다.

② 인간 생명의 다양한 가치

인간 생명의 가치가 다양하다는 사실을 인정하자는 계율에 의하면, 우리는 인간을 윤리적으로 의미 있는 특성에 따라 다루어야 한다. 이것들 중 어떤 것들은 존재의 본성에 고유한 것들이다. 의식도 여기에 포함되며, 다른 존재와의 육체적·사회적 그리고 정신적 관계를 위한 능력도 포함된다. 지속적인 삶에 대한 의식적 선호 및 유쾌한 경험도 여기에 포함된다. (중략) 그리고 우리가 이러한 계율을 받아들인다면, 우리는 지속적인 식물 상태에 있는 환자나 현재의 의학적 기준에 의해 뇌사로 판단된 환자의 안락사에 대해 발생하는 윤리적 문제를 극복할 수 있다.

— 피터 싱어, 《삶과 죽음》

③ 네덜란드의 적극적인 안락사 허용 근거

현재 안락사를 적극적으로 허용하고 있는 대표적인 국가로 네덜란드를 꼽을 수 있다. 네덜란드에서 적극적으로 안락사를 시행하게 된 계기는 뇌출혈로 인해 뇌사에 빠진 어머니의 고통을 덜어주기 위해 약을 투여해 죽음에 이르게 한 어떤 의사의 사건에서 비롯된다. 당시 그 의사는 살인 혐의로 체포되었다. 그러나 다른 의사들이 자신도 동일한 범죄를 저질렀다는 내용의 탄원서를 제출했다. 그리고 네덜란드 대법원은 의사들의 탄원서와 환자 및 가족이 겪는 고통을 인정해서 의심의 여지없이 큰 고통에 처한 환자의 경우, 그 환자가 분명히 원하고 의사에 의해 시행되는 한에서 안락사를 허용하는 법안을 마련했다.

④ 안락사에 찬성하는 입장 정리

지금까지의 논의를 토대로 할 때 안락사를 도덕적으로 용인해야 한다는 사람들의 주장은 크게 다음의 두 가지로 정리될 수 있다.

첫째, 자신의 소유물에 대한 권리가 자신에게 있다는 점이 용인된다면, 자신의 생명에 대한 소유권도 자신에게 있는 것이다. 이들은 심지어 신이 우리에게 생명을 부여했다고 하더라도, 소유권 이전의 원리에 따라 내 생명은 내 자신의 것으로 간주되어야 한다고 주장한다.

둘째, 안락사는 오히려 인간의 존엄성을 지킬 수 있는 방안이기 때문에 허용되어야 한다는 것이다. 안락사를 요구하는 사람들이 공통적으로 밝히는 이유는 이처럼 고통스럽고 가족을 비롯한 타인에게 짐이 되는 삶을 살고 싶지 않다는 것이다. 그리고 고통에서 벗어나려는 행위와 타인의 부담을 덜어주는 행위는 자신의 존엄성과 타인에 대한 배려라는 측면에서 도덕적인 행위라 할 수 있다. 따라서 안락사에 찬성하는 이들은 휴머니즘의 관점에서 볼 때 안락사는 '인간다운 죽음'으로 허용되어야 한다고 주장하는 것이다.

생각을 키우자!

1. 로크의 소유권 개념은 '공유의 것에 개인의 신체를 사용한 노동을 투여하면 개인의 것이 된다'로 정리할 수 있다. 그러나 로크는 각 개인의 신체는 개인이 아닌 신의 것이라고 주장했다. 이러한 로크의 생각이 배타적인 권리로서의 소유권을 정당화할 수 있는지에 대한 자신의 생각을 밝히시오.

2. 각 개인이 자신의 생명에 대한 권리를 지니는지의 문제를 토대로 안락사 허용 여부에 대한 자신의 생각을 밝히시오.

(4) '학력 위조 파문'과 학벌사회

'미술계의 신데렐라'로 불리던 한 대학 교수의 학력 위조 파문이 한국 사회에 큰 파장을 일으켰다. 라디오 프로그램의 유명 영어 강사의 학력 위조 고백에 뒤이어 학력 위조에 대한 '커밍아웃(Coming-Out)'이 꼬리를 물고 있는 이 시기에, 이번 사건을 계기로 우리 사회의 뿌리 깊은 학력 중심 사고에 대해 살펴보자.

1) 학력 위조 파문 - 거짓과 위조로 얼룩진 한국 사회

신정아 동국대 교수의 학력위조 파문을 계기로 알게 된 우리 현실은 거짓과 위조로 얼룩져 있다. 학계에서는 이름도 알 수 없는 비인가 대학 출신 '짝퉁' 박사가 수없이 대학 내에 기생하며, 해외 명문대 출신 간판을 거짓으로 내세운 전문 사기꾼도 넘쳐나고 있을 정도다. 학력 위조 불감증이라 할 만하다.

- 〈매일경제신문〉

① 거짓 학력에 물든 사회

문제는 거짓 학력에 어이없이 속아 넘어가는 사회 현실이다. 이는 해외 대학 박사 등을 사칭하며 금품을 요구하는 사기꾼들에게 속아 넘어간 사건 등에서도 알 수 있다. 해외 비인가 대학에서 박사 학위를 받았다고 '주장하는' 이들이 다수 존재하며, 취업난이 가중되면서 졸업장을 위조하는 이들도 상당수라고 한다. 강남 학원가 유명 강사들의 '학력 위조'는 과거부터 꾸준히 제기돼 온 문제다.

② 연이은 학력 위조 파문과 커밍아웃 현상

파문은 새로운 파문으로 이어지며 사회적 이슈가 되고 있다. 라디오 프로그램 MC와 영어 강사, 유명 만화가와 소설가, 그리고 영화배우와 제작자 등으로 학력 위조 고백과 의문이 꼬리를 물고 생겨나고 있다. 경찰 수사가 진행되면서 학술진흥재단 측에 스스로 박사 학위 신고를 취소하는 이들도 크게 증가하고 있다.

③ 현대 사회의 아노미 현상

아노미에 대한 사회 성원들의 반응은 여러 가지로 나타난다. 아예 규범을 무시하고, 그때그때 자기의 이익에 따라 행동하는 사람도 있다. 소위 목적을 위해서는 수단과 방법을 가리지 않는 그런 사람이다. 따라서 아노미적 상태에서는 인간 소외나 도피주의뿐만 아니라 이기주의, 편법주의, 냉소주의가 팽배하기 쉽다.

- 고등학교 〈사회〉, 교학사

2) 학력 중시 사회가 낳은 병폐

일부 명문대를 중심으로 반세기 동안 한국 사회를 지배해 온 견고한 학벌 구조와 해외파 박사들에 대한 선호 속에서 한 개인의 출신 대학 및 학위 여부 등은 평생 그에 대한 주요 평가 기준이 되는 것이 현실이다.

'가짜 vs 진짜' 판치는 학벌구조(매일경제신문)

구분	영어강사 이지영 씨	서울 B간호대학원 C교수
주요 학력	고졸, 영국소재 기술전문학교 1년	국내 명문대 석·박사, 미국 존스홉킨스대 박사
강의 준비	공휴일에도 무료 공개 강의, 강의에만 미친듯이 몰두	50~60년대 통계수치 사용, 8년 전 강의 자료를 반복
학생 평가	수강생 10명 중 7명이 계속 수강	600만원 학비가 아까워

① 진짜보다 더 진짜 같은 가짜

어느 대학, 어느 과를 나왔다는 '학력(學歷)'만 내걸고 정작 '학력(學力)' 키우기는 등한시하는 이른바 전문가 집단에 대한 비판도 가능하다. 실제 가짜 학력 파문에 휩싸인 유명 인사들의 공통점은 '가짜'를 뛰어넘을 만큼 실력이 출중했다는 것이다. 학력을 눈속임한 가짜들이 진짜보다 더 유능한 '패러독스(Paradox, 모순)'다.

② 가짜보다 더 가짜 같은 진짜

서울 명문 B대학의 C교수는 명문 D대학에서 석·박사 학위를 따고 미국 존스홉킨스대학에서 박사 학위를 받아 화려한 '학력 간판'을 자랑한다. 그러나 이 수업을 들은 학생 이 모씨는 "저서를 교재로 쓴다고 구입했더니 심지어 1950~1960년대 통계자료도 수두룩했다"며 "8년 전 자료로 수업하는 것은 불만거리도 못 된다"고 푸념했다.

– 〈매일경제신문〉

③ 신뢰할 수 있는 학위 검증 시스템 도입 필요

사회 전반에 만연한 학력, 학위 위조를 엄단하고 근본적으로 이 같은 위조를 뿌리 뽑을 수 있는 학위 검증 시스템 도입이 필요하다. 당사자의 일방적인 신고나 주장에 따라 이를 인정할 것이 아니라, 해당 기관 등이 신뢰하고 판단할 수 있도록 관계 법령 정비와 기준 마련이 뒤따라야 한다.

3) 학력 위조의 근본 원인, 그리고 해결책은?

학벌과 학위의 소유 여부가 실력 있는 이들의 사회적 지위 상승을 가로막는 보이지 않는 '유리 천장'이 된다는 비판이 있다. 이순묵 성균관대 심리학과 교수는 "한 사람의 가치를 학벌 잣대로만 평가하는 사회적 분위기에 자신의 분수를 수용하지 못하는 개인 성향이 겹쳐 가짜 박사라는 '괴물'을 만들어 내고 있다"고 설명한다.

① 교육의 수단화 현상과 도덕적 해이

《학교를 넘어서》, 《탈학교의 상상력》의 저자 이한 씨는 "교육이 본래의 목적을 벗어나 학력과 학벌의 수단으로 전락한 것이 근본 원인"이라고 지적한다. 자신에게 필요한 '적절한 교육과 직무 훈련'을 통해 실력을 쌓기 보다는 사회적 지위 상승을 위해 필요한 '학력과 학벌'이라는 조건을 얻기 위해 교육이 수단화되었다는 비판이다. 더불어 대학이라고 하는 '학문의 상아탑'에 진입하기 위한 사회 구성원들의 노력과 경쟁이 치열해 지면서 대학의 인재 독점 현상이 더욱 심화되는 현상이 발생한다.

이러한 원인과 학력 위조 사태를 연결지어 보면, 출중한 실력을 갖추고 있어도 이와는 별개로 학력 등 간판에 의해 사회적 성공이 좌우되는 풍토와 개인적인 절망감, 도덕적 해이, 아노미 현상 등이 조합돼 '진짜 같은 가짜'가 만들어지고 있는 것이다.

② 교과서가 제시한 해결책

아노미의 해결을 위해서는 우선, 새로운 가치관의 정립이 필요하다. 성공과 목표 달성을 강조하는 목적 합리적인 성향을 없애고, 바른 절차와 수단의 사용을 존중하는 가치 합리적인 태도의 확립이 요구된다.

또, 협동 정신에 기반을 두는 공동체 의식을 높이는 것도 중요하다. 한 걸음 더 나아가, 서로 다른 생활 세계에 살고 있는 사람들 사이에 서로를 이해하려는 자세가 요구된다.

                                          – 고등학교 《사회》, 교학사

③ 유리 천장과 철 밥통을 깰 수 있는 사회가 돼야

학력과 학벌은 필요한 교육을 통해 실력을 갖춘 이들이 자신이 원하는 직위나 지위를 얻을 수 없게 하는 보이지 않는 '유리 천장'이자 진입 장벽으로 작용하는 동시에 전문가 집단, 기득권자들이 그 지위를 영속적으로 보장받는 '철 밥통'으로 작용한다. 건강한 사회는 진정한 실력이 존중받아야 한다. '유리 천장'과 '철 밥통'을 깰 수 있는 풍토를 조성할 수 있을 때 우리 사회는 더욱 건강해질 것이다.

생각을 키우자!

1. 한 개인을 평가할 때 학력을 중요 기준으로 삼는 이유는 무엇인가? 그 긍정적 요소와 부정적 요소로는 무엇이 있는가?

2. 우리 사회에서 '실력과 능력'이 정당하게 평가받기 위한 방안은 무엇이 있을까?

(5) 갈등 상황을 통해 살펴본 개인과 사회

정치권의 갈등, 노사 간의 갈등, 교육부와 대학 간의 갈등….

최근 신문 지면을 채우고 있는 우리 사회의 모습은 한마디로 '갈등'이라는 말로 묘사할 수 있을 것이다. 본래 갈등은 상호간의 이익 추구점이 충돌하기 때문에 발생한다.

그리고 모든 이익 추구의 궁극적인 목적은 결국 각자의 행복으로 귀결된다. 따라서 우리 사회가 갈등에 몸살을 앓고 있다는 사실은 역설적으로 사회 성원 개개인이 행복을 중시하고 있음을 의미한다. 그렇다면 개인의 행복 추구가 사회적 안정 및 조화와 공존할 수는 없는 것일까?

1) 인간의 궁극적 목적으로서의 행복

아리스토텔레스는 인간의 궁극적인 목적을 행복이라고 주장했다. 우리의 모든 행위가 결국은 자기만족을 지향하고 있다는 사실을 염두에 두면, 아리스토텔레스의 주장을 수용할 수 있다. 그런데 자신의 이익만을 추구하는 사람들이 느끼는 행복과 자신의 전 재산을 사회에 기부한 사람들이 느끼는 행복은 분명히 다르다. 따라서 행복이 무엇인지에 대해 한번 고민해 볼 필요가 있다.

---

① 행복은 이성을 잘 발휘한 상태 – 아리스토텔레스의 목적론적 윤리설

아리스토텔레스는 모든 존재는 고유의 목적을 가지고 있다는 것을 전제로 행복이 인간의 궁극적인 목적이라는 결론을 도출해 냈다. 목재는 식탁이나 침대가 될 목적을, 도토리는 동물의 먹이나 도토리묵이 되는 목적을 지니고 있는 것처럼 인간은 행복을 추구하려는 목적을 지닌다는 것이다.

그리고 아리스토텔레스는 목재와 같은 각 존재의 원초적인 상태를 '가능태(dynamis)'라고 부르고, 식탁과 같은 그 존재의 목적을 '현실태' 또는 '완성태(energeia)'라고 불렀다. 완성태를 의미하는 희랍어 energeia는 '기능'을 뜻하는 ergon에서 비롯된 것이다. 따라서 완성태는 다시 말해 모든 존재가 실현하고자 하는 목적은 그 존재가 지닌 기능을 가장 잘 발휘하는 상태를 의미한다.

그렇다면 인간이 제 기능을 가장 잘 발휘한 상태는 무엇인가? 아리스토텔레스는 '인간은 이성적 동물이다'라는 자신의 인간 규정에 따라 인간의 기능을 이성의 활용에 두었다. 따라서 인간의 궁극적인 목적이 행복이라는 말은 곧 행복이 인간이 이성을 가장 잘 활용할 때 실현된다는 것을 의미하게 된다. 그리고 그는 이러한 행복을 실현할 수 있는 구체적인 방법으로 '중용의 덕'을 제시했다. 이 때문에 그의 윤리설이 이론과 실천을 동시에 강조했다는 평가를 받는 것이다.

② 행복은 감각적 쾌락 – 에피쿠로스 학파의 쾌락주의 윤리설

에피쿠로스 학파는 스토아 학파와는 달리 인간의 이성보다는 감각적인 경험을 더욱 중시하였다. 이들은 인간은 누구나 즐거운 삶을 원하기 때문에, 인간이 추구해야 할 최고의 목표는 쾌락이라 생각하였다. 일반적으로 쾌락이란 인간의 욕구가 충족되는 상태를 말하는데, 모든 욕구를 완전히 충족시킨다는 것은 불가능하기 때문에, 인간들은 늘 고통 속에서 살아간다는 것이다. 따라서 에피쿠로스 학파에 있어서 참다운 쾌락이란 허황된 욕심을 갖지 않음으로써 마음에 불안이 없고 몸에 고통이 없는 평온한 상태를 의미한다.

– 고등학교 《윤리와 사상》, 교육인적자원부

③ 감각적 쾌락은 오히려 고통을 초래

고대 그리스 지역은 물을 관리하기 위한 조직체가 없이도 식량을 생산할 수 있는 자연 환경을 지니고 있었다. 그리고 먹고 사는 문제를 해결하는 데 조직체가 필요하지 않았던 탓에 대부분의 시민들이 상대적으로 자유로운 삶을 살 수 있었다. 자유로운 사회 분위기는 감각적인 쾌락을 추구하게 만드는 데 좋은 여건을 제공했다.

그래서 당시에 많은 사람들이 현실적인 즐거움과 육체적인 쾌락을 탐닉했던 것이다. 소크라테스, 플라톤, 아리스토텔레스처럼 이성적 삶의 중요성을 강조한 사람들도 감각적인 쾌락의 유용성을 부정하지는 않았다. 다만 이들은 지나친 감각적 쾌락이 오히려 고통을 초래할 수 있기 때문에, 이성적인 삶이 더 바람직하다고 주장한 것이다.

지나친 감각적 쾌락이 고통을 초래한다는 것은 맛있는 음식도 너무 많이 먹으면 배탈로 고생하게 된다는 사실에서 잘 드러난다. 이처럼 지나친 감각적 쾌락의 추구가 더 큰 고통을 초래한다는 것을 일명 '쾌락주의의 역설'이라 부른다. 이 때문에 쾌락을 윤리의 기초로 삼았던 스토아 학파나 에피쿠로스 학파가 오히려 금욕주의를 표방했던 것이다.

2) 개인의 행복과 사회적 행복의 조화 가능성

감각적인 쾌락은 본성상 주관적인 탓에 개인의 행복과 잘 어울리는 반면, 보편성을 지니는 이성적 행복은 사회 전체의 행복과 호응한다고 할 수 있다. 그렇다면 과연 이 둘이 조화를 이룰 수 있을까?

① 개인 행복의 총합은 사회 전체의 이익을 증진시킨다

개인의 행복이 극대화되면 자연스레 사회 전체의 이익이 높아진다고 주장한 대표적인 인물이 바로 벤담(Bentham, J.)이다. 그는 자신의 주저인 《도덕과 입법의 원리에 대한 소고》에서 자연이 인류를

‘고통’과 ‘쾌락’이라는 두 군주의 지배 하에 둔 탓에 우리의 행위는 자연스레 쾌락에 따르게 된다고 주장했다. 여기서 말하는 쾌락은 각자의 행복을 증진시키는 데 도움이 되는 것들만을 의미한다.

따라서 개인의 행복을 극대화시키는 행위는 자연의 법칙을 따르는 것임과 동시에 유용한 행위가 된다. 법률학자였던 벤담은 개인의 행복이 유용성의 원리에 따른다는 점을 토대로 한 걸음 더 나아가 개인의 행복을 극대화하는 것은 곧 사회 전체에 도움이 된다고 주장했다.

그러나 오늘날의 현실을 돌이켜 볼 때, 이러한 벤담의 가정은 너무도 소박한 것이라 할 수 있다. 이후에 밀(Mill, J. S)의 쾌락의 질적 차이를 구분한 것도 벤담의 소박한 가정이 초래한 문제점을 해결하려는 방안이었다.

② 개인의 행복은 결국 서로 충돌하기 때문에 사회적 이익으로 발전되지 않는다

각자는 자기가 선이라고 생각하는 것을 증진시키고 자신의 이익과 능력을 보호하기를 바라기 때문에, 그 누구도 만족의 좀 더 큰 순수 잔여량을 가져오기 위해 자신에게 돌아올 손실을 말없이 참을 이유는 없다. 합리적 인간이란 끈질기고 강렬한 이타적 충동이 없는 경우에는 자기 자신의 기본 권리와 이해관계에 미칠 결과를 고려하지 않고, 전체 이득의 산술적인 총량을 극대화한다는 이유만으로 어떤 기본 구조를 받아들이지는 않을 것이다. 그래서 공리주의의 원칙은 상호 이익을 위해 모인 평등한 사람들의 사회적 협동체라는 관념과 양립 불가능한 것으로 생각된다.

– 존 롤즈, 〈정의론〉

③ 진정한 행복은 개인의 이익과 사회의 이익을 함께 고려할 때 실현된다

모든 사회는 다수의 개인으로 구성되는 탓에 개인의 이익과 사회의 이익 모두 양보할 수 없는 가치가 된다. 그러나 우리 사회의 갈등이 개인과 사회 간 이익의 충돌에서 비롯되었기 때문에 어쩔 수 없이 둘 중 한쪽의 이익을 포기하거나 둘의 조화를 모색할 수 있는 방안을 마련해야 한다.

이러한 점에서 자신의 전 재산을 사회에 기부한 사람들의 행위는 개인의 이익과 사회적 이익의 조화를 도모할 수 있는 방안을 마련하는 데 단초를 제공한다고 할 수 있다. 즉, 이들은 개인의 행복을 사회에 대한 기여에서 찾고 있기 때문에, 일견 대립하는 것으로 보이는 두 개의 가치 간의 접점을 마련해 준다는 것이다.

물론 개인의 모든 행위가 반드시 사회적 이익에 부합해야 한다는 당위성은 없다. 그러나 개인과 사회가 공동의 운명체라는 사실과 불필요한 갈등을 최소화하는 것이 사회 전체의 발전에 도움이 된다는 점을 염두에 둘 때, 서로가 각자의 이익 중 일부를 희생하는 것은 사회 도덕의 요청이라고 할 수 있다.

그리고 서로가 한 걸음씩 물러나는 것이야말로 아리스토텔레스가 말한 ‘중용의 덕’을 실현하는 것이라 할 수 있다. 자신의 전 재산을 사회에 기부한 사람들이 느낀 것이 바로 이러한 중용의 덕을 실현할 때 얻을 수 있는 행복일 것이다.

(6) 버지니아 공대 총격 사건

1) 병리적 심리와 생명 경시 풍조가 빚은 참극

버지니아 공대 총기 난사 사건의 범인이 한국 교포 학생 조승희로 밝혀져 교포 사회와 한국인들에게 큰 충격을 던져줬다. 이 같은 사건은 왜 일어난 것일까? 총격 사건을 벌이게 된 심리적 상황과 이 같은 일이 발생한 배경이 된 생명 경시 풍조, 일탈 행위 등 가치 혼란적 상황에 관해 살펴보자.

① 무차별 총격 범행의 합리화

이렇게까지 할 필요는 없었다. 하지만 난 이제 더 이상 도망가지 않는다. 너희들은 단지 그렇게 할 수 있다는 이유만으로 우리들의 삶을 참으로 비참하게 만들었다.

— 조승희의 발언 中

일부 전문가들은 조 씨가 단순한 총격 사건이 아니라 현대 사회에 만연한 쾌락주의나 부유층에 대한 강한 반감과 정신병적 증세에서 사건을 저질렀다고 해석했다.

— 〈매일경제신문〉

② 문학 작품에서 드러난 생명 경시 풍조

'… 도움을 받지 못하면 좌절하고 말 싱싱한 젊은이가 있단 말이야. 그런 젊은이는 도처에 있어! 그리고 수도원으로 가게 될 노파의 돈으로 이루어지고 고쳐질 수 있는 수백, 수천 가지의 선한 사업과 계획들이 있단 말이야! 노파를 죽이고 돈을 빼앗는다면, 너는 어떻게 생각하니? … 그 노파의 삶은 바

퀴벌레와 이의 삶보다 더 나을 것이 없고, 어쩌면 그보다 더 못하다고도 할 수 있어.'

– 《고교 문학》, 민중서림 수록 작품 《죄와 벌》 中

③ 생명 경시 풍조의 만연이 부른 비극

　과학 기술의 발달에 따라 인간의 삶은 편리해졌으나, 한편으로는 인간성 상실이라는 심각한 문제가 발생하였다. 유아 유괴와 살해, 인신 매매, 자살, 패륜 범죄 등은 인간을 도구화하고 생명을 경시하는 풍조를 잘 반영하고 있다.

– 《시민 윤리》, 교육인적자원부

　사회의 구조가 잘못되었기 때문이 아니라 당사자의 의지가 약하거나, 잘못된 집단의 유혹을 받아서 당사자가 나쁜 문화에 젖었기 때문에 사회의 규범을 어기는 것으로 (중략) 지적되는 전형적인 사회 일탈 문제로 청소년 비행 문제, 범죄 문제, 성폭력 문제, 약물 및 알코올 중독 문제, 정신 질환 등이 거론된다. 일탈 문제가 발생하는 원인은 무엇보다도 사회화(Socialization)의 실패라고 할 수 있다. 사회는 사회화 기관을 통하여 각 세대에게 사회 질서나 도덕적 규범을 습득하게 하여야 하는데, 이러한 사회화에 실패하는 경우가 발생한다.

– 고등학교 《사회·문화》, 중앙교육진흥연구소

2) 정체성·가치관의 혼란

　급속하게 변화하는 사회 환경 속에서는 아노미와 같은 규범 약화와 구성원들의 가치관 혼란이 나타난다. 특히 사회 격변, 해외 이민 등의 배경 하에서 사회 병리적 현상, 범죄 행위 등이 종종 발생한다.

① 이민 1.5세대는 韓·美 사이에 낀 '경계인'

　한국에서 태어나 미국으로 이민 간 1.5세대들은 아직 가치관이 확립되지 않은 상태이기 때문에 미국 문화와 한국적 정서 또는 부모와 갈등으로 정신적 방황을 많이 겪는다. 백인 우월주의로 인해 모욕감을 느낄 때도 있고 부모의 과도한 기대로 엄청난 학업 스트레스를 겪기도 한다.

– 《매일경제신문》

② 청소년기의 정체성 위기

　'청소년기는 경험 세계가 급속하게 확장되는 변화의 시기인 동시에 (중략) 반성적 사유를 통해 가치를 판단하고 내면화할 수 있는 합리적 사고 훈련이 충분하지 않기 때문에 정서적 혼란과 갈등이 심한 시기이기도 하다. 아동기에 무비판적으로 받아들였던 기성세대의 가치관이나 세계관을 거부하고 새로운 자아 정체성을 형성해 감에 있어서 청소년들은 심한 고립감과 정체성의 위기를 경험한다.'

– 고등학교 《시민 윤리》, 교육인적자원부

③ 현대 사회에서 우선적으로 확립돼야 할 가치관

인간으로서 도덕성을 유지하면서 살아가는 데 필요한 정신적인 가치는 무엇일까? 인간 존중, 자유, 평등과 같은 보편적인 가치는 물론이고 웃어른에 대한 공경이나 효와 같은 우리의 전통적인 가치와 개인성 존중, 다양성 인정과 같은 현대적인 가치도 함께 고려해야 한다.

– 고등학교 《사회 · 문화》, 천재교육

3) 제2의 버지니아 공대 참사가 없길 바라며

버지니아 공대 참사가 남긴 깊고 큰 상처를 어떻게 치유할 수 있을까? 《죄와 벌》에서는 애도와 용서, 서로에 대한 이해와 사랑을 통한 치유를 암시한다. 이와 같은 사회 병리적 참사를 미연에 방지할 수 있는 방법은 무엇인지, 또한 일각에서 제기되고 있는 우리나라 민족주의에 대한 성찰의 목소리는 무엇인지 생각해 보자.

① 철저한 자기 성찰과 반성의 필요성

미국에서도 이 사건은 대단히 충격적인 일이다. 그렇기에 희생자들과 그 가족에게 애도와 조의를 표하는 것은 오랜 우방인 한국으로서 마땅히 해야 할 일이다. 그것은 9 · 11 테러로 인한 희생자들을 애도하는 것과 마찬가지다.

– 〈매일경제신문〉

② 열린 민족주의를 향해

현대의 민족주의는 '닫힌 배타적 민족주의'의 성격에서 벗어나, 세계 공동체 속에서 국제 협조와 세계 평화의 주체적 견인차가 되어 인류 공영에 이바지하는 '열린 포용적 민족주의'가 되어야 한다. 외국인들에게 재외 동포들은 곧 우리 민족의 상징이기 때문에, 재외 동포들은 막중한 책임감과 함께 한민족으로서의 긍지를 갖고 생활하는 것이 바람직하다. 따라서 우리는 재외 동포들이 한민족으로서의 자긍심과 유대감을 유지하면서 거주국 안에서 그 사회의 모범적인 구성원으로 살아갈 수 있도록 지원과 성원을 아끼지 말아야 하겠다.

– 고등학교 《윤리와 사상》, 교육인적자원부

생각을 키우자!

1. 미국에서의 총기 소지의 자유는 수많은 총기 사건과 직결되고 있다. 자유의 한계는 무엇일지 생각해 보자.

2. 자유와 책임의 상관관계를 보여주는 구체적 사례를 들어 보자.

2. 자유와 평등의 두 날개로 날다

(1) 인터넷 실명제와 표현의 자유

2007년 7월 27일 정보통신부는 인터넷 포털 사이트인 네이버와 다음을 대상으로 7월 28일부터 제한적 본인확인제를 조기 실시한다고 밝혔다. 제한적 본인확인제란 인터넷 사용자의 본인확인은 하지만 게시판 등에는 다른 별명이나 ID를 사용할 수 있는 것을 말한다. 또한 정보통신망법이 시행되는 7월 27일까지는 35개 주요 인터넷사이트가 순차적으로 본인확인제를 실시하게 됨으로써, 앞으로 주요 포털과 인터넷 언론, UCC(사용자제작콘텐츠) 등에 댓글을 달려면 본인확인 절차를 꼭 거쳐야 한다.

이와 관련해, 근거 없는 비방이나 명예훼손 등 악성 댓글을 줄여 네티즌 문화를 개선하는 데 일조하리라는 기대와 함께, 전면적 인터넷 실명제 도입이 무산된 이유이기도 한 '표현의 자유를 과도하게 침해할 우려' 역시 높은 형편이다.

1) 표현의 자유

표현의 자유란 '사상이나 의견을 외부에 표현하는 자유'를 지칭하는 헌법적 기본권에 해당한다. 이는 개인적 의사 표현의 자유로서의 '언론·출판의 자유'와 집단적 의사 표현의 자유로서의 '집회·결사의 자유'를 모두 포함하는 개념이다. 의사 표현을 위한 매개체는 어느 것이든 헌법이 보호하는 대상이 되므로 인터넷 매체를 통해 개개인이 의사를 표현하는 자유 역시 법적인 보호를 받아야 마땅하다.

---

① '표현의 자유'는 민주주의의 발전을 보장

현대의 대의제 민주주의 제도 하에서는 정당 정치의 발전과 대표자들의 정당 귀속 현상 및 시민들의 정치적 무관심 등으로 인해 여론 형성과 수렴 과정이 왜곡되기 쉽다. 이러한 현대 사회 제도의 문제점들을 보완하기 위해, 하버마스는 "사회적으로 합리적 의사소통이 가능한 '공론의 장'이 마련되고 자유롭게 자신의 의견을 발언하며 공정한 토론을 통해 의사를 결정할 수 있을 때 사회통합과 민주적 공동체 실현이 가능하다"라고 주장했다.

여기서 정치·사회적 문제에 관해 자유롭게 자신의 의견을 발언할 수 있는 권리가 '표현의 자유'이며, 이는 하버마스가 말한 합리적 의사소통을 통한 민주주의 실현의 최우선 전제 조건이 된다.

2) 인터넷상에서 나타나는 부작용과 문제점

인터넷의 보편화는 불특정 다수 간의 자유로운 의사소통과 실시간 정보 공유를 가능하게 만들었다. 반면 타인에 의해 자신의 사생활이 인터넷에 유출될 수 있는 위험 역시 높아졌다. 몇 해 전 인터넷 여론재판 시비를 불러일으켰던 이른바 '개똥녀' 논쟁에서부터 최근 나날이 빈도가 높아지고 있는 연예인 홈페이지 해킹 및 협박 사건, 악플 네티즌들에 대한 고소 사건 등에 이르기까지 다양하다.

조지 오웰의 소설에 등장하는 감시자 '빅 브라더'의 현실적 산물이 인터넷을 통해 '빅 브라우저'로 탄생했다는 비판적 견해까지도 나타나고 있다.

악플테러일지(매일경제신문)

2006. 2	가수 비 '라디오 괴담' 유포한 악플러 4명에게 70만 원 벌금
2006. 3	임수경 아들 사망 기사에 악플을 단 4명에게 70~100만 원 벌금
2006. 6	이명박 전 시장 관련 악플 올린 네티즌에게 명예훼손죄로 벌금 200만 원 선고
2006. 8	노현정 전 KBS 아나운서에 대한 사이버 테러
2006. 9	김태희·고현정 씨 등에 대한 악플 올린 네티즌 11명 불구속 입건
2007. 1	사망한 개그우먼 김형은·가수 유니 씨 홈피에 악플 테러
2007. 2	성형 의혹 등 네티즌 악플에 시달려 왔던 탤런트 정다빈 씨 자살

① 심각한 악플 문제

정보기술(IT) 강국 한국의 사이버 공간은 무차별 '악플 테러'로 몸살을 앓고 있다. 연예인 등 유명인을 향한 사이버 폭력은 이미 위험 수위를 넘었다. 1989년 방북했던 임수경 씨가 사고로 아들을 잃었다는 인터넷 기사에 임 씨를 '빨갱이'로 묘사하고 아들의 죽음을 조롱하는 등의 악플을 단 사람들 중 상당수가 대기업 사원, 예비역 장성 등 고학력 중장년 남성으로 밝혀져 더욱 충격적이다.

– 〈매일경제신문〉

② 사생활 보호의 필요성

정보화의 진행에 따라 나타날 수 있는 법 현상 중에서 가장 많은 관심을 가져야 할 분야가 사생활의 보장과 관련된 것이다. 정보 통신 기술의 발전과 전자 상거래가 활성화됨에 따라 개인 정보가 유출되어 사생활이 침해되는 사례가 점차 증가하기 때문이다. 사생활의 침해는 개인의 존엄성을 손상시킬 뿐만 아니라, 개인이 자신의 삶을 설계하고 그것을 실현하는 능력을 훼손하기 때문에 보호가 필요하다.

– 고등학교 《법과 사회》, 교학사

3) '표현의 자유'의 한계는?

표현의 자유는 우리에게 주어진 권리이자 민주주의 발전의 초석으로 보호되어야 한다. 물론 인터넷상 표현의 자유도 우리 헌법에서 규정한 '타인의 명예나 권리 또는 공중도덕이나 사회 윤리를 침해해서는 안 된다'는 한계를 가지고 있다. 그렇다면 구체적인 상황에서 무엇을 판단 기준으로 삼아 '표현의 자유'의 한계를 정할 수 있을까?

① 정치적 의사 표현의 법적 제한과 갈등 표출

인터넷 사전 선거운동을 단속하기로 한 선거관리위원회의 방침에 대해 네티즌의 반발이 거세지고 있다. 중앙선거관리위원회(이하 선관위)는 선거법 93조 1항을 근거로 대선 180일 전인 6월 22일부터 네티즌이 인터넷 게시판이나 자신의 홈페이지에 특정 후보자에 대한 지지나 반대의 글을 올리는 것을 금지했다. 또한 이를 단속하기 위해 전국적으로 330명의 사이버 검색요원이 활동에 들어간다고 한다. 이에 네티즌들은 포털과 선관위 사이트 등에 단속 방침에 항의하는 글을 올리고 있으며, 특정후보에 대한 지지나 반대의 글을 올리는 불복종 운동도 나타나고 있다.

– MBN 보도

② 시민의 참여와 토론

과거에는 토론을 통해 쟁점을 해결하기보다는 권위적으로 결정을 내렸고, 그에 대한 극단적 반발로 인해 문제 해결 역시 쉽지 않았다. 반면 이제 우리 사회도 크게 변화되고 있다. 민주 시민 의식이 크게 성숙되어 대화와 타협으로 문제를 해결하는 경우가 늘고 있다. 사회적 쟁점들을 현명하게 해결하고 국가와 사회를 발전시키는 것은 결국 시민에게 달려있다고 하겠다.

— 고등학교 〈사회〉, 중앙교육진흥연구소

③ 인터넷 환경 변화에 발맞춘 규제 변화 모색

인터넷은 '사상의 자유 시장'이면서 한편으로 심각한 부작용의 발생이 우려되는 공간이다. 네티즌들의 인터넷 문화 성숙도가 사회의 성숙도를 따라가지 못하는 현상도 발생하지만, 인터넷의 역기능에 초점을 맞추어 규제 중심적으로 접근한다면 21세기 참여 민주주의를 구현할 수 있는 가능성이 봉쇄되는 결과를 빚을 수도 있다. 인터넷상 표현의 자유와 개인의 명예, 프라이버시 등이 충돌할 때 합리적인 사회적 기준을 바탕으로 문제를 해결하는 태도가 필요하다.

이와 관련해 헌법 재판소는 '오늘날 가장 거대하고 주요한 표현 수단으로 자리매김한 인터넷상 표현에 대해 질서 규제 위주의 기준만 강조하는 것은 표현의 자유 발전에 장애를 초래할 수 있다. 21세기 정보 혁명이 펼쳐지면서 급속한 인터넷 환경 변화가 진행되기 때문에, 규제 수단 또한 그때마다 다채롭고 새롭게 강구되어야 한다'고 언급하였다.

생각을 키우자!

1. 정보통신 기술의 발달에 따라 나타날 수 있는 사생활 침해 관련 사례를 생활 주변에서 찾아보고, 문제점을 해결하기 위한 방안을 마련해 보자.

2. 인터넷 공간에서 자신의 이름을 밝히지 않아도 되는 익명성은 자유롭고 적극적으로 자신의 의견을 개진할 수 있는 기회를 제공한다. 하지만 다른 한편으로는 즉흥적이고 비이성적인 욕설, 비방, 인신공격 등의 행동을 유발한다. 양자 간의 문제를 어떻게 해결하는 것이 바람직한가 생각해 보자.

3. 인터넷 발달이 민주주의의 발전에 기여했다고 생각하는지 말해 보자.

　　2007년 5월 28일 국회 국방위원회 소속 의원 13명은 병역의무를 마친 사람이 공무원 또는 공공기관 채용시험에 응시하는 경우, 필기시험의 각 과목별 득점에 2% 범위 안에서 가산점을 주는 것을 골자로 한 병역법 일부 개정안을 발의했다.

　　이와 관련하여 각계각층에서는 또 다시 뜨거운 논란이 불거지고 있다. 과연 여기서 쟁점이 되고 있는 사안은 무엇일까?

1) 군 가산점 제도의 위헌성

　　군 가산점 제도는 39년간 지속되어 오다 지난 1999년 헌법재판소의 위헌 결정으로 이미 폐지된 바 있다. 그러한 결정의 근거가 무엇이었는지 살펴보자.

① 남성의 군 복무는 의무에 해당하므로 적극적 보상의 근거가 될 수 없다

　　헌법 제39조 제1항에서 국방의 의무를 국민에게 부과하고 있는 이상 병역법에 따라 군복무를 하는 것은 국민으로서 행해야 할 당연한 의무일 뿐, 그러한 의무를 이행하였다고 해서 이를 특별한 희생으로 보아 일일이 보상해야 한다고는 볼 수 없다.

　　또한 헌법 제39조 제2항 등도 병역의무 이행을 이유로 불이익한 처우를 하는 것을 금지하고 있을 뿐이므로, 제대군인에게 일종의 적극적 보상조치를 취할 헌법상의 근거를 찾아볼 수 없다. 반면 여성이 군 징집 대상에서 제외되는 것은 '차별'이 아니다. 이는 생물학적 특성상 군복무에 부적합하다는 '차이'로부터 비롯된 평등한 조치일 뿐이다.

② 군 가산점 제도는 차별을 야기한다

　　가산점을 받을 수 있는 현역복무를 하게 되는지의 여부는 당사자의 의사와 관계없이 징병검사의 판정결과, 학력, 병력수급의 사정에 따라 정해지는 것이다. 그러므로 가산점 제도는 현역복무나 상근예비역 소집근무를 할 수 있는 신체 건장한 남자와 그렇지 못한 남자, 즉 병역면제자와 보충역복무를 하게 되는 자를 차별하게 되는 결과를 초래한다.

　　마찬가지로 전체 여성 중의 극히 일부분만이 제대 군인에 해당될 수 있는 반면 남자의 대부분은 제대 군인에 해당하는 현실에 비추어, 군 가산점 제도는 결과적으로 성별에 의한 차별을 야기한다고 볼 수 있다.

2) 군 가산점 제도는 정당한 보상책이다

　　분단 상황이라는 특수한 상황 하에서 대한민국의 남성들은 대부분 20대 청춘

의 황금기 일부를 바쳐 국방의 의무를 성실하게 수행한다. 게다가 군 복무 이후
에도 8년간은 예비군으로, 40세까지는 민방위군으로 편성되어 의무를 수행해야
한다.

결국 인생의 커다란 부분을 국민의 기본 의무를 수행하는 데 바치는 대신 많은
시간과 기회비용을 희생당하는 셈이다. 특히 공무원 채용을 준비하는 데 있어서
는 최적의 수험 시기 및 기간을 희생당한다는 점을 고려할 때, 적어도 공무원 채
용 시의 군 가산점 제도만큼은 그 보상 방안으로서의 적절성을 충분히 가진다는
견해 역시 설득력을 가진다.

① 국방의 의무는 남성에게만 해당되는 것이 아니다

군필자 가산점제는 남녀는 물론, 종교, 출신지역 등에 상관없이 국방의 의무를 충실하게 이행한 사
람 모두에게 해당되는 제도다. 여성 역시 군복무를 수행하면 군 가산점제의 혜택을 받게 된다. 그러므
로 군필자 가산점제가 여성들의 평등권을 침해한다는 주장을 하려면 논리상 우선 여성들이 신체 장애
인처럼 선천적으로 군복무를 하기에 부적합하다는 사실이 전제되어야 한다.

하지만 이러한 주장이나 판결에는 허점과 모순이 많다. 우선 우리나라에서는 이미 1950년 여성의
용군 491명이 배출된 이래 1970년대 초반까지 지원자에 한해 여군병을 선발해 왔다. 또한 현재도
육·해·공 사관학교는 물론, 육체적으로 고된 훈련으로 유명한 특전사에서조차 여군들이 맹활약하
고 있다. 게다가 행정, 지원, 보급, 통신, 정보, 취사 등 신체적으로 약한 여성들이라도 충분히 수행
할 수 있는 병과도 많다. 또한 남성과 마찬가지로 신체적 차이에 따라 전·의경, 경비교도, 의무소방
원 등 전환복무제나 산업기능요원, 공익근무요원 등 대체복무제, 또는 사회봉사제 등으로 군복무를
수행할 수도 있다.

해외의 경우는 어떨까? 우리와 대치 상황에 있는 북한은 논외로 하고서라도, '선진 징병제'를 가진
국가로 평가받아 온 스웨덴과 독일, 프랑스, 스위스, 이스라엘, 쿠바 등 많은 나라에서 남녀 공동 병
역 의무제를 시행하고 있거나 논의 중이다. 세계 유일의 분단국가라는 특수한 여건의 한국에서는 그
필요성이 더욱 높다.

우리나라의 병역법 3조가 '대한민국 국민의 남자는 헌법과 병역법이 정하는 바에 따라 병역의무를
성실히 수행토록 하고 여자는 지원에 의해 현역으로 입영할 수 있다'라고 규정하고 있는 가운데, 경기
일산 모 고교 3학년인 고 모양(18)은 남성만 현역 사병으로 입대할 수 있게 한 것은 양성평등 원칙과
모든 국민이 국방의 의무를 지도록 한 헌법 39조에 위배된다며 헌법소원을 냈다. 군 입대와 관련한 남
녀 차별 문제 위헌소송은 이미 과거에도 있었다. 여성단체가 여성의 육군사관학교 입학 불허가 위헌
이라는 헌법소원을 냈으며, 이것이 받아들여져 여자 육군사관생도가 탄생하게 됐다.

— 〈매일경제신문〉

② '합목적성'의 법 이념, 상황 변화에 따른 제도적 보완의 필요성

내년부터 점차적으로 도입되는 사회복무제 하에서는 여성의 자원입대가 가능해진다. 또한 이번에 발의된 군 가산점 안은 현역 제대자에 한정했던 대상을 병역의무 이행자로 확대하고 있다. 이러한 상황에서 결과적으로 '신체 능력에 따른 차별', 혹은 '남녀 차별'이 발생한다는 주장의 근거가 크게 축소되었음은 부정할 수 없다. 또한 이번 개정안은 가산점을 받아 합격하는 비중이 그 채용시험 선발 예정 인원의 20%를 초과할 수 없도록 하고, 가산점 비율도 2%로 낮추며, 혜택의 횟수 및 기한도 제한하는 등 혜택 정도를 크게 낮추었기 때문에 그 정도의 적절성도 확보했다고 볼 수 있다.

3) 진정한 '평등'이란 무엇일까?

'법 앞의 평등'이란 법 적용상의 평등뿐만 아니라 법 내용상의 평등까지 의미하고, 합리적인 이유가 있는 차별은 허용하는 상대적 평등을 의미한다. 결국 이 사안은 신체 건장한 남자와 그렇지 못한 남자, 또는 남성과 여성 간의 '평등'과 '불평등', 그리고 '합리적 차별'과 '불합리한 차별(또는 역차별)' 등 헌법적 기본권 및 가치, 그리고 각계각층의 이해관계 등이 복잡하게 고려되어야 할 정책 결정의 문제다.

① 합리적 차별과 불합리한 차별

아리스토텔레스는 정의의 본질은 평등이라고 하면서 모든 인간을 동등하게 취급하는 평균적 정의와 능력과 공헌도에 따라 차등 대우하는 배분적(配分的) 정의로 구분했다. 그렇지만 구체적, 개별적 상황에서 평등의 의미를 파악하는 것은 쉬운 일이 아니다. 평등을 말할 때 '같은 것은 같게, 다른 것은 다르게'라고 할 때 그 기준은 합리적 차별인가 아닌가의 문제로 귀결되는데, 정의의 구체적 내용은 시대와 민족, 국가에 따라 다를 수밖에 없기 때문이다. 정의와 관련하여 현대 법치국가에서는 기본적 인권의 보장에 중점을 두되 합리적 차별의 기준을 공정하게 설정하는 것이 법적 과제다.

— 고등학교 《법과 사회》, 교학사

② 적절한 보상 방안은?

사회지도층 자녀나 연예인 등 특권 계층을 중심으로 하여 병역기피 현상이 만연되어 온 것이 어제오늘의 일이 아니다. '신성한' 국방의 의무를 다하는 데 20대 청춘의 황금기를 바친 성실한 국민이 오히려 불이익을 당하는 일이 없도록 하면서, 사회적 차원에서 일정한 보상을 해주어야 한다는 결론에는 재론의 여지가 없을 것이다. 다만, 그 방식이 무엇이냐에 대해서 사회적 합의를 이끌어 낼 수 있는 각계의 건설적인 의견소통이 진행되어야 할 때다.

(3) 프랑스의 사르코지 대통령 당선

2007년 5월 치러진 프랑스 대선 결선투표에서 집권 우파 대중운동연합의 니콜라 사르코지 후보가 좌파 사회당 세골렌 루아얄 후보를 누르고 23대 프랑스 대통령에 당선됐다. 각국의 언론들은 이를 "프랑스 국민들이 자크 시라크 대통령의 복지 우선을 버리고, 사르코지의 시장 경제 원리 확대를 선택했다"라고 해석했다. 즉, 프랑스가 1981년 좌파 미테랑 대통령 당선 이후로 26년간이나 중시해 온 '분배'에서, '성장'으로 방향을 틀었음을 의미한다는 것이다.

사실, 근대 이후 인류의 경제사는 이처럼 효율성의 감축으로 증가되는 평등과, 평등의 감축으로 증가되는 효율성 사이에서 오고가는 선택의 역사였다고 해도 과언이 아닐 것이다.

1) 성장이 우선이다 – 파이(pie)부터 키워야 나눌 몫도 많아진다

아담 스미스와 고전 경제학파에서는 모든 경제 주체가 건전한 이기심에 따라 자유로이 경쟁하면 시장의 '보이지 않는 손'의 인도를 받아 자연스럽게 효율성이 극대화되어 국민 경제 전체에 부와 질서를 가져다준다고 보았다. 여기서 효율성이란 최소의 비용과 자원을 투입하여 최대의 이익을 얻는 것을 의미하며, 이는 오늘날의 신자유주의 흐름에 이르기까지 자유 경쟁의 시장경제원리가 추구하는 궁극적인 가치가 되어 왔다.

① 시장의 원리 – 자유 경쟁을 통한 효율성 극대화

시장의 최대 장점은 자원을 효율적으로 활용한다는 데 있다. 그렇다면 시장이 이런 기능을 수행할 수 있도록 해 주는 원동력을 한 마디로 요약한다면? 그것은 바로 자유로운 '경쟁'이다. 시장에서 구매자는 자신이 원하는 재화를 조금이라도 더 싸게 구입하기 위하여, 그리고 생산자는 더 많은 이윤을 얻기 위하여 노력하고 경쟁한다. 이러한 경쟁을 통하여 기업은 생산비를 절감하는 노력을 기울이게 되고, 그것은 곧 새로운 기술의 개발과 자원의 효율적 이용으로 이어지게 되는 것이다.

— 고등학교 《경제》, 교학사

② 성장우선주의 – 기업·시장 친화적 정책(노동 시장의 유연화, 규제 철폐, 감세)

시라크 대통령이 집권한 12년 동안 프랑스는 1인당 국민소득에서 영국과 아일랜드에 밀리는 치욕을 경험했다. 이에 최근 프랑스 대통령으로 당선된 니콜라 사르코지는 "나는 사회복지로 사는 것, 모든 사람이 똑같다는 것을 믿지 않는다. 나는 개개인의 장점과 노력의 대가, 그리고 사회적 역동성을 믿는다"라며 경제관을 밝혔다. 즉, 성장 없는 분배는 있을 수 없다는 입장이다. 이를 위해 사르코지는 시간 외 근무를 장려하고, 법인세를 삭감하며 사용자들이 종업원 채용과 해고를 보다 자유롭게 결정할 수 있도록 제도 보완을 추진할 계획이다.

— 〈매일경제신문〉

2) 분배가 우선이다 – 자유 경쟁은 공정하지 못하다

이미 몰락한 공산주의나 사회주의 체제는 논외로 하고서라도, 현대 자본주의 국가들의 대부분은 국가가 경제에 일정 부분 개입하여 분배적 정의를 실현하려는 '복지 국가'를 지향하고 있다. 여기서 분배적 정의(형평성)란 희소한 자원의 활용 혜택이 사회 구성원에게 공정하게 분배되는 것을 뜻한다.

① 불공정 경쟁의 의미와 유형

시장 참여자들 간에 공정한 경쟁이 이루어져야 한다. 그렇지 않고서는 시장에서 이루어지는 자원 배분이 효율적이라는 보장도 없을 뿐만 아니라, 불공정 경쟁이 가져오는 폐해로 인해 경제 활동 자체가 위축되기 때문이다. 가령 암거래, 밀매, 밀수, 탈세, 주가 조작 등이 만연하는 시장은 구성원들의 의욕을 잃게 만들고 시장은 혼란과 무질서에 빠질 것이다.

— 고등학교 《경제》, 교학사

② 경쟁의 공정성 보장과 빈부 격차의 극복

공정한 분배의 기준을 '분배적 정의'라고 하는데, 다음과 같은 점에 대해 대체로 합의가 이루어져 있다. 첫째, 인종, 성별, 신분, 종교 등 모든 차별이 없이 능력에 따른 공정한 경쟁의 기회가 보장되어야 한다. 둘째, 정경 유착에 의한 특혜, 뇌물 수수, 탈세 등과 같은 부정한 방법이나 마약 거래 등과 같은 불법적 방법에 의한 소득은 원천 봉쇄되어야 한다. 셋째, 소득을 최대한 공정하게 분배하려고 하되, 생산 증가를 위한 유인 동기를 확보해야 한다. 넷째, 노력이나 능력, 생산에 대한 기여도와 관계없이 모든 사람들은 인격을 가진 고귀한 인간이라는 이유만으로 기본 생활을 영위할 수 있어야 한다.

– 고등학교 《시민 윤리》, 교육인적자원부

③ 정부의 소득 재분배 기능

시장경제체제에서 정부가 수행해야 할 역할은 지나친 소득 격차를 완화하여 모든 사람이 인간다운 삶을 유지할 수 있도록 저소득층에 대한 사회 안전망을 구축하는 것이다. 이를 위해 조세 제도(고소득층의 소득세와 재산세에 대한 누진세율 적용, 고가 사치품에 대한 특별 소비세 징수 등) 및 정부 지출(실업과 의료 보장, 저소득층의 최저 생계 및 생활 보호비 지출 등의 사회 복지비) 등의 정책적 방안을 통해 소득 재분배를 꾀하게 된다.

– 고등학교 《경제》, 교학사

3) 최근의 선택은?

성장이 먼저냐 분배가 먼저냐의 문제는 어쩌면 닭이 먼저인가 달걀이 먼저인가 하는 문제와 마찬가지로 정답이 없을 것이다. 온갖 수단과 방법을 가리지 않고 '무조건 돈만 벌면 된다'라는 천민자본주의적 행태나 부의 양극화 현상이 심화되면 사회 전반에 혼란과 불신 풍조와 불안이 만연하게 될 것이다. 반면 서구의 '복지병'에서 볼 수 있듯, 지나친 '복지 국가' 지향 역시 시장의 성장 동력을 약화시킬 수 있으므로 경계해야 할 것이다.

① '유럽 복지모델의 대명사' 스웨덴 97년 만에 부유세 폐지

지난해 9월 실시된 총선에서 승리한 스웨덴 중도우파 연합정권이 국부 유출 방지와 국내 투자 유치 확대를 위해 경제정책 기조의 대대적인 수술에 나섰다. 부자들 가운데는 부유세를 회피하기 위해 해외로 재산을 빼돌리는 '자본도피' 현상이 지속되고 있는 데다 빈부격차 해소에 대한 평가도 엇갈리는 상황이다. 일각에서는 부유세 폐지로 인해 기업 창업과 고용창출에 숨통이 트일 것이라고 내다 봤다.

– 〈매일경제신문〉

② 효율성과 형평성의 충돌

부자에게 과세하기 위하여 만든 구레나룻세와 창문세는 사람들로 하여금 구레나룻을 없애게 하고, 창문이 적은 건축 양식이 유행하는 등 왜곡된 결과를 낳았다. 이들 세금은 공정성을 지향하였으나, 효율성을 저해한 것이다. (중략) 우리나라 세금 중 가장 큰 비중을 차지하는 것은 부가 가치세, 소득세, 법인세다. 이 중에서 (중략) 소득세나 법인세는 과세 대상 금액에 따라 세율이 높아지는 누진세이므로 조세의 공정성에는 적합하다. 그러나 징세 절차가 복잡하고 조세를 회피하려는 행동, 그리고 근로 의욕 저하 등의 효과 때문에 효율성은 저하된다.

– 고등학교 《경제》, 천재교육

생각을 키우자!

1. 노동시장의 경직화(또는 유연화)가 의미하는 바가 무엇인지 학습해 보자.

2. 효율성과 형평성이라는 두 가지의 가치가 충돌하는 사례를 찾아보고, 다양한 상황별로 어느 가치가 더욱 중요시되어야 할지 토론해 보자.

(4) 한미 FTA와 세계화

1) 한반도 개방의 역사

구한말 미처 준비하지도 못한 채, 외세에 의한 '개국'을 맞이해야 했던 우리 역사를 되짚어 보면서, 새로운 개방의 역사가 시작되는 의미를 곰곰이 생각해 보자.

① 제1의 개방

오늘날에는 세계화라는 구호 아래 개방을 요구하는 물결이 갈수록 높아지고 있다. 19세기 후반에 제국주의 열강이 군사력을 앞세워 약소민족에게 개방을 강요하였다면, 지금은 경제적으로 앞선 나라들이 자본과 기술을 무기로 개방을 요구하고 있는 것이다. 19세기 후반, '제1의 개방'을 강요받던 시기에 우리 민족은 능동적으로 대응하지 못하였기 때문에, 20세기 초에 우리 역사상 유래가 없는 불행한 과거를 경험해야 했다. '제2의 개방'이 세계사의 큰 흐름으로 자리 잡고 있는 오늘날, 우리가 100년 전의 실패에서 얻을 수 있는 교훈은 무엇인지 생각해 보자.

• 강화도 조약은 우리나라가 근대 국제법의 토대 위에 맺은 최초의 조약이었다. 일본은 치밀한 조선 침략의 계획 아래 강화도 조약을 체결하였다(1876). (중략) 강화도 조약은 조선의 주권을 침해한 불평등 조약으로서, 일본이 통상 교역의 경제적 목적을 넘어 침략의 거점을 확보하려는 정치적·군사적 목적을 띠고 있었다. 이는 과거 일본이 미국, 영국 등과 맺은 불평등 조약을 그대로 조선에 강요한 것이었다.

– 고등학교 《한국 근·현대사》, 중앙교육진흥연구소

② 다시 쓰는 개방의 역사

대한민국이 건국 60년 만에 개방 역사를 새로 썼다. 한·미 자유무역협정(FTA) 시대의 서막을 우리 자체 의지로 열게 된 것이다. 이로써 우리나라는 세계 최대 수출시장인 미국과 자유무역을 통한 경제 동반자 관계를 맺게 됐다. 이제 남은 것은 한·미 FTA를 국운을 개척할 절호의 기회로 활용할 수 있도록 온 국민이 지혜를 모으는 일이다.

– 〈매일경제신문〉

2) 동북아시아 허브 국가의 꿈

한반도 주변부의 지도를 뒤집어 보면, 동북아시아 경제권의 중심에 위치한 우리나라가 외부로 뻗어 나갈 수 있는 가능성을 엿볼 수 있다. 새로운 주요 경제권으로 부상한 이곳의 중심 허브 역할을 수행할 수 있는 조건은 무엇이며, 가능성은 얼마나 되는지 생각해 보자.

① 우리나라의 지경학적(Geo-Economical) 위치와 발전 가능성

한반도는 북으로는 중국, 러시아, 유럽 등 대륙으로 뻗을 수 있으며, 동·서·남으로는 해양으로 뻗을 수 있는 전략적 관문의 특성을 보유하고 있다. 즉, 동북 아시아 주요 항로 상에 위치하여 동북 아시아 각국으로 화물을 수송하기에 유리하다. 또한, 북한 지역을 통과하여 시베리아와 유럽으로 연결되는 시베리아 횡단 철도 및 중국 횡단 철도와 가까운 거리에 위치하고 있다.

한반도는 중국, 일본, 몽골, 러시아 극동 지역의 교두보 역할을 맡고 있다. 따라서 중국, 러시아, 일본을 잇는 중개지 역할은 물론, 중국, 러시아, 북한의 1차 산품의 가공·수출 중개지로서도 적지다. 이에 따라, 21세기 번영의 중심지인 동북 아시아의 관문으로서 한반도가 갖는 경제·지리적 강점을 국익 확대에 활용하는 대외 진출 전략이 필요하다.

– 고등학교 〈한국지리〉, 지학사

② FTA 협상 타결로 다시 오는 허브의 기회

한·미 FTA 체결로 우리나라는 FTA 후진국에서 벗어날 수 있게 되었으며, 이제 막 시작된 동아시아 FTA 논의를 주도해 나갈 수 있는 배경을 갖게 되었다. 우리나라는 아세안과 체결한 FTA가 현재 국회 비준을 기다리고 있고, 한·미 FTA에 이어 유럽연합(EU), 중국과도 FTA 협상을 시작하게 된다. 이제 우리나라는 동아시아 FTA 추진을 리드해 나갈 수 있게 되었으며, 나아가 한국이 동아시아 'FTA 허브'가 될 것이라는 장밋빛 시각도 있다. 안세영 서강대 교수는 "중국, EU, 호주까지 나서면 일본도 잠자코 있을 수 없을 것이기 때문에 한국은 가만히 앉아서 FTA 허브가 될 수 있다"면서 "동북아 중심국이 되겠다며 경제특구에 수십조 원을 쏟아붓는 것보다 확실한 투자유인효과가 일어날 것"이라고 강조했다. 안 교수는 "포스트 FTA 시대에는 자연스럽게 한국－일본－미국이라는 '거대해양 경제권'이 생겨, 중국－대만－홍콩－마카오－동남아를 잇는 '중화 경제권'과 상호 경쟁하게 될 것"이라고 말했다.

– 〈매일경제신문〉

생각을 키우자!

1. 한·미 FTA를 통해 우리가 얻게 될 이점과 손실을 표로 정리해 보자.

2. 세계화와 개방의 문제점은 없는지 토론해 보자.

(5) 탄소배출권 거래제도의 허와 실

1) 지구 온난화 문제와 원인

전 세계 130여 개국 2,500여 명의 과학자들이 참여하고 있는 기후변화에 대한 정부 간 협의체 IPCC는, 2007년 5월 태국 방콕에서 발표한 4차 평가보고서를 통해 '기후변화 완화를 위한 노력과 적절한 지속가능 발전정책이 없으면 인류는 파국적 결과를 맞게 될 것이다'라고 경고했다.

이를 위해 현재 전 세계 온실가스의 절반에 가까운 46%를 배출하고 있는 선진

38개국(교토의정서 부속서 A 국가)이 온실가스 배출 감소에 앞장서야 한다고 촉구했다. 온실 가스가 이처럼 문제가 되고 있는 이유는 무엇일까?

① 기후변화 정부협의체, 온실가스 배출 축소 권고

IPCC는 보고서를 통해 세계 각국이 지금처럼 온실가스를 마구잡이로 배출하면 2030년에는 온실가스가 2000년에 비해 최대 90%까지 급증할 것이며, 전 세계 GDP 중 3%에 해당하는 31조 3,393억 달러(약 1,232조 원) 정도를 투자해야 최악의 상황을 피할 수 있을 것으로 전망했다. 또한 이렇게 준비해 나간다 해도 2050년에는 20억 명이 물 부족에 시달리고, 지구상 생물 가운데 20~30%가 멸종할 것으로 예상된다. 그리고 해수면 상승으로 아프리카 나일강과 니제르강 유역 거대 삼각주는 사라지고, 중국, 베트남, 방글라데시 등도 침수될 것으로 관측된다. 게다가 이러한 대비책조차 미국을 비롯한 선진국과 중국, 인도 등 개발도상국 등의 반발로 실제 이행하는 데 상당한 어려움이 따를 것으로 보인다.

— 〈매일경제신문〉

② 각 국가의 자율적 온실 가스 배출을 기대할 수 있을까?

1억 4,000만여 년 전 생성된 우포늪은 국내 유일의 내륙 습지로, 주변 마을 사람들은 20~30년 전만 해도 소득의 80%를 이 늪에서 얻었다. 그러나 한 주민이 늪에서 잡는 붕어의 어획량이 많을수록 그 개인에게는 이익이지만, 과다한 포획으로 인해 우포늪의 생태계가 파괴된다면 우포늪을 공유하고 있는 모든 사람들이 피해를 입게 된다. 이것이 바로 '공공 목장의 비극'인데, 우포늪에서 자유롭게 붕어를 잡아 개인의 이익을 추구하려는 생각은 우포늪이 제한된 자원이라는 사실을 알면서도 어획량을 무제한으로 늘리는 결과를 가져오고, 우포늪의 황폐화로 이어져 모두가 멸망하는 비극을 초래할 것이다.

— 고등학교 〈사회〉, 디딤돌

③ 경제 논리에 의한 타율적 억제─교토의정서 발효와 탄소 배출권 거래제 도입

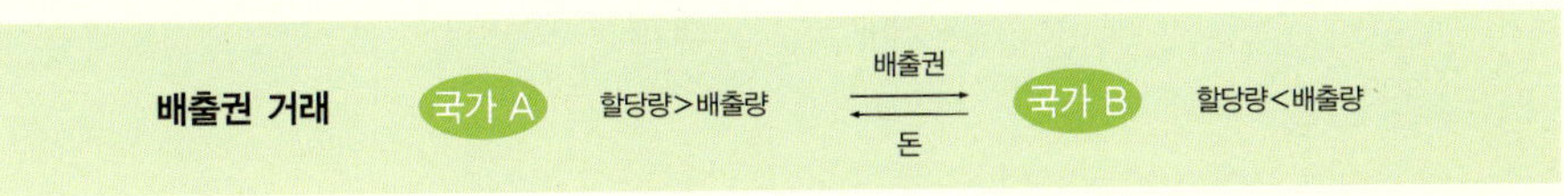

2005년 교토의정서 발효로 선진국들은 온실 가스 배출량을 의무적으로 감축해야 한다. 당사국이 온실 가스를 감축하는 데 따른 경제적 비용을 최소화하기 위해서 배출권 거래 등 시장 메커니즘을 도입하게 되었다. 그런데 여기서 배출권 거래란 할당된 감축 목표를 초과 달성하거나 배출량에 여유가 있는 국가(또는 기업)가 감축 목표를 달성하지 못한 국가에 온실가스 배출 권리를 팔 수 있게 한 것이다.

IPCC는 탄소 배출권이 높은 가격(1톤당 100달러)에 거래된다면 많은 기업이 이를 확보하기 위해 온실 가스 감축 장치를 만들거나 온실 가스를 흡수할 수 있는 숲 등을 조성해, 최대 절반 수준까지 온실 가스 배출량을 줄일 수 있을 것으로 예상했다.

— 〈매일경제신문〉

2) 지구 온난화의 근본 원인 및 해결 방안

이러한 탄소 배출권 거래제를 둘러싸고 각국 간의 갈등이 빚어지고 있는 이유는 무엇일까? 과연 환경 문제를 극복할 수 있는 근본적 해결 방안은 없는 것일까?

① 환경 문제 발생의 근본 원인

지구 환경 위기의 근본 원인은 인간 중심적인 자연관과 그에 따른 물질적 진보 개념에서 비롯되었다고 할 수 있다. 산업 혁명 이후 급격한 발전이 낳은 인간의 의식 속에는 인간이 지구의 주인이고 지구는 인간의 정복 대상이라는 이분법적 사고방식이 깔려 있다.

이러한 인간 중심적이고 정복 지향적인 자연관은 인간과 자연을 분리시키고 무분별한 자연 착취와 자원 남용을 정당화함으로써 생태계의 급격한 파괴와 자연의 훼손을 초래하였다.

생태계의 자정 능력을 넘어선 무분별한 남용으로 말미암아 자연 자원은 고갈되고 생태계의 자연스런 순환이 단절되기에 이르렀다.

– 고등학교 《시민 윤리》, 교육인적자원부

② 여전히 해결하기 어려운 지구 온난화 문제

첫째, 지구 온난화에 따른 위험은 장기적이고 불확실한 반면 이를 방지하는 데 따르는 단기 손실은 명백하기 때문이다. 미국은 온실 가스를 줄이는 데 필요한 막대한 비용과 이로 인한 경제적 손실을 이유로 2001년 교토의정서에서 탈퇴를 표명하기에 이르렀다.

둘째, 기후 변화가 모든 지역과 국가에서 비슷한 정도로 재난을 야기하는 것이 아니기 때문이다. 일례로 도서 국가들은 지구온난화가 진행됐을 때 해수면 상승으로 국토 일부가 물에 잠기게 되는 생존에 직결되는 재앙에 직면한다. 반면 러시아와 같은 경우, 동토가 녹으면 작물 재배가능 기간이 늘어나고 석유 생산 비용도 줄어드는 등의 이익을 보게 된다.

셋째, 지구 온난화를 방지하기 위한 사회 경제적 비용에도 국가별로 현격한 차이가 존재한다. 가령, '남북문제'에서도 알 수 있듯 선진국과 개도국, 후발국 간의 기술 격차 때문에 후발국의 부담이 더 클 수밖에 없다. 결국 과거 수백 년간 환경을 오염시켜 온 선진국들의 책임을 이제 막 개발을 본격화하고 있는 후발 개발도상국이 떠안는 셈이 된다는 반발에도 충분한 일리가 있다.

③ 생명 존중 사상

세계화와 과학 기술의 발달로 인해 한 국가나 집단을 넘어선 세계 윤리가 강조되는데, 생명 존중의 실천이 첫 번째 기본 방향으로 제시된다. 이러한 정신은 인간 중심주의 윤리를 넘어서서 생명 중심주의로 전환하여 동·식물에 이르기까지 확대되어야 한다. 모든 생명체가 본래적 가치를 지니고 있다는 사실을 인식하고, 인간을 포함한 다른 생명체를 우리가 살아가기 위한 수단으로서만 생각하지 않도록 노력해야 한다.

– 고등학교 《윤리와 사상》, 교육인적자원부

④ 지속 가능한 개발

　환경 보호를 위해 개발을 완전히 중단할 수도 없고, 무분별한 개발을 추진할 수도 없는 것이 오늘날 전 세계의 고민이다. 지속 가능한 개발이란 '환경 보전과 경제 개발'을 모두 만족시키려는 의도로, 여러 개발을 추진할 때 미래 인류의 쾌적한 삶까지도 고려하여 계속적 개발이 가능하도록 배려하는 것이다.

— 고등학교 《사회》, 중앙교육진흥연구소

생각을 키우자!

1. 인간 중심적 사고관이 초래한 다양한 문제점에는 어떤 것들이 있는가?

2. '구명선 윤리'와 '우주선 윤리'에 대해 학습해 보자.

3. 전 세계 국가들의 입장 차이를 고려하면서도 지구 온난화 문제를 해결할 수 있는 방법으로 어떤 것이 가능한가?

(6) 내신 반영 비율을 둘러싼 대학과 교육부 간의 갈등

현실과 이상의 차이는 극복될 수 있는가?

2007년 6월 주요 대학들이 올해 입시에서 내신 등급 간 점수 차이를 최소화하겠다는 방침을 밝혔다. 그러자 교육부가 재정 지원 중단이라는 철퇴를 들고 강력히 맞서면서 대학과 교육부 간의 갈등이 심화됐다. 그리고 이러한 갈등의 근저에는 공정한 경쟁의 문제 및 현실과 이상 간의 간극이 놓여 있다.

1) 평등의 상대성에 대한 관점의 차이

자유 민주주의 국가들은 자유와 평등을 핵심적인 이념으로 삼고 있으며, 모든 정책들은 이 둘이 조화를 이루는 방향으로 모색되고 있다. 교육 정책도 마찬가지다. 우수한 학생이 능력을 십분 발휘할 수 있도록 하고, 경제적 · 지역적 문제로 인해 충분한 교육을 받을 수 없는 학생들에게 기회를 주는 것이 교육 정책의 핵심이다. 그런데 교육 기회의 평등을 강조한 정책은 종종 역차별 문제에 봉착하곤 한다. 이는 상대성을 지니고 있는 평등 개념 해석에서 오는 관점 차이 때문에 일어난다.

① 우리 사회의 평등권은 상대적·비례적·실질적 평등을 의미한다

현대 민주 국가에서의 평등은 법 앞에서 만인이 평등하다는 것을 의미한다. 이는 법 앞에서 모든 사람을 동등하게 대우하여 성별, 종교, 사회적 신분 등에 의한 차별을 하지 않고 균등하게 기회를 부여한다는 것이다. 그렇다고 성별, 체력, 재능 등과 같은 선천적인 조건의 차이나 직업, 재산, 교육 수준 등과 같은 후천적인 차이를 부인하는 것은 아니다. 개인의 선천적·후천적 차이를 고려하지 않고 기회의 평등 또는 출발의 평등만을 강조하는 형식적 평등은 실질적 불평등을 가져올 수 있으므로, 개인의 능력이나 업적이 차이를 고려하여 결과에 있어서의 실질적인 평등을 실현하려는 상대적·비례적 평등을 추구하고 있다.

— 고등학교 《정치》, 천재교육

② 교육부의 규제는 오히려 실질적인 평등을 해치는 역차별에 불과하다

내신 반영 비율을 둘러싼 갈등 문제는 기본적으로 고등학교 간 학력 차이를 인정하지 않고, 전국 2,200여 개 고교가 동일하다는 것을 전제로 한 현행 제도의 불합리성에서 비롯되고 있다. 고교 등급제 불허라는 '3불 정책' 근간 중 하나가 낳은 부산물인 셈이다. 특목고나 자립형 사립고, 비평준화 지역 우수고 등과 같이 우수한 학생이 많이 모인 고교의 내신 등급과 다른 학교 내신 등급을 동일시하는 것은 분명 문제가 있다.

— 〈매일경제신문〉

③ 내신 등급제 무력화는 결국 평등한 교육의 기회를 박탈한다

대학들이 내신 등급제를 무력화하는 표면적인 이유는 학교 간 성적 차이가 존재하는 현실 속에서 이를 획일적으로 적용하는 것은 형평성에 어긋나기 때문이다. 그런데 만일 내신 등급 간 격차가 최소화된다면, 자연스레 내신보다는 수능과 논술에 치중하는 학생 수가 늘어나게 될 것이다. 현재 수능과 논술이 사교육 시장에서 맹위를 떨치고 있는 탓에 교육비 지출과 대학 합격률이 비례 관계를 맺고 있는 것이 사실이다. 따라서 내신 무력화는 경제적 차이가 대입의 당락을 결정하는, 다시 말해 학생 개인의 능력과 무관한 이유가 대학 입학 기회를 박탈할 수 있는 결과를 초래할 수도 있다.

2) 공정한 경쟁을 실현하기 위한 조건

공정한 경쟁은 각 개인이 자신의 역량을 최대한 발휘할 수 있는 기회를 공평하게 부여받을 때 실현된다. 그러나 현실에서는 여러 차이가 존재하는 탓에 경쟁의 출발점이 동일할 수 없다. 그렇다면 이러한 차이를 보는 합리적인 시각은 무엇일까?

① 초기 조건의 불평등은 불가피한 것이다

사회의 두 가지 제도, 즉 사유 재산 제도와 결혼 제도가 제정되고 나면 반드시 조건의 불평등이 수반된다. 만약 부모가 가난해서 혹은 너무나 가족이 많아서 충분히 부양받을 수 없는 이들은, 자연의 불가피한 법칙 때문에 인생이라는 제비뽑기에서 꽝을 뽑은 불행한 사람들이다. 이미 다른 사람들이 차지한 세상에 태어난 사람이 부모로부터 생활의 도움을 받을 수 없다. 또 사회가 그의 노동을 바라지 않을 경우, 최소한의 식량을 얻을 권리도 주장할 수 없으며, 사실상 아무 곳에서도 할 일이 없다. 자연이 베푸는 대향연에서 그가 앉을 자리가 없는 것이다.

— 맬서스, 《인구론》

② 공정한 경쟁은 초기 조건의 불평등을 제거할 때 실현된다

존 롤즈(John Rawls)는 그의 저서 《정의론》에서 공정한 분배 문제를 실현하기 위한 방안으로 '원초적 입장(original position)' 가설을 세운다. 원초적 입장 가설에 따르면, 사회 정의 원칙을 정할 때 모든 사람들이 자신의 개별적인 특성에 대해 알 수 없도록 한 무지의 장막 뒤에 있게 되므로, 태어나는 순간부터 사회적 여건의 우연성에 따른 차별이 존재하지 않게 된다.

이는 사회 정의, 즉 공정한 분배란 모든 사람들이 우연적인 것에 의해 영향을 받지 않아야 한다는 점을 보여 주는 것이다. 그리고 이를 확장해 보면, 초기 조건에서의 차별성을 최소화하는 것이 공정한 경쟁을 실현할 수 있는 원칙이 된다고 할 수 있다. 즉, 공정한 경쟁이란 초기 조건의 차이를 최소화할 때 실현된다고 할 수 있다.

③ 기회 균등의 이념과 현실 간의 간극을 좁히기 위해서는 충분한 대안이 필요하다

플라톤의 정치 철학에 대한 해묵은 비판 중 하나가 바로 현실성 결여의 문제다. 즉, 플라톤의 '철인(哲人) 정치'가 지나치게 이상적인 탓에 현실 문제를 해결하는 데 아무런 도움이 되지 않는다는 것이다. 그런데 사실상 플라톤 자신도 철인 정치가 현실성을 결여하고 있다는 점은 충분히 인식하고 있었다.

그럼에도 불구하고 철인 정치를 주장한 이유는 이 정치 형태가 현실 문제를 해결할 때 기준 혹은 본(paradeigma)이 된다고 생각했기 때문이다. 그리고 그는 철인 정치의 이상과 현실 간의 간극을 좁히기 위한 방안으로 법 제정의 중요성에 대해 말했는데, 이것이 대화편 《법률(Nomoi)》의 핵심을 이루고 있다.

이러한 플라톤의 생각을 현재의 문제에 적용하면, 공교육 정상화는 오늘날의 교육 문제를 해결할 때 하나의 본이 된다고 할 수 있다. 더욱이 공교육의 정상화는 학생들 개인의 초기 조건의 차이를 최소화해서 평등한 교육 기회를 부여할 수 있는 방안인 탓에 반드시 실현되어야 한다고 할 수 있다.

그러나 지금처럼 분명한 대안 없이 이념의 정당성만을 주장한다면, 결국 현실성을 결여한 공허한 주장이라는 비판을 면할 수 없을 것이다. 각 대학들이 공교육 정상화의 중요성을 인식하고 있으면서도, 내신 무력화를 시도하는 이유도 바로 여기에 있다. 따라서 치열한 경쟁의 현실 속에서 좋은 인재를 발굴·육성하고자 하는 대학의 목표와 공교육 정상화라는 이념을 적절히 조화할 수 있는 실질적인 방안 마련이 무엇보다 시급하다고 하겠다.

1. 아무리 공정한 절차를 거친다고 하더라도 초기 조건의 차이에 따른 불평등한 결과가 초래된다는 사실을 예를 들어 설명해 보자.

2. 공교육 정상화를 실현하면서도 지역 간 혹은 학교 간의 실질적인 학력 차이를 좁힐 수 있는 방안으로는 무엇이 있는지 생각해 보자.

(7) 3불 정책과 경쟁의 원리

1) 3불 정책의 의미와 목적

2007년 우리사회에는 '3불 정책'의 존속을 두고 뜨거운 논쟁이 재현됐다. '3불 정책'이란 '대학별 본고사'와 '고교 등급제' 및 '기여 입학제'를 금지하는 교육부의 교육 정책을 의미한다. 교육부에서 이 세 가지 사항을 금지하는 이유는 무엇인지 먼저 살펴보자.

① 불평등 경쟁 우려

본고사를 허용할 경우 소위 일류 대학에서 좋은 학생들을 선발하겠다는 명목 하에 어려운 문제를 출제할 것이 분명하기 때문에, 사교육에 대한 의존도가 커짐과 동시에 소득의 정도가 당락에 상당한 영향력을 미치게 될 가능성이 높다.

② 조기 경쟁 억제

고교 등급제를 허용하면 소위 일류 고등학교에 입학하기 위한 치열한 경쟁을 조장함으로써 초등학생부터 입시 지옥을 경험하게 되며, 교육 기회가 상대적으로 적은 농어촌 지역의 학생들이 불이익을 당하게 될 수밖에 없다.

③ 계층 간 갈등 회피

기여 입학제의 경우, 말 그대로 일정 금액의 기여금으로 대학 입학을 허용하는 것이기 때문에 계층 간 위화감과 사회적 갈등을 유발하는 문제가 생기게 될 것이다. 결국, 이러한 문제점들을 종합해 볼 때, 3불 정책은 소득 격차나 지역별 교육 수준의 격차와 무관하게 모든 학생들이 균등한 교육 기회를 받을 수 있도록 하는 것을 근본적인 목표로 삼고 있음을 알 수 있다.

2) 대학의 자율성 및 자유 경쟁 저해

기회 균등이 중요한 사회적 덕목이라는 점에서 분명히 '3불 정책'은 충분한 정당성을 지닌다. 그럼에도 불구하고 '3불 정책'을 반대하는 목소리 역시 높다. 그 이유는 무엇일지 살펴보자.

① 국가가 간섭할 수 있는 한계는 어디까지인가?

3불 정책은 대학이 자율적으로 학생을 선발할 수 있는 자유를 해치는 것이 사실이다. 각 대학에서는 좋은 학생들을 뽑기 위해 치열하게 경쟁하고 있다. 예를 들어 대학별 본고사는 적절한 경쟁의 도구 중 하나가 될 수 있다. 이러한 측면에서 볼 때 대학의 학생 선발권을 제한하는 3불 정책은 결국 대학의 인재 배출 기능을 저해하는 것으로 간주될 수도 있다.

② 온실 속의 화초는 생명력이 약하다

3불 정책은 공교육의 질을 떨어뜨리는 부작용을 낳을 수 있다. 오늘날 공교육이 붕괴되고 있는 원인 중 하나는 사교육과의 경쟁에서 뒤처지고 있다는 점이며, 이는 또 다시 공교육의 질이 의심받게 되는 악순환으로 이어지고 있다.

따라서 공교육의 질을 높이려면 공교육 기관과 사교육 기관 간의 경쟁뿐만 아니라, 공교육 기간끼리의 경쟁을 토대로 교육의 질을 높이는 방안이 마련될 필요가 있다. 그런데 이러한 공교육 기관 간의 경쟁을 불러일으키는 데 효과적인 방안이 될 수 있는 고교 등급제 역시 3불 정책에서는 금하고 있는 것이다.

3) '3불 정책'은 어떠한 가치들의 충돌인가?

이처럼 '3불 정책'을 둘러싼 뜨거운 논쟁의 근간에는 '자유'와 '평등'이라는 두 가지 가치가 근간에 자리 잡고 있다.

'자유'와 '평등'은 각각 자유 민주주의의 핵심적인 요소임에도 불구하고 종종 서로 충돌을 일으키기도 한다. 가령, 경제 정책에 있어 시장 경제 원리와 복지 정책 간의 대립 양상에서도 우리는 이러한 두 가지 가치의 대립 양상을 발견할 수 있다.

① 자유와 평등이 조화될 수 있을까?

자유와 평등은 자유 민주주의의 핵심적 요소로서, 민주 사회에서 개인 간의 상호 관계가 어떤 방식으로 전개되어야 하는지를 분명히 보여 주는 매우 중요한 개념이다. (중략) 자유 민주주의에서 말하는 자유란, 국민 각자가 보람 있는 삶을 영위하기 위하여 자신의 욕구에 따라 그 삶의 조건들을 선택하는 것을 뜻한다. 자유의 폭이 넓을수록 그 개인과 삶의 질(質)은 높아지고, 또 그 모습 역시 다양해지게 마련이다. (중략) 평등은 기회 균등을 의미한다. 이는 모든 개인이 자유를 한껏 누리되, 그 기회가 균등해야 함을 뜻한다. 자유와 평등은 상호 대립적인 면이 있다. 평등만을 강조하다 보면 자유가 위축되게 마련이고, 자유를 지나치게 강조하다 보면 평등이 손상될 수 있다. 따라서 이 둘은 조화를 이루어야만 한다.

– 고등학교 《윤리와 사상》, 교육인적자원부

② 민심은 어떠한가?

그런데 2007년에 실시된 한 여론 조사 결과를 살펴보면, '3불 정책' 전체에 반대하는 의견보다는 '기여 입학제'와 '고교 등급제'만 우리 실정에 맞지 않기 때문에 불허하는 것이 옳다고 주장하는 견해가 우세했다. 즉, '기여 입학제'와 '고교 등급제' 등은 아직 국민적 정서에 비추어 선뜻 받아들여지지 않고 있는 반면, 대학과 공교육의 경쟁력을 살리기 위해 자유 경쟁의 원칙에 따라 대학별 본고사만큼은 허용해야 한다고 보는 의견이 높다고 해석될 수 있다.

③ '3불 정책'을 둘러싼 사회적 갈등의 해결 방안은?

이상에서 살펴보았듯이 교육 기회의 '평등'과 대학의 학생 선발 '자유'라는 두 입장 모두 정당한 근거를 바탕으로 두고 있기 때문에, 한 입장만을 옹호해서는 바람직한 결론을 이끌어 낼 수 없다. 결국 헌법에서 보장하고 있는 국민의 기본권 문제로서의 근본적인 가치문제는 물론, 각계각층의 현실적 목소리까지도 다각도로 충분히 검토한 후, 세부적인 의견 수렴과 정책적 결정까지 이끌어 나가야 할 것이다.

생각을 키우자!

1. '3불 정책'의 의미와 이에 대한 자신의 생각을 얘기해 보자.

2. 자유와 평등 간 대립을 해결할 수 있는 방안을 구체적인 예를 들어 마련해 보자.

3. 역사와 문화, 대중을 발견하다

(1) 아베 신조 일본 총리의 위안부 사과 발언

왜곡된 역사 인식의 문제점과 국제 관계의 특징은 무엇인가?

2007년 4월 27일 아베 일본 총리가 미 의회 지도자들과 만난 자리에서 "위안부들에 대해 미안한 마음을 가지고 있다"라고 발언하자, 부시 미 대통령은 이를 위안부 문제에 대한 사과로 받아들이겠다고 반응했다. 이에 미국 현지 언론은 물론 일본 언론들조차 시대의 희극이라며 비판의 목소리를 높이고 있다.

논의의 스펙트럼이 '왜곡된 역사 인식'과 '힘의 논리에 기반한 국제 질서의 특징'으로까지 확대되고 있는 이유는 무엇인지 살펴보도록 하자.

1) 왜곡된 역사 인식의 문제

역사가 과거 사실에 대한 해석으로 구성되기 때문에, 모든 역사 이해는 필연적으로 주관성을 지닐 수밖에 없다. 하지만 그렇다고 해서 자의적인 역사 해석이 정당화되는 것은 아니다. 오히려 역사 연구는 객관성을 확보할 때 의미가 있는 것이라 할 수 있다. 더욱이 왜곡된 역사 인식이 국가 간 갈등을 야기한다는 점을 염두에 두면, 객관적인 역사 인식은 세계화 시대에 필수적이라 할 수 있다.

---

① 일본군 위안부 동원의 역사적 사실성

군 위안부의 동원은 1937년에 일제의 난징 대학살 이후 본격화되었다. 난징 점령 당시 일제는 수십만 명의 중국인을 학살하고 여성들을 유린하였다. 이 사건으로 일본은 국제 사회에서 비난의 표적이 되었다. 이에 일제는 군인들의 성 문제를 해결하려는 그릇된 방편으로 군 위안소를 마련하고, 한국 여성들을 위안부로 동원하였다. (중략) 전쟁이 불리해지자 일본 군인들은 위안부들을 버리고 자기들만 도망치거나, 심지어 위안부 여성들을 동굴에 가두고 폭탄을 던져 몰살시키기도 하였다. (중략) 전쟁이 끝났다고 해서 위안부 여성의 고통이 끝난 것은 아니었다. 험난함을 이겨내고 고국에 돌아왔어도 몸을 더럽혔다는 이유로 주위의 따가운 시선을 받아야만 했다. 그리하여 결혼도 제대로 하지 못한 채 경제적 어려움 속에 외롭게 살아가야만 하였다.

— 고등학교 《한국 근·현대사》, 중앙교육진흥연구소

② 일본 정부의 역사적 사실 부인

아베 총리는 지난 1일 "과거 일본군이 종군 위안부를 강제로 동원했다는 걸 증명하는 증거가 없다"

라고 말했다. (중략) 그는 5일에는 종군위안부와 관련해 일본에 사죄를 요구하는 미국 하원 외교 위원
회 결의안에 대해 "의결이 되더라도 사죄하는 일은 없을 것"이라며 한발 더 나아갔다.

– 〈매일경제신문〉

　　일본 정부가 각료 회의에서 일본군에 의한 위안부 강제 동원은 없었다는 견해를 공식 채택했는데,
이는 1993년 위안부 문제에 대한 사죄 내용을 담은 '고노 담화'에 정면으로 배치되는 것이다.

– 〈매일경제신문〉

③ 역사 해석의 주관성과 국제 관계

　　역사라는 말은 사람에 따라 다양한 뜻으로 사용되고 있지만, 일반적으로 '과거에 있었던 사실'과
'조사되어 기록된 과거'라는 두 가지 뜻을 지니고 있다. (중략) 기록으로서의 역사는 과거의 사실을 토
대로 역사가가 이를 조사하고 연구하여 주관적으로 재구성한 것이다. 이 과정에는 필연적으로 역사가
의 가치관과 같은 주관적 요소가 개입하게 된다.

– 고등학교 〈국사〉, 교학사

　　역사를 올바로 본다는 것은 중요한 일이다. (중략) 편협하게 자문화의 우수성만을 주장하고, 자주
성, 독창성만을 고집한다면 맹목적인 국수주의로 빠질 우려가 있다. 역사상 많은 경우에 그런 우려가
실제 나타났고, 그것은 대단히 비참한 결과를 초래하기도 하였다.

– 고등학교 〈세계사〉, 교학사

---

2) 국제 관계의 특성

　　과연 아베 일본 총리는 일본군 위안부 동원을 인정하지도, 그에 대해 사죄하지
도 않겠다던 기존의 입장을 철회한 것일까?

　　그가 피해 당사자인 위안부나 아시아 국가들 정부가 아닌 미 의회 지도자들을
상대로 사과를 표명한 것은 사실 진정한 사과와는 거리가 멀다. 이는 본질적으로
강대국을 설득하면 여타 약소국의 입장은 충분히 무시할 수 있다는 생각에 기인
한다.

　　위안부 문제와 관련 없는 부시 미 대통령이 아베 일본 총리의 발언을 사과로 받
아들인 것 역시 같은 맥락에서 이해될 수 있다. 다시 말해, 미일 양국이 힘을 합
치면 어떠한 국제 문제도 덮어버릴 수 있다는 식의 힘의 논리가 전제되어 있다.

① 국제 관계에 내재된 힘의 논리

　취임 후 처음으로 미국을 방문 중인 아베 신조 일본 총리가 4월 27일 미 의회 지도자들과 만난 자리에서 "위안부들에게 미안한 느낌"을 갖고 있다고 언급했다고 발언했다. (중략) 이날 아베의 위안부 관련 발언은 의회의 정면 공격을 피하기 위한 '꼼수'로 해석된다.

－〈매일경제신문〉

　국제 사회는 각각 독립적인 주권을 가진 국가들로 이루어져 있기 때문에 국가 간에 갈등이 생기면 이를 조정할 중앙 정부가 없다. 또한 문제를 해결하기 위한 구속력 있는 법도 없으며 그 법을 집행할 제도적 장치도 미흡하다. 따라서 각 국가들은 오로지 자국의 힘으로 문제를 해결하게 된다. 국제 연합 안전 보장 이사회에서 상임 이사국들이 거부권을 행사할 수 있도록 규정해 놓은 것에서 알 수 있듯이 국제 관계는 강대국이 더 많은 영향력을 행사하고 약소국은 어쩔 수 없이 이에 따르는 힘의 논리를 기반으로 하고 있다.

－ 고등학교 〈정치〉, 천재교육

② 부시 미 대통령의 만용

　부시 미 대통령이 아베 총리의 발언을 사과로 받아들인 본질적인 이유는 앞으로 무한한 발전 가능성을 지닌 동아시아 지역에서의 중국의 힘을 견제하려는 데에서 찾을 수 있다. 즉, 역사적으로 치명적인 약점을 지닌 일본의 도덕성을 부각시키면서 국제 사회에서의 일본의 역할을 강화하려는 의도가 숨어 있는 것이다. 아울러 위안부 문제의 피해 당사자이자 미국의 강한 우방인 우리나라를 위로하려는 의도도 엿보인다.

　그러나 위안부 문제처럼 매우 심각한 인권 유린 사안에 대한 심판은 국제연합 등과 같은 초국가적 행위체에서 하는 것이 더 적절하다. 그럼에도 불구하고 부시 미 대통령이 일본의 사과를 수용한 것은 미국 정부를 하나의 초국가적 행위체로 자리 매김하려는 의도로 이해할 수 있다.

생각을 키우자!

1. 바람직한 국제 관계 형성을 위해 올바른 역사 인식이 필요한 이유를 구체적인 예를 들어 설명해 보자.

2. 랑케(Leopold von Ranke), 콜링우드(Robin George Collingwood), 카(Edward Hallet Carr) 등의 학자들로 대표되는 다양한 사관들의 입장을 비교 분석해 보자.

(2) 개고기 식용을 둘러싼 문화를 이해하는 관점

2007년 7월 3일 개고기를 전문으로 판매하는 인터넷사이트 '보신닷컴'이 개점 하루 만에 폐쇄하는 해프닝이 있었다. 과연 '개'는 애완동물일까, 가축일까? 또한 문화라는 범주에서 고찰해 볼 때, 개고기 식용은 우리 고유의 식문화로 존중되어야 할까, 후진적 구습으로 철폐되어야 할까? 과연 야만과 문명이라는 구분은 가능한 것일까?

1) 동물 학대인가, 식문화일 뿐인가?

최근 개고기 판매와 관련한 동물보호단체 측의 질의에 대해 보건복지부는 농림부로, 농림부는 식품의약품안전청과 보건복지부로 그 소관을 서로 미루고 있다. 또한 정보통신윤리위원회는 불법 판매여부를 식약청이 결정해야 할 사안이라고 답변하기도 했다. 이처럼 '개고기 판매'가 법의 사각지대에 놓인 채 논란만 되풀이되고 있는 이유는 무엇일까?

① '개'는 애완동물이자 반려동물이다

개고기를 전문으로 판매하는 인터넷사이트 '보신닷컴'의 오픈 사실이 알려지자 성남시 홈페이지에는 '허가된 식품이 아닌 개고기를 인터넷에 쇼핑몰까지 만들어 파는 건 명백한 불법', '개는 옛날부터 인간이랑 친숙한 동물이니 먹어선 안 된다', '개고기 먹는 인간은 파렴치한' 등 이 사이트를 폐쇄 조치하라는 동물 애호가들의 글이 이어졌다. 결국 '보신닷컴'은 개점 하루 만에 문을 닫았다.

– 〈매일경제신문〉

② 다른 동물과 마찬가지로 식재료가 될 수 있다

허준의 《동의보감》에도 기록되어 있듯이, 개고기 식용은 산간 지형이 많은 토양에서 농경문화를 일궈 온 우리 민족이 더운 여름철 보양을 위해 선택한 고유의 전통 문화다. 게다가 개고기 식용 문화는 비단 우리뿐 아니라, 고대 중국은 물론 지중해 연안의 유럽, 멕시코 등지에서도 널리 발견된다.

또한 다른 동물들에 비해 유독 개만을 '애완동물'로 분류하는 기준도 불분명하다. 고대 이집트나 인도 등지에서는 기린, 치타, 하이에나까지도 애완동물로 키웠다. 그리고 오늘날에 이르러서는 각종 조류는 물론 뱀이나 도마뱀, 쥐, 전갈, 거미 등까지도 애완동물로 키워지고 있다.

한편, 개에 비해서 '가축'으로 분류되는 돼지, 소, 말, 양 등 동물들 역시 개와 별반 다르지 않은 수준의 지능과 감정은 물론 생명 유지에의 본능을 가지고 있다. 도살될 때 느끼는 고통도 마찬가지다. "돼지, 소, 닭은 먹어도 되는데 개만 안 되는 이유가 있나", "동식물 모두 생명체니 먹지 말고 굶어죽어라" 등의 목소리에도 일견 타당성이 있는 것이다.

2) 야만과 문명을 구분할 수 있는가?

우리는 흔히 '문화인', '문화공간' 등의 표현을 통해 '문화'라는 말이 '고급스러운 것' 또는 '수준이 높은 것' 등을 의미하는 것처럼 연상하곤 한다. 이러한 관점에서는 문화 간에 수준이 높고 낮은 우열이 존재한다는 귀결이 가능할 것이다.

반면 문화를 '한 사회 구성원들이 후천적인 학습을 통해서 공유하고 있는 행동양식과 사고방식 등 인간의 모든 생활양식을 의미하는 것' 정도의 광의로 해석한다면, 고유한 개별 문화마다의 우열을 논한다는 것은 부당하다고 볼 수 있다.

---

① 문화 보편주의

▶ 서로 다른 환경 하에서 형성되는 개별 문화들의 특수성을 인정한다고 해도, 인간이라면 공통적으로 가지는 보편적 성향 및 지켜야 할 최소한의 도덕률 등을 고려할 때 보편적 기준까지 부정할 수는 없다고 보는 입장이 있다(문화 보편주의). 이러한 관점은 자연 상태에서 문명으로, 낮은 단계로부터 높은 단계로 문화가 진전되는 것으로 보는 문화 진화론을 파생한다. 또한 이는 다시 어떠한 두 문화 간에 교류가 이루어지다 보면 선진적인 사회의 문화가 후진적인 사회로 전파되는 것이 당연하다고 보는 문화 전파론 등과도 연결된다.

▶ 문화 진화론은 서양의 문화가 고립된 부족의 문화에 비하여 질적으로 높은 상태라는 가정이 전제되어 있다. 또한 고립된 부족이나 서양 이외의 삶은 불편하고 비합리적이라는 서구 우월주의가 자리 잡고 있다. 이와 같이 문화는 질적인 평가가 가능하다고 믿고 자기의 문화를 평가의 기준으로 삼는 태도를 자문화 중심주의라고 한다. 이에 빠지면 다른 문화는 문제가 있고 이상하다는 편견을 가지기 쉽다.

– 고등학교 《사회문화》, 중앙교육진흥연구소

② 문화 상대주의

▶ 상대론적 관점은 어떤 사회의 문화를 그 사회의 독특한 환경과 상황 및 역사적 맥락에서 이해하고 해석하는 것을 의미한다. 문화는 다른 사회의 절대적 판단 기준을 가지고 평가되어서는 안 되고, 그 문화를 향유하고 있는 사람들의 관점을 통해서 이해되어야 할 것이다. 예를 들어, 기독교 문화는 유교나 이슬람 문화의 잣대만을 가지고 판단되어서는 안 되고, 기독교 문화가 영위되고 있는 사회의 역사적 배경과 환경 및 상황에서 탐구되어야 한다는 것이다. 문화를 이해함에 있어서 무엇보다 주의해야 할 것은 문화에 대한 판단의 기준이 서로 다를 수 있다는 점이다.

– 고등학교 《사회 · 문화》, 천재교육

▶ 이탈리아의 세계적인 석학 움베르토 에코는 한국의 개고기 문화를 노골적으로 비난해 온 프랑스 여배우 브리지트 바르도에 대해 "한마디로 어리석기 짝이 없는 우둔함의 극치"라고 공박한 바

있다. 그는 "어떤 동물을 잡아먹느냐의 문제는 문화인류학적인 문제, 넓게는 문화 간 번역의 문제"라면서 "설사 다른 문명권에서 개고기를 먹는 사실에 혐오감을 느낀다고 해도, '관용 정신(tolerance)'을 가져야 한다"라고 말했다.

③ 레비스트로스의 구조주의 문화인류학

'구조주의'란 어떤 문제 요소를 개별적으로 인식하지 않고 그것과 관련되는 다른 요소들 및 전체와의 구조적 관계를 분석함으로써 총체적으로 파악하고자 하는 사유 방식을 말한다.

프랑스의 문화인류학자 레비스트로스(Claude Levi-Strauss)는 현상을 이해하는 근본적이면서도 보편적인 과정으로서 표층·심층의 이항대립적인 구분을 통하여 표층 구조로부터 개별적 특성을 제거함으로써 심층 구조로 환원시키는 방식을 취한다. 여기서 표층 구조는 현상적이고 경험적인 '임의성' 영역에, 심층 구조는 그 근간이 되는 모든 문화의 공통된 '질서' 영역에 해당된다.

가령, '근친 간 혼인 금지'의 풍습(표층 구조)은 결혼에 의한 집단 간의 규칙적인 여자 교환을 통해 집단 간의 자연·문화적 수준 차이에서부터 발생하는 대립관계를 해결하고, 호혜성을 구현한다는 보편적 질서(심층 구조)에서 비롯된다고 파악하는 것이다.

한편, 레비스트로스는 브라질 체류기 《슬픈 열대》에서 문명과 미개의 이분법은 서구인의 욕망이 '발명한' 상상의 이론이라고 말하고 있다. 또한 《야생의 사고》에서는 서구 사회에서 볼 수 있는 과학적 사고와 미개 사회에서 우세한 주술적, 신화적 사고 사이에 커다란 간격은 없으며, 오히려 미개 사회의 야생의 사고를 더욱 인간의 본래적이고 보편적인 사고 형태에 가까운 것으로 간주했다.

가령, 그의 구조주의 인류학은 모든 문화마다 사물을 범주화시키는 방법과 관심의 영역에서 서로 다를 뿐 심층 구조로 환원해 보면 결국 문화 간의 우열이나 보편문명은 있을 수 없다는 입장(문화상대주의)을 중심으로 하면서도, '보편적 가치는 있다(심층 구조)', '문명보다 자연친화적 삶이 더 보편적 가치다' 등의 이중적 사변들이 층위를 달리하며 어우러져 있는 복합적 인식의 틀인 것이다.

1. 스위스 언어학자 소쉬르(Ferdinand de Saussure)가 확립한 '기표(Signifiant)'와 '기의(signifiee)', '통시적'과 '공시적' 그리고 '랑그(langue)', '빠롤(parole)' 등의 관계에 대해서 학습해 보자.

2. 친구들과 '보편문명론과 세계화'라는 주제로 간단한 토론을 진행해 보자.

(3) 스크린쿼터제 축소와 한국 영화계의 위기

영화배우 전도연이 영화 〈밀양〉으로 제60회 칸국제영화제에서 여우주연상을 수상하는 영예를 안았다. 이번 쾌거는 우리가 인종과 국경을 초월하는 문화적 세계화 시대를 살고 있음을 실감케 한다.

반면 한국영화는 2006년 개봉된 108편 중 10% 정도만이 수익을 냈고, 같은 해 수출량도 전년에 비해 68% 감소한 것으로 나타났다. 이러한 한국영화의 위기는 2006년 7월 이후 스크린쿼터가 축소된 데에서도 원인을 찾아볼 수 있을 것이다.

그렇다면 세계화 시대에 스크린쿼터제는 정당한 것일까? 또한 한국 영화, 더 나아가 한국 문화의 진정한 발전 방향은 무엇일까?

1) 스크린쿼터제는 축소 · 폐지되어야 한다

① 자유 경쟁을 통한 문화 상품의 경쟁력 강화

1990년대 후반 〈쉬리〉의 성공 이후 한국 영화는 〈괴물〉, 〈왕의 남자〉, 〈태극기 휘날리며〉, 〈실미도〉 등의 작품이 1,000만 관객을 동원하며 '전성시대'를 구가해 왔다. 그런데 최근에 들어 한국 영화는 헐리우드 대작에 주도권을 내주고 미미한 점유율에 머물고 있다. 한국 영화는 왜 이렇게 관객들에게 외면당하고 있을까? 근본적인 문제는 '재미있으면서 찡한 감동'을 주지 못하기 때문이다. 소위 대박을 터트리는 영화는 작품성과 대중성을 철저히 지니고 있어 흥행에서도 작품에서도 성공한다. 꼭 제작비와 판매망 때문만은 아니다.

— 〈매일경제신문〉

② 보호 장벽은 경쟁력을 도태시킨다

영화의 흥행 여부는 좀처럼 예상하기 어려운 것으로, 배급사, 극장주와 소비자 간 정보의 비대칭성을 야기해 시장에 상당한 불확실성을 초래한다. '게임 이론'을 바탕으로 분석한다면, 스크린쿼터제가 유지될 경우, 현실에 안주하여 경쟁력에서 뒤떨어지는 상품(작품성과 흥행력이 떨어지는 영화)을 만들어 낼 가능성이 높다.

③ '보호'보다 '진흥' 정책으로

한국 영화 1,000만 관객 시대에 접어들면서 스크린쿼터라는 보호 장치 없이도 발전 가능한 자생력을 갖추게 되었다. 이에 따라 '보호정책'에서 '진흥정책'으로 전환해야 할 필요가 있다. 국제 통상 문제를 야기할 가능성이 있는 스크린쿼터제보다 영화 발전 보조금, 인력 양성 지원, 세제 혜택 등이 영화계 현실에 더 부합한다.

2) 스크린쿼터제는 유지 · 강화되어야 한다

① 스크린쿼터는 최소한의 독점방지정책이다

허리우드 영화의 독점 방지를 위해 가이드 라인(Guide-Line)을 세우는 것이 필요하다. 외국 영화에 의한 국내 영화 시장의 독점이 초래되고, 국내 영화의 제작업은 황폐해진 상태에서 외국 영화의 수입 업과 이를 상영하는 소비 시장만 과도하게 비대해질 우려가 있다는 판단 하에서, 이를 방지하고 균형 있는 영화 산업의 발전을 이루기 위하여 국산 영화 의무 상영 제도를 둔 것이다.

② 한국 영화 산업의 효과적인 보호 수단이다

1993년부터 스크린쿼터 감시단이 전국 155개 개봉관을 대상으로 스크린쿼터 준수 여부를 직접 확인하기 시작한 이후부터 실질적인 제도 정착이 이뤄진 것이, 1990년대 들어서 나타난 '한국 영화의 르네상스'의 배경 중 하나다. 그리고 이후에 출현한 멀티플렉스 극장 등 배급망의 비약적 증가와 결합되면서 한국 영화의 제작 여건이 개선된 것이다. 스크린쿼터 축소 이후 2007년 한국 영화 점유율이 급감하고 있다는 사실도 주목해야 한다.

3) 자문화 보호 vs 문화적 세계화

① 개별 문화의 고유성 및 문화적 다양성의 가치

문화 상품의 특수성 : 문화적인 색채가 뚜렷할수록 국제적으로 상품의 가치가 높다. 우리의 문화를 바탕으로 만들어진 상품은 세계 여러 나라 사람들로부터 커다란 호응을 이끌어 낼 수 있다. 가령, 김치의 세계적 열풍이 그러하고, 동남아시아와 타이완을 휩쓸고 있는 한국 드라마와 영화의 붐이 그러하다.

— 고등학교 《사회 · 문화》, 교학사

문화다양성협약(Protection of the Diversity of Cultural Contents) : 정식 명칭은 '문화콘텐츠와 예술적 표현의 다양성 보호를 위한 협약'이다. 세계 각국의 문화적 다양성을 인정하는 국제협약으로, 각 당사국들의 문화 표현이 위협받거나 취약한 상황에 있을 경우에 자국 영토 안에서 문화적 표현의 다양성 보호와 증진을 목표로 규정을 만들거나 재정을 지원하는 방안을 채택할 수 있도록 규정하고 있다.

② 지구촌 시대의 문화적 세계화

역사, 언어, 민족 등 단일 문화를 가져 온 우리 민족은 다른 문화에 대한 배타성이 강한 면이 있다. 이는 외국인 노동자 등 국내 외국인에 대한 태도를 비롯하여 집단 따돌림, 지역주의, 연고주의 등으로 극단화되기도 한다. 이러한 문화적 배타성은 과거 민족 정체성을 기초로 한 국가 공동체에서는 문제가 없었지만, 문화 다원주의를 원칙으로 하는 세계화 시대에는 적절하지 못한 자세다.

– 고등학교 《시민 윤리》, 교육인적자원부

③ 우리가 나아갈 방향은 앞서 언급한 바와 같이, 고유문화의 개별성 및 문화적 다양성도 지구촌 시대의 개방적 시민윤리도 모두 간과될 수 없는 주요한 가치다. 결국 우리는 다양한 이해관계와 가치가 공존하고 있는 상황에서 공동의 번영을 꾀할 수 있는 묘안을 찾아야 한다. 이제 우리 고유의 역사적 전통과 민족성에 대한 성찰에서부터 전 인류의 공존과 번영에 기여하는 개방적 윤리에 대한 고민까지 보다 적극적으로 진행해 나가야 할 때다.

생각을 키우자!

1. 우리나라 고유의 문화적 전통과 민족성은 무엇일지 토론해 보자.

2. '세계화는 곧 미국화'라는 비판의 의미는 무엇일지 토론해 보자.

3. 최근 들어 주춤하고 있는 '한류' 열풍의 원인을 진단해 보고, 이를 계속 이어가기 위한 방안에는 어떠한 것이 있을지 논의해 보자.

(4) 탈레반 인질사건을 보는 시각

최근 아프가니스탄에서 이슬람 무장 세력 탈레반에게 납치, 살해된 우리 국민들의 소식에 전 세계가 경악을 금치 못하고 있다. 우리와 서방 세계의 국가들은 무고한 시민을 납치, 살해한 탈레반의 행위를 어떠한 명분으로도 정당화될 수 없는 폭력으로 간주하고 있다. 반면, 탈레반은 자신들의 행위를 국가와 민족 및 이슬람교를 위한 거룩한 행위로 여기고 있다. 이러한 시각의 차이를 통해 과연 올바른 행위는 무엇인지를 되묻게 한다.

1) 문화의 상대성과 윤리의 보편성

테러(terror)는 '어떤 정치적 목적을 달성하기 위하여 직접적인 공포 수단을 이용하는 것'으로 규정된다. 그런데 모든 테러는 관점에 따라 무자비한 폭력으로도 또 애국적인 행위로도 이해된다.

일반적으로 대립하는 두 입장 A와 B 모두를 정당하다고 보는 것이 상대주의다. 그리고 테러는 각 문화의 서로 다른 가치관에 따라 달리 이해될 수 있으므로 일차적으로 문화 상대주의적 관점을 토대로 논의되어야 한다.

---

① 문화 상대주의

오늘날 우리가 경험하고 있는 세계화 현상으로 인하여 세계적인 규모에서 보편적이고 공통적인 문화 요소가 점점 더 많아지고 있지만, 다른 한편에서는 여전히 서로 다른 문화적 요소가 공존하고 있다. 그런데 다양한 문화 사이에서 어느 것이 더 좋고 옳은 것이며, 어떤 것이 더 나쁘고 잘못된 것이라는 평가를 단정적으로 내릴 수는 없다. 각 사회의 문화 사이에 존재하는 차이는 상대적인 것으로 이해해야 한다.

한 사회의 문화는 그 사회 구성원들에게는 가치가 있지만, 다른 형식의 문화를 가진 사람들에게는 기이한 것으로 보일 수도 있다. 따라서 '세계 문화'라는 관점에서 문화의 다양성을 인정한다면 각 민족 문화의 상대성 역시 인정해야 할 것이다.

– 고등학교 《시민 윤리》, 교육인적자원부

② 올바른 행위의 조건

특정한 목적을 실현하기 위한 수단으로서 테러가 폭력으로도 또는 애국적인 행위로도 간주될 수 있다는 점은 행위의 도덕성이 그 목적에 의해 결정된다는 사실을 함축한다. 이는 거짓말에 대해 단순히 남을 속이기 위한 것이었는지 아니면 누군가를 도와주기 위한 것이었는지에 따라 달리 판단한다는 사실에서도 확인할 수 있다.

그러나 만일 목적만이 행위를 판단하는 기준이 된다면, 사실상 도덕적이지 않은 행위는 없게 된다. 며칠을 굶주린 가족을 위해 도둑질을 했다고 하더라도 그 도둑질이 비판의 대상이 된다는 사실은 이를 분명히 보여 준다. 따라서 도덕적인 행위는 도덕적인 목적과 그에 걸맞은 올바른 수단에서 기인해야 한다.

③ 소크라테스가 망명을 거절한 이유

도덕적인 행위를 올바른 목적 및 수단과 연관 지어야 한다는 생각은 플라톤의 철학에서도 확인할 수 있다. 플라톤의 대화편 《크리톤》에서는 다음날 독배를 마시게 될 소크라테스가 친구 크리톤의 망명 제안을 거절한 이유에 대해 논의하고 있다. 당시 소크라테스가 망명을 거부한 이유 중 지금의 논의와 관련 있는 것은 소크라테스 자신이 소피스트들과는 달리 진리를 탐구했기 때문에, 진리에 걸맞은 최선의 방법이 아닌 차선책을 택할 수는 없다는 것이다.

이는 항상 참인 진리를 탐구하는 사람은 항상 옳은 방법을 택해야 한다는 것으로, 올바른 목적은 올바른 수단을 통해 실현되어야 한다는 생각을 의미한다고 할 수 있다. 그리고 이러한 플라톤의 철학은 무릇 윤리란 각 사회의 개별성과 함께 인류 전체의 보편성을 지녀야 한다는 점을 함축한다.

2) 탈레반의 테러와 독립 운동가들의 무력 항쟁의 차이

이슬람의 영광을 실현하고자 한다는 탈레반의 테러 행위는 일견 일제 강점기에 독립을 위해 무장 투쟁을 한 우리 애국지사들의 행위와 많이 닮아 있다. 그렇다면 우리 애국지사들의 행위도 하나의 테러로 간주되어야 할까? 그렇다면 이슬람 테러리스트들과 애국지사의 행위 간에는 어떠한 차이가 있는 것일까?

① 애국지사들의 독립 운동

1919년 11월에 김원봉, 윤세주 등은 만주 길림성에서 의열단을 조직하였다. 의열단은 일제 요인의 사살 및 식민 지배 기구의 파괴 활동을 통하여 동포들의 애국심을 환기하고, 민중 봉기를 유발하여 일제를 타도하고자 하였다. 비밀 결사인 의열단은 엄격한 규율과 행동 방침에 따라 움직였으며, 창단 직후부터 대대적인 일제 요인 사살과 파괴 활동에 들어갔다. (중략) 1932년 1월 일본에 잠입한 이봉창은 일왕의 행차에 폭탄을 던졌으나 일본 국왕과의 거리가 멀어 의거는 실패하였다. 그러나 이 사건을 계기로 만주 사변으로 일제와 적대 관계에 있던 중국은 일본과 싸우는 한국인에 대하여 호의적인 태도를 보이기 시작하였다. 중국의 언론은 이봉창의 국왕 사살 미수 사건을 애석하게 여기는 기사를 싣기도 하였다.

— 고등학교 《한국 근·현대사》, 중앙교육진흥연구소

② 정의로운 전쟁의 조건

전통적으로 정의로운 전쟁 이론에서는 두 가지 기본적인 논의가 있어 왔는데, 그 하나는 정의로운 명분에 대한 해명이며, 다른 하나는 정의로운 수단에 대한 설명이다. 정의로운 명분은 일반적으로 실질적인 공격이 있어야 하고, 협상을 비롯한 비전투적 시정 정책이 불가능하거나 지나치게 많은 비용이 들며, 전투적 시정 정책이 효과적이거나 비용상 부담이 없는 경우를 의미한다. 여기에서 말하는 실질적인 공격은 사람들의 기본권을 침해하는 유형의 공격을 의미한다.

결국 구체적으로 물리적인 폭력을 당하고 협상보다는 전투 등의 물리적 폭력이 더 효과적이라고 판단될 경우에 한해서 그 전쟁의 명분이 정의롭다고 하는 것이다. 정의로운 수단은 무고한 시민들의 상해를 목적으로 삼거나 수단으로서 직접 의도되지 않아야 하고, 공격이 초래할 해악이 특정한 방어 목적을 달성할 때 초래되는 것보다 적어야 한다.

— 황경식, 《전쟁과 평화, 그리고 정의》

③ 탈레반과 애국 순열의 차이

정의로운 전쟁론에 의거해 볼 때 우리의 애국지사들과 탈레반은 명분과 수단 모두에서 차이를 보인다.

첫째, 우리의 애국지사들은 실제로 일제의 침략을 경험했을 뿐만 아니라 협상 자체가 불가능했기 때문에 무력적인 대응을 할 수밖에 없었다. 그러나 탈레반은 우리에게 실질적인 공격을 당하지 않았을 뿐만 아니라, 최근의 언론 보도에서도 잘 알 수 있는 것처럼 적극적으로 협상에 임하고 있지도 않다. 따라서 이들의 행위는 도덕적인 명분이 결여됐다고 할 수 있다.

둘째, 우리의 애국지사들은 오직 일본 관료 및 군 시설과 친일 세력을 공격했을 뿐 일본 시민들을 공격의 대상으로 삼지 않았다. 반면에, 탈레반은 아무런 피해도 주지 않은 우리 국민을 납치·살해했다는 점에서 분명한 차이를 보인다. 특히 탈레반의 공격은 어떠한 방어의 성격도 띠지 않기 때문에 비도덕적인 수단으로 자신들의 목적을 달성하려 한다는 점에서 분명한 비판의 대상이 될 수 있다.

이처럼 탈레반의 테러와 우리 애국지사들의 독립 운동 사이에는 분명한 차이가 있기 때문에 탈레반의 무력 행위는 비판하되, 애국지사의 행위는 도덕적으로 숭고한 것이라고 평가할 수 있다. 그리고 이는 행위의 도덕성은 상대론적 관점과 보편적 관점 모두에서 판단되어야 하는 것임을 잘 보여 준다.

생각을 키우자!

1. 소크라테스가 망명 제안을 거부하고 독배를 마신 이유를 올바른 행위와 연관 지어 설명해 보자.

2. 탈레반의 테러 행위와 일제 시대의 독립 운동가들의 행위를 비교·평가해 보자.

(5) 명품 공화국의 이면

2007년 6월 1일 개장한 국내 최초의 명품 브랜드 아웃렛, '신세계 첼시 여주 프리미엄 아웃렛 매장'에는 당일에만 5만여 명의 인파가 몰려 북새통을 이뤘다. 특히 페라가모, 구찌 등 유명 브랜드 매장 앞에는 미처 들어가지 못한 고객들이 하루 종일 줄을 지어 차례를 기다렸다.

외국 언론에서는 우리나라의 명품이라면 사족을 못 쓰는 현상을 가리켜 '대한

민국은 명품 공화국'이라고 비꼬기까지 하고 있는 형편이다. 그렇다면 이처럼 현대인들이 명품에 열광하는 이유는 무엇일까? 또한 진정 바람직한 소비 행태는 무엇일까?

1) 자본주의 사회에서의 소비

현대 사회에서는 상품 자체가 어떠한 기능을 하는가보다도 오히려 화려한 디자인이나 광고 등에 의해 소비자들의 소비 욕구를 얼마나 자극하는가에 따라 그 가치가 좌우되는 기형적 풍토가 지배적이다.

그러면 현대 사회에서 우리들의 소비 욕구가 왜곡되는 배경은 무엇일까? 또한 자본주의 사회를 살아가는 현대인들에게 소비 행위는 과연 어떠한 의미를 가지고 있는 것일까?

① 소비의 사회, 취향과 정체성 확립

프랑스의 석학 장 보들리야르는 현대 사회를 소비 사회로 규정하고, 소비 사회에서 상품은 이미지와 기호에 의해 가치가 결정된다고 주장했다. 즉, 현대인들은 상품과 함께 그 상품이 지닌 이미지까지 소비한다고 본 것이다. 그는 《소비의 사회》에서 상품의 논리는 인간의 개인적 욕망까지도 지배하고 있으며, 개인의 자아와 정체성은 더 이상 개인의 내부에 내재하고 있는 안정적인 본질이 아니라 소비에 의해 평가되고 변화되고 있다고 분석하였다.

그들에게는 어떤 제품이 좋은 제품인가라는 점보다는 어떤 상표를 소비하고 있는가가 더 중요하기 때문에 값비싼 유명 상표를 붙인 고급 물건이 잘 팔린다는 것이다.

또한 피에르 부르디외에 따르면, '아비투스(취향)'는 가정환경과 같은 개인의 성장 배경에서 길러진 것이지만, 자신의 취향을 '타고난 성향'으로 인식하고 다른 사람의 취향을 백안시(白眼視)함으로써 계층을 구분하는 강력한 심리적 기제로 작용한다고 한다. 즉, 인간들은 소비를 통해 자신이 속한 집단의 정체성을 표현하는 동시에 다른 집단과의 차별성을 나타낸다는 것이다. 이처럼 현대 사회에서의 소비는 더 이상 기본적 생존 조건의 충족을 위한 방안이 아니라, 이를 넘어서 인간 자아의 정체성 및 집단의 정체성을 확보하는 수단처럼 여겨지고 있다.

② 베블렌 효과(Veblen effect)

사치스러운 소비의 역사는 19세기 미국에서 절정을 이루었다. 자유분방한 개인주의적 문화 속에 황금의 시대가 도래했고, 그 호경기를 즐겼던 소비의 유희는 아직도 악명이 높다. 100달러(현 시가로 5,000달러)짜리 현찰로 말아서 만든 담배를 피웠으며, 멀쩡한 이를 뚫어 다이아몬드를 박아넣거나, 강아지에게도 1만 달러짜리 목걸이를 걸어 주는 일도 서슴지 않았다.

당대의 사치스런 소비의 극치를 목격했던 경제학자 베블렌(T. Veblen)은 이런 현상을 '과시적 소비'라고 하였다. 필요에 의해서 소비하는 것이 아니라, 부를 자랑하고 남에게 과시하기 위해 그런 행동을 보인다는 것이다. 이것은 상품의 가격이 올라가면 수요량이 떨어지는 수요의 법칙에 중요한 예외가 되는 셈이다.

정도의 차이는 있어도 과시적 소비의 전형은 우리 사회에도 많다. 오히려 체면을 중시하는 문화 때문에 과시적 소비가 서구보다도 더 보편화된 일면도 없지 않다.

- 고등학교 《경제》, 천재교육

③ 한국에서는 비싸야 잘 팔린다?

수입차업체들이 차 가격을 내리지 않는 이유 중 하나는 '가격이 비쌀수록 잘 팔린다'는 고가 마케팅을 활용하기 때문이라는 분석이 나오고 있다. 업계 관계자는 "럭셔리 브랜드는 고객의 가격 민감도가 떨어져 가격을 낮출 필요성이 작을 것"이라며 "일부 수입차업체들이 고가 수입차에 풀 옵션을 적용해 한국 소비자의 명품 구매 심리를 교묘하게 자극해 폭리를 취하고 있다"고 지적했다.

- 〈매일경제신문〉

2) 소비의 영향력 및 바람직한 소비문화

혹자는 내가 벌어 내가 쓰는데 어떻게 쓰든 무엇이 문제인가 하는 의문을 제기하기도 한다. 그렇다면 자본주의 사회에 있어서 개인의 소비는 무제한의 자유를 보장받아야 할까? 그렇지 않다. 경제 활동은 다른 사람들과의 관계 속에서 이루어지기 때문이다.

가령, 어떤 사람이 벌어들인 소득은 수없이 많은 사람들과의 관계 속에서 알게 모르게 그들의 도움을 받아서 얻어진 것이다. 또한 한 개인의 소비 효과는 개인 자신에게만 국한되는 것이 아니라 직접적으로 타인에게 이로운, 또는 해로운 영향을 미칠 수도 있다.

① 소비의 외부 경제, 불경제

▶ 소비의 외부 경제 - 자신의 소비가 다른 사람에게 대가 없이 혜택을 주는 경우(사례 : 자신의 집 정원에 골목길까지 비춰주는 외등을 켜 놓아 밤늦게 다니는 사람들에게 편의를 제공하는 것 등)

▶ 소비의 외부 불경제 - 자신의 소비가 다른 사람에게 일방적으로 피해를 주는 경우(사례 : 금연 구역에서 흡연을 함으로써 다른 사람의 건강에 나쁜 영향을 주는 행위 등)

- 고등학교 《경제》, 교학사

② 소비의 폐해

　최근 우리 사회에서 그릇된 소비 행위는 이웃과 사회에 대한 책임을 망각한 비도덕적이고 몰지각한 행위라고 보는 시각에 무게감이 더해지는 이유는 무엇일까? 한 개인의 무분별한 소비는 다른 사람들에게 위화감이나 모방 심리 등을 야기할 수 있다. 또한 과소비 풍조가 사회에 만연하게 되면 신용불량자가 양산되는 등 국가 경제의 근간 자체가 위협을 받을 수도 있다. 가령, 우리나라는 1인당 카드 보유 세계 2위, 건당 평균 결제액 세계 1위의 신용카드 대국인 동시에, 400만 명의 신용불량자 보유국이라는 대목은 간과할 문제가 아니다.

③ 바람직한 소비 윤리는?

　결국 자기 재산을 자신이 소비하는 데에도 근원적으로는 일정 부분 사회적 책임과 윤리적 의무가 필요하다는 귀결이 가능할 것이다. 따라서 각 개인들은 그들의 소비 행위가 각 가계는 물론 나아가 사회와 국가에 영향을 미친다는 점을 선명히 인식하고, 건전한 소비 윤리를 견지해 나가야 한다.

· 바람직한 소비 윤리

　첫째, 마약이나 성 매매 등과 같이 불법적인 소비는 금지된다. 둘째, 과소비와 호화 사치 등과 같이 타인에게 위화감, 모방 심리, 황금 만능주의적 사고 등을 야기하거나, 국가 경제에 악영향을 미칠 수 있는 소비 행위를 자제한다. 셋째, 환경 문제에 대한 책임감을 가지고 소비 행위에 임한다. 넷째, 충동 소비를 자제하고 계획적 소비 자세를 가진다.

– 고등학교 〈시민 윤리〉, 교육인적자원부

생각을 키우자!

1. 경제 행위로서 소비 행위가 가지는 본연의 의미를 경제 교과서에서 찾아보자.

2. 자본주의 사회에서 소비가 지니는 문화적 함의는 무엇일지 정리해 보자.

3. 우리나라가 '명품 공화국'이라는 비판을 받게 된 배경을 다각도로 검토해 보자.

(6) 복제품 범람 시대의 저작권 보호와 대중문화

'나이키'나 '아디다스' 등 유명 브랜드를 차용한 '나이스', '아디도스' 등의 변형품에서부터 아예 '프라다', '까르띠에', '구찌' 등 명품 브랜드로 위장한 정교한 복제품에 이르기까지……. 이러한 모방·복제품의 범람은 오랫동안 현대 자본주의 경제의 특징인 양 만연되어 왔다. 게다가 근래 정보화 사회에서는 지식과 정보가 중요한 재산으로 떠오르면서, 지적 재산권을 침해한 복제품의 생산·유통이 더욱 문제가 되고 있다.

1) 배타적 소유권으로 보호돼야 한다

자유주의 시장경제의 사상적 기초를 마련한 로크는 공유물인 자연물에 인간이 노동을 투입함으로써 배타적 소유권을 가지게 된다고 보았다. 또한 근대 독일의 법학자 루돌프 폰 예링은 노동이 소유의 역사적 원천이자 윤리적 근거라고 규정하기도 했다. 이러한 관점에서는, 무형의 재화인 지적 재산 역시 제작자의 정신적 노동의 결과물임이 분명하므로 배타적 소유권으로 보호받아야 한다는 결론에 도달할 수 있을 것이다.

---

① 창작자의 권리와 창작 동기 보호

'카피라이트(copyright)'는 지적 재산권이라는 뜻이다. 카피라이트 제도 하에서는 저작자, 작곡자, 기타 창작자의 동의 없이는 창작물을 복제하거나 방송할 수 없게 된다. 이 제도는 창작자의 경제적 이득을 보장해 줌으로써 창조 의욕을 높이고, 그에 따라 생산되는 정보의 수준을 높이는 데 기여할 수 있다.

- 2008학년도 서울대 1차 예시 문제 [문항 1]의 제시문 중에서

② 감독과 법적 제재의 필요성

▶ '세계의 공장'인 중국에 한국 유명 제품을 모방하거나 복제한 중국산 제품이 범람하고 있다. 또 이들 제품이 제3국으로 수출되고 있어 피해가 확산되고 있다. 가령, 중국에서 LG제품의 상표와 디자인을 도용한 '짝퉁' 적발 건수는 2005년 5건에서 2006년 39건으로 급증하고 있다.

- 〈매일경제신문〉

▶ 산업자원부 무역 위원회는 유명 상표를 무단 도용한 '짝퉁' 제품 등 지적 재산권 침해 사례를 신고한 사람에게 과징금의 10%에 해당하는 포상금을 지급하기로 결정했다.

- 〈매일경제신문〉

---

2) 인류 전체의 자산으로 공유돼야 한다.

사실상 어떠한 지적 산물도 완전히 독창적일 수는 없다. 가령, 아인슈타인의 상대성 이론도 뉴턴 물리학에서 전제하고 있는 광속의 절대성과 갈릴레이의 상대성 원리가 없었다면 탄생하지 못했을 것이다. 이처럼 인류의 학문과 문화가 전승과 공유를 통해 끊임없이 변형됨으로써 개선·성장돼 왔다는 사실은 정보의 독점적 소유권을 부정하는 충분한 근거가 된다. '카피레프트'는 이러한 정보의 독점을 타파하고자 하는 대표적인 시도다.

① 정보 공유를 통한 질적 업그레이드, 인류 전체에 혜택을

'카피레프트(copyleft)'란 '카피라이트'와는 정반대의 개념으로서 저작물에 대한 권리를 모든 사람이 공유할 수 있도록 하자는 주장을 말한다. 1984년 미국 MIT 대학의 컴퓨터학자 리처드 스톨먼은 (중략) 인류의 지적 자산인 지식과 정보는 소수에게 독점되어서는 안 되며, 모두가 자유롭게 사용할 수 있어야 하기 때문에 저작권으로 설정된 정보의 독점을 거부하였다.

– 2008학년도 서울대 1차 예시 문제 [문항1]의 제시문 중에서

② MS 윈도우 vs 리눅스

현대인의 필수품이 된 컴퓨터. 하드웨어 및 소프트웨어 발전의 초창기인 1970년대까지만 해도 소프트웨어 개발자들은 자신이 개발한 소프트웨어의 소스를 공개해서 다른 사람이 아무런 제한 없이 사용·변형·배포할 수 있도록 하는 것이 보편적이었다.

그런데 1980년대에 들어서면서 마이크로소프트와 같은 대기업으로 소프트웨어 개발의 주도권이 넘어가면서 더 이상 소스가 공개되지 않자, 1984년 미국에서는 소프트웨어의 상업화에 반대하는 자유소프트웨어 운동이 일어났다. 이 운동은 유닉스를 기반으로 개발한 공개용 오퍼레이팅시스템 리눅스의 소스 공개 프로젝트로 이어지면서, MS윈도우의 독과점적 행태에 대항하여 전 세계로 확산돼 나가고 있다.

3) 복제 기술과 대중문화

최근 소프트웨어나 영화, 음원 등과 같은 무형의 자산이 무분별하게 불법적으로 복제·유통되고 있는 것은 문화가 황금알을 낳는 고부가가치 산업으로 부각된 데 기인한다. 그리고 문화 산업의 발전이야말로 문화의 향유층을 대중으로 확대시키는 핵심적인 계기가 되었음을 고려해 본다면, 복제 기술의 발전이 양날의 검과 같은 양면적 결과를 불러왔다는 점에 주목해야 한다.

① 복제 기술과 대중문화

대중문화를 탄생시킨 요인 중 하나가 바로 복제 기술이다. 즉, 복제 기술에 의한 대량 생산은 대중이 저렴한 가격으로 문화 상품을 즐길 수 있는 계기가 된 것이다. 그리고 이전에는 특정 계층만의 전유물이던 문화를 대중이 향유할 수 있게 함으로써 대중의 정체성을 확보하게 했다는 점에서 복제 기술은 사회적인 의의를 지닌다.

그러나 복제 기술은 필연적으로 획일화를 수반한다. 이 때문에 지역 및 시대에 따른 문화의 고유성을 상실케 함과 동시에 대중들의 취향을 표준화하는 문제점을 야기했다. 이로 말미암아 발터 벤야민은 예술 작품이 지니고 있는 유일무이한 숨결(Aura)이 결여된 대중문화를 무가치한 것으로 폄하했으며, 테오도르 아도르노는 표준화에 따른 대중의 주체성 상실을 우려했다.

② 나아갈 방향

앞서 언급한 바와 같이 복제 기술은 기존의 기득권 세력에 대항하는 하위 집단으로서의 대중의 정체성을 확보하는 데 절대적으로 기여했다. 또한 인류 공영이라는 평등주의에 기초한 '카피레프트' 운동에도 충분한 명분이 있다.

반면 타인의 지적 재산권을 완전히 부정한다면, 아무도 지적 산물을 계발하려 들지 않을 것이며, 이는 종국에 인류 전체의 지적 자산 발전을 저해하는 결과를 초래하게 될 것이다. 따라서 지적 재산의 부분적인 공유는 허용하되 상업적 악용을 금하고 저작권자의 창작 의욕과 동기를 보호해 줄 수 있는 별도의 보상 방안을 마련하는 등 보다 현실적이고 합리적인 대안이 하루 빨리 마련되어야 할 것이다.

생각을 키우자!

1. 카피라이트(copyright)와 카피레프트(copyleft)의 개념을 정리하고, 정보화 사회의 발전을 위해 더욱 필요한 것이 무엇인지에 대해 본인의 견해를 밝히시오.

2. 복제 기술의 문화적 함의를 밝히고, 대중문화의 바람직한 발전을 위한 구체적인 방안을 마련해 보자.

02 과학 영역의 핵심 주제(자연계)

각 대학의 모의논술고사와 수시 · 정시 구술시험에서 기출된 문제들을 분석해 보면, 고등학교 교과 과정 수준의 개념을 체계적으로 이해하고 있다면 충분히 풀 수 있는 문제들임을 알 수 있다. 하지만 그렇다고 해서 누구나 쉽게 답안을 작성할 수 있는 것은 아니다.

대부분의 문제가 교과서의 추상적인 개념을 구체적인 일상과 연결해 출제된다. 평소에 교과서의 개념과 자연현상을 연결지어 생각하는 훈련을 하지 않았다면 답안 작성이 그리 녹녹치만은 않을 것이다.

먼저 대학에서 출제했던 모의논술고사를 분석해 물리 과목에 대한 대비 방법을 보다 구체적으로 살펴보도록 하자.

1. 물리1 – 힘과 에너지

자연계 논술에서는 실생활에서 쉽게 경험할 수 있는 과학적 현상을 소재로 한 문제가 많이 출제되는데, 우리가 접할 수 있는 대표적인 물리적 개념이 힘과 운동이다. 실제로 대학들은 힘과 운동에 관련된 개념을 정확하게 이해하고 있는지를 묻는 문제들을 많이 출제하고 있다.

[제시문] 뉴턴은 순간 변화율의 개념을 이용하여 물체의 운동을 기술하였다. 그에 따르면 xy평면 위에서 움직이는 물체의 경우, t시간 에서의 위치를 $\vec{v}(t)=(x(t),\ y(t))$로 표시할 때, 순간 속도 $\vec{v}(t)=(v_x,\ v_y)$는 $\vec{v}(t)=\dfrac{d\vec{r}}{dt}\left(\dfrac{a_x}{dt},\ \dfrac{a_y}{dt}\right)$, 순간 가속도 $\vec{a}(t)=(a_x,\ a_y)$는 $\vec{a}(t)=\dfrac{d\vec{v}}{dt}=\left(\dfrac{av_x}{dt},\ \dfrac{av_y}{dt}\right)$ 로 주어진다.

[논제] 질량 0.2kg인 사과가 지면으로부터 높이 4m인 나무 가지에 매달려 있다. 뉴턴은 나무 밑에 앉아 있고, 갈릴레이는 3m/s2의 등가속도로 달리는 자동차를 타고 나무 밑을 통과한다. 이 순간 사과가 떨어진다고 할 때, 뉴턴과 갈릴레이의 입장에서 제시문을 이용하여 각각 사과의 운동을 기술하여라.

– 2008학년도 고려대 모의논술고사

이 문제는 물체의 운동, 관성계와 관성력을 정확히 이해하고 있는가를 묻고 있다. 그렇다면 자신이 관성력에 대해서 잘 설명할 수 있는지 스스로에게 물어보자. 보통 관성력이라고 하면 흔히 떠올리는 것이 버스의 예다.

하지만 비단 버스의 예 말고도 관성력의 정의와 발생 원인을 깊이 생각해 둘 필요가 있다. 관성력은 가속도 운동을 하는 좌표계에서 바라볼 때 생겨나는 가상적인 힘으로, 가속도 방향의 반대 방향으로 발생한다. 이를 이해해야 관성력을 관성계 내에서 $F=-ma$로 계산해 낼 수 있다. 연직 방향으로 등가속도 운동을 하는 엘리베이터 안에서 질량 m인 추의 무게를 측정하는 사례를 통해 관성력을 정확히 학습해 두도록 하자.

[논제 1] 미분법과 적분법이 평면 또는 공간에서 움직이는 물체의 운동에 대해 어떤 정보를 주는지 설명하시오.
[논제 2] 원 위에서 일정한 속력으로 움직이는 물체의 가속도 방향은 항상 원의 중심을 향한다. 그 이유를 설명하시오.

– 2008학년도 서울대 2차 예시문항

이 문제에는 수학의 미적분학이 가미되어 있지만, 기본적으로 물체의 운동을 속도, 가속도, 힘을 벡터라는 물리적인 개념으로 정확히 이해하고 활용할 수 있어야 답할 수 있다. 특히 원 운동의 경우 출제 가능성이 높으므로 구심 가속도, 구심력, 원심력 등의 개념에 대해서 잘 정리해 두자.

위에 제시된 문제는 운동량과 충격량의 관계에 대한 기본적인 지식이 있으면 풀 수 있는 간단한 것이다. 직접 한번 풀어보고 아래 설명과 비교해 보자.

> 달리던 자동차의 운동량의 변화가 바로 충격량이 된다. 이때 충격량은 물체에 작용한 힘과 그 힘이 작용한 시간의 곱으로 나타나므로 충격력은 힘이 작용하는 시간이 짧을수록 커진다. 따라서 충돌 시간이 적은 짚더미와의 충돌 시 충돌 시간이 더 길기 때문에 충격을 덜 받게 된다.

이 대답에 약간의 수식을 더 해 준다면 논술 답안을 보다 간결하고 명쾌하게 작성할 수 있다.

$F=ma=m\dfrac{\Delta v}{\Delta t}=\dfrac{mv-mv_0}{\Delta t}$ 이므로 $F\Delta t=mv=mv_0$ 이고, 위의 사례의 경우 충돌 후 멈췄을 때의 속도가 0이 되므로 $F=-\dfrac{mv}{\Delta t}$ 이 됨을 보여주면 되는 것이다.

2. 물리2 – 전자기학

앞서 논술과 구술 기출문제에서 다루어진 역학 관련 주제에 대해서 살펴보았다. 이번에는 역학 다음으로 비중 있게 출제되는 전자기학에 관해 알아보도록 하자.

전자기학은 눈에 보이지 않는 전자기에 의한 자연현상을 탐구하는 분야다. 그래서 다른 단원과는 달리 물리적 상황을 머릿속에 그려보기가 힘들다. 크게 전기장, 전기 회로, 자기장, 전자기 유도에 대해서 배우는데, 그중에서 눈에 보이는 것이라고는 전기 회로의 전선들이나 전자기 유도 장치 정도뿐이다.

하지만 전자기학은 그런 장치들을 다루는 것이 아니라 그 안에서 돌아다니는 전하들에 의한 현상을 다룬다. 전류의 흐름이나 자기장이 펼쳐진 모습이 눈앞에 바로 보이면 좀 더 쉽게 이해되겠지만, 그렇지 않기에 학생들이 어렵게 느끼는 것이다.

그렇다면 눈에 보이지 않는 현상은 어떻게 공부하는 게 좋을까?

정답은 수학적인 사고와 현상을 단순화한 모형에 있다. 전기장은 전기력선으로 자기장은 자기력선으로 표시하는 것은 모두 알고 있을 것이다. 복잡하게 얽힌 전선을 간단하게 전기회로도로 표현하는 것 역시 대부분 알 것이다.

논술 문제에서도 이런 모형이 사용되기 마련이다. 그래서 이런 모형들의 정의와 사용법을 잘 알아 놓으면 전자기학 문제를 푸는 데 큰 도움이 된다.

그럼 일단 전기회로도에 관한 간단한 문제를 하나 살펴보자.

오른쪽과 같이 1Ω, 1.5Ω, 2Ω인 저항 4개로 회로를 구성하였다. 스위치를 열고 5V의 전지를 연결했을 때, 전류계에서 측정되는 전류의 세기는 얼마인가?

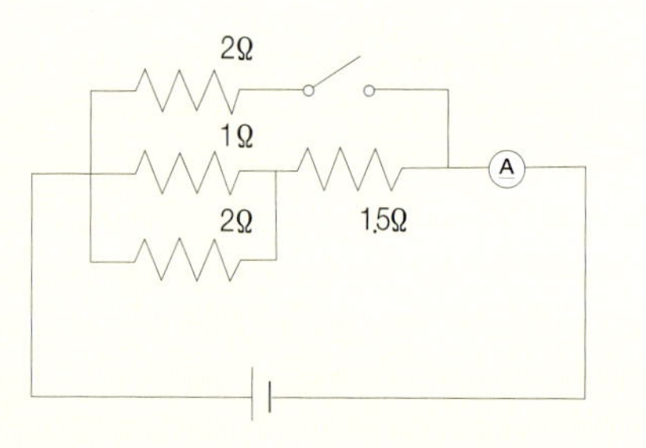

위의 문제에서처럼 스위치를 열어둔 상태라면 스위치가 있는 쪽의 전선에는 전류가 흐르지 않기 때문에 그 전선은 생각할 필요가 없다. 그래서 우리가 쉽게 이해할 수 있는 전기회로의 모습으로 고쳐서 그릴 수 있다.

위와 같은 회로의 경우, 저항의 직렬연
결과 병렬연결의 성질을 이용해서 쉽게
전체 저항을 구할 수 있고, 회로에 흐르는
전류를 구할 수 있다. 전기회로도 외에도
자기력선이나 전기력선 등 많은 모형들이
있으니 각각의 의미와 사용법을 잘 익혀
두어야 한다.

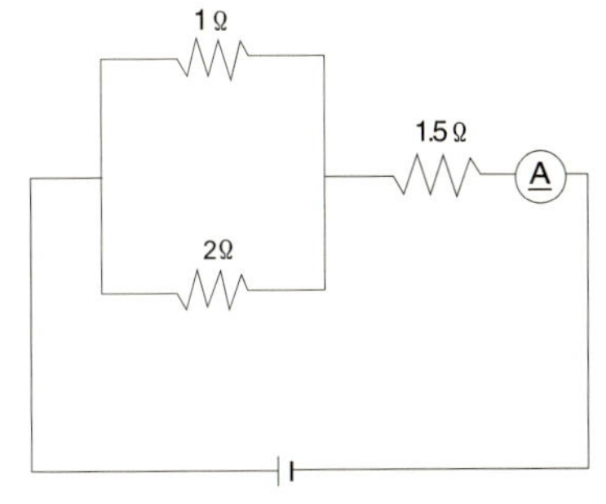

전자기학에서는 이렇게 모형을 통해서
논제의 물리적 상황을 잘 파악하는 것도 중요하지만, 그 상황에 대해 방정식을 세
우고 수학적 계산을 잘하는 것도 중요하다.

물론 고등학교 수준의 전자기학은 고차원적인 수학 계산을 필요로 하지는 않는
다. 물리적 상황만 잘 이해하면 간단하게 식을 세워서 해결할 수가 있다.

다음 문제를 보자.

[문제 1] $+z$ 방향으로 균일한 자기장 B가 가해지고 있다.
이제 $+y$ 방향으로 전하량이 $-e$인 전자가 속력 V_0로
입사되었다. 이후 전자는 원 궤도를 그리며 돌게
된다. 이유를 설명하고, 원 운동의 방향과 궤도반
경, 주기 등을 구하라.

[문제 2] 이번에는 위 (1)의 상황에 균일한 전기장 E를 추
가하여 전자를 원 궤도가 아닌 직선 궤도를 따라
움직이도록 만들어 보고자 한다. 어떻게 하면 되겠는가? 이때 전기장의 크기는 어떠해야
하는가?

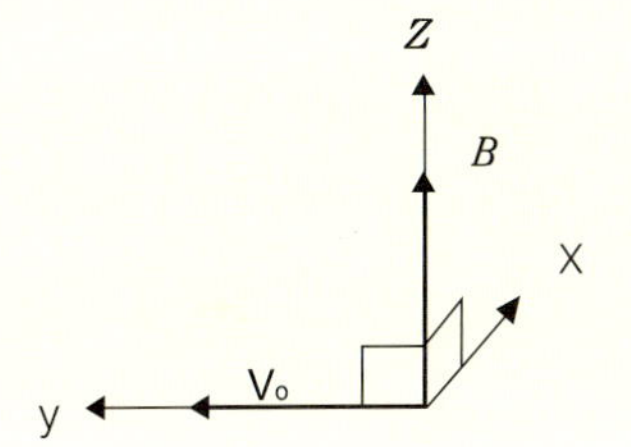

– 2003학년도 서울대 수시 심층면접

무턱대고 어렵게 생각하지 말고, 논제를 자세히 읽어 보면서 어떤 상황에 대해
서 묻고 있는지 살펴보자.

자기장이 $+z$ 방향으로 향하고 있으므로 아래쪽에 N극, 위쪽에 S극이 있어서
자기장이 아래에서 위로 형성되어 있고, 전하량 $-e$인 전자가 $+y$ 방향으로 움직이
고 있으므로 실제로 전류는 $-y$ 방향으로 흐르는 것과 같다. 그러면 플레밍의 왼손
법칙을 적용하면 힘의 방향이 $-x$ 방향이라는 것을 알 수 있다.

$-x$ 방향의 힘을 받으면 전자의 운동방향도 바뀌고 다시 힘의 방향도 바뀐다. 하지만 운동방향에 수직으로 힘을 받았기 때문에 속력은 변하지 않아, 결국에는 등속원운동을 하게 된다. 자기장에 수직으로 입사한 전하가 등속원운동을 한다는 것을 배운 적이 있을 것이다. 이때 전하가 받는 힘의 크기가 $F=qvB$이다. 이 전자의 경우는 등속원운동을 하게 되니까 이 힘이 구심력이 된다. 그러면 힘과 운동 단원에서 배운 구심력 공식 $\dfrac{mv^2}{R}$과 같다고 놓고, $ev_0B=\dfrac{mv_0^2}{R}$이란 식을 세우면 반지름 R을 구할 수 있다.

이렇게 물리적 상황을 이해하고 그에 맞는 공식을 잘 활용하면 쉽게 문제를 해결할 수 있다. 사실 어려운 수학 계산이 필요한 것이 아니라, 공식들을 잘 외우고 그 사용법을 잘 익혀두는 것이 중요하다. 이 논제와 같은 경우, 로렌츠의 힘 $F=qvB$에서 q는 전하량을 v는 속력을 B는 자기장을 뜻한다는 것을 잘 알고 있으면 풀 수 있는 문제였다.

그럼 이제 2번 논제를 보자.

일단 직선 운동 하려면, 운동 방향으로만 힘을 받거나 알짜힘이 0이어야 하니까, 운동방향에 수직으로 작용하는 로렌츠 힘은 상쇄되어 사라져야 한다. 로렌츠 힘이 $-x$ 방향으로 작용하므로 전기장에 의해서 전하가 받는 힘은 $+x$ 방향이 되어

야 한다. 크기는 로렌츠 힘과 같다. 또 전하량이 $-e$인 전자가 $+x$ 방향으로 힘을 받으려면 전기장은 $-x$ 방향이 되어야 하고, 전기장의 크기가 E이면 전자가 받는 힘의 크기는 $F=qE$ 공식에 의해서 eE가 되므로, $ev_0B=eE$라는 식을 세워서 E를 구하면 된다.

학교에서 배운 전자기학 공식들을 잘 외우고 그것들을 언제, 어디에 사용하는지 그 사용법을 잘 익혀두고 있다면, 복잡해 보이는 논제라도 쉽게 해결할 수 있다. 하지만 전자기학에 관련된 문제가 이처럼 모형이나 공식을 이용해서만 해결할 수 있는 것은 아니다.

전자기학은 실생활과 밀접한 관련을 맺고 있기 때문에 우리 주변에 전자기학이 어떻게 사용되는지를 묻는 문제들도 많다.

예를 들어 스피커의 원리를 묻는 문제가 출제되기도 했다. 스피커를 만드는 것에 대해서는 중학교 3학년 교과서에 나온 것을 본적이 있을 것이다. 에나멜선을 둥그렇게 말아서 종이컵 뒤에다 붙이고 자석을 갖다 댄 다음, 이어폰 한쪽을 뜯어서 에나멜선과 연결하고, mp3에 이어폰을 꽂으면 소리가 나온다.

이어폰에 흘러들어가는 전류의 세기가 계속해서 바뀌게 되는데, 이때 둥그렇게 말아놓은 에나멜선이 영구자석에 의해서 받는 힘의 크기가 변하면서 종이컵 밑바닥을 계속 진동시키게 된다. 받은 힘의 크기는 전류의 세기에 비례하므로, 노래의 음에 따라서 전류를 바꾸어 주면 종이컵 밑바닥도 노래의 음에 따라 진동하게 되고, 결국 종이컵으로 노래를 들을 수 있는 것이다.

스피커 외에도 전자기학은 거의 모든 곳에서 요긴하게 사용되므로 평소에 관심을 가지고 주변을 살펴보면 이런 논제가 출제되어도 당황하지 않을 것이다.

3. 화학1 – 탄소화합물

자연계 논술은 인문 논술과는 달리 답이 있다는 것이 특징이다. 어려운 심화개념인 것 같지만 공부하면 맞출 수 있고, 또 공부한 만큼 답을 쓸 수 있다. 중요한 것부터 우선적으로 공부를 하면 자연계 논술도 어렵지 않게 정복할 수 있다. 이 단원에서는 탄소화합물과 관련된 내용을 살펴보도록 하자.

우리 몸을 구성하는 것도 탄소화합물이고, 우리가 먹는 음식물도 탄소화합물인 것들이 많다. 뿐만 아니라 유용하게 사용되는 많은 의약품이나 물감, 향료, 섬유나 염료 등의 상당수도 탄소화합물이다. 매우 많은 종류의 탄소화합물이 자연계에 존재하다 보니 다루어야 할 탄소화합물이 많은 것은 어쩌면 당연한 일이다.

탄소화합물과 관련된 내용은 2007년 각 대학의 모의논술 문제의 주제로도 많이 사용되었다. 앞으로 출제 가능성이 매우 높은 부분이라고 할 수 있다. 따라서 다양한 탄소화합물의 고유한 구성에 따른 구조와 특성을 잘 파악해 둘 필요가 있다.

구체적인 탄소화합물을 본격적으로 다루기에 앞서 탄소화합물의 특성과 종류에 대해 알아둬야 한다. 포화 탄화수소와 불포화 탄화수소의 차이를 시작으로 지방족 탄소화합물의 유도체와 방향족 탄소화합물 유도체의 특징들을 꼼꼼하게 정리해두어야 한다. 각각의 탄소화합물 속에 포함된 유도체들만 알아낸다면, 새로운 물질이 출제되더라도 어렵지 않게 해결할 수 있기 때문이다.

광학 이성질체와 관련된 부분, 고분자 화합물에 관한 내용도 정리해 두어야 한다. 또한 실생활과 연관된 비누와 합성세제에 관한 문제도 출제된 적이 있으며, 효소나 산－염기와 관련된 문제가 나오기도 한다.

특히 탄소화합물 단원은 여러 단원들에서 다루었던 화학 관련 내용들을 연관짓는 문항들이 출제되기 때문에 이러한 내용들을 함께 생각해야 한다. 그러면 기출된 문제를 살펴보도록 하자.

피페린과 캡사이신의 화학 구조는 아래와 같다. 골격의 탄소와 수소는 생략되어 있다. 예컨대 캡사이신 오른쪽 끝의 －는 －CH3를 나타낸다.

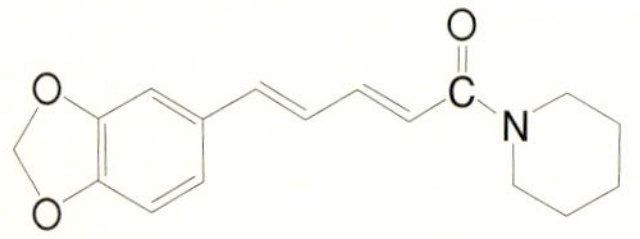

피페린

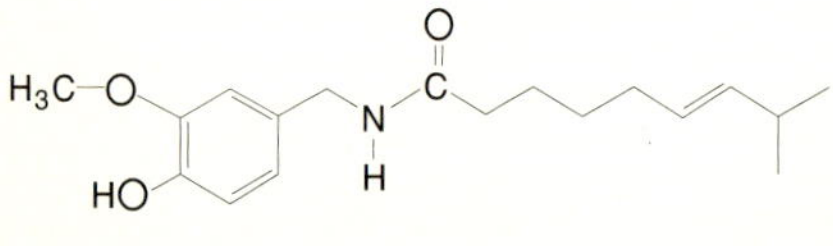

캡사이신

피페린과 캡사이신 같은 화합물은 생물에서만 찾아 볼 수 있다. 이러한 화합물은 언뜻 보면 상당히 복잡해 보이지만, 수소(H_2), 메탄(CH_4), 암모니아(NH_3), 물(H_2O), 이산화탄소(CO_2), 에틸렌(C_2H_4) 같은 간단한 분자에서 드러나는 원자들 사이의 결합 방식을 그대로 따른다. 피페린과 캡사이신의 공통점과 차이점을 다음 관점에서 논하시오.

가. 원소의 조성

나. 화학 결합의 원리, 다른 원자와 이루는 결합의 수

다. 매운 맛을 내는 데 관련되어 있으리라 추측되는 구조적 특성

라. 물과 기름 중 어디에 더 잘 녹을지

— 2008학년도 서울대 정시 모의논술

이 문제는 실생활과 연관된 문제이면서 탄소화합물과 관련해 다양한 내용을 묻고 있다. 어려워 보이지만, '가~라'의 관점에 따라 차근차근 정리해 나가면 의외로 간단하게 답을 찾을 수 있다.

일단 '가. 원소의 조성'은 어떨까? 두 분자 모두 탄소, 질소, 수소, 산소로 구성되어 있음을 알 수 있다.

'나. 화학 결합의 원리, 다른 원자와 이루는 결합의 수'의 관점에서도 답을 찾아보자. 둘 다 벤젠구조를 가지고 있다. 이중결합도 존재한다. 캡사이신에는 OH−기가 있으니 페놀류일 것이다.

이외에도 캡사이신에는 NH 옆에 CO결합이 있는 펩티드 결합이 포함되어 있다는 것을 알 수 있다. 이를 이용해 '다. 매운 맛을 내는 데 관련되어 있으리라 추측되는 구조적 특성'에 대해 답할 수 있다. '다' 부분과 같이 어떤 결과를 추론해내야 하는 과정이 자연계 논술에서 가장 힘들면서 핵심적인 부분이다. 이러한 문제의 해결 과정은 과학자들이 연구 결과를 내는 과정과도 일맥상통한다. 그렇기 때문에 대학에서는 이러한 추론 능력을 지니고 있는지를 평가하고 싶어 하는 것이다.

벤젠고리나 이중결합은 다른 분자에서도 많이 볼 수 있는 것이기 때문에 매운맛을 내는 것은 아닐 것이다. 그러므로 두 분자에만 있는 독특한 결합을 찾아본다면 옆의 그림과 같은 모양이라고 할 수 있다.

'라. 물과 기름 중 어디에 더 잘 녹을지'에 대해서도 따져보자. 둘 다 벤젠 고리를 가졌고, 탄소 사슬이 길기 때문에 기본적으로는 물에 잘 안 녹고, 기름에 잘 녹는 무극성 물질이다. 매운 것을 먹었을 때 기름기가 많은 우유를 마시라는 이유가 여기가 있다. 그런데 캡사이신에는 OH기가 있으므로 어느 정도는 물에 녹는다. 김치 국물이 맵다는 사실에서 매운 맛을 내는 물질도 물에 녹을 수 있음을 알 수 있다.

이외에도 단백질과 관련한 광학 이성질체를 묻는 문제도 출제된 적이 있다. 단백질은 생체 내에서 아주 다양한 역할을 수행하는 매우 중요한 천연 고분자 화합물이라 문제를 내기도 좋다. 비대칭 탄소를 가지고 있는 화합물로서 물리, 화학적 성질이 동일하나 편광면을 통했을 때 회전 방향이 반대가 되는 것을 광학 이성질체라고 한다. 광학 이성질체 이외에도 구조 이성질체인 Cis와 Trans 관계를 알아두면 좋다.

그동안 분자식만 제시한 후, 여러 가지 특성에 대한 힌트를 주고 분자의 구조를 묻는 문제가 많이 출제되었고, 앞으로도 출제될 가능성이 높다. 특히 고분자와 관련된 내용이 2003년에 출제된 적이 있다.

탄소화합물은 통합논술 이전에도, 구술면접 등을 통해 많이 다루어졌다. 그때의 문제들을 살펴보면서 '좀 더 심화된다면 어떤 내용까지 나올까?'라며 스스로 정리해 보면 많은 도움이 될 것이다. 무엇보다도 탄소화합물의 특징에 대해서 적절하게 서술할 수 있도록 평소에 교과서를 통해 착실히 학습해 두어야 한다.

탄소화합물 관련 기출 문제

1. 명지대 2006년
2. 동국대 2006년 수시 2학기, 2005년 수시 2학기
3. 고려대 2008년 모의논술
4. 서울대 2006, 2003년 정시
5. 한양대 2004, 2003년 정시

---

4. 화학2 – 물질의 상태

이번 단원에서 다룰 주제는 '물질의 상태'다. 물질에는 고체, 액체, 기체의 세 가지 상태가 있다. 이 중 논술 기출문제로는 주로 액체상과 기체상이 중요하게 다루어졌다. 액체상과 기체상에서 중요하게 사용되는 공식과 내용을 교과서를 이용해 정리한 다음, 기출문제를 분석해보면 더 쉽게 접근할 수 있다.

액체상의 경우부터 살펴보자. 수업 시간에 액체상에 대해서는 끓는점 오름, 어는점 내림 등에 대해 배웠을 것이다. 용액과 관련해 용질의 종류에 무관하게 용질의 입자 수에 따라 결정되는 성질인 총괄성에 대해서 잘 알아야 한다. 이에 관련된

부분은 증기압력 내림, 끓는점 오름, 어는점 내림, 삼투압과 관련되어 있다는 것을 기억해 두고, 이런 것들이 실생활에 어떻게 관련되어 있는지 알아두도록 하자.

이 문제는 삼투압, 즉 총괄성과 관련된 문제다. 삼투현상은 반투막을 경계로 용매분자와 용질분자 중 용매 분자만 이동 가능한 데에서 생긴 현상이다. 이와 관련된 문제를 풀기 위해서는 삼투압에 대한 공식인 $\pi = cRT$ (π : 삼투압, c : 용액의 몰농도, R : 기체상수, T : 켈빈온도)를 알고 있어야 한다.

두 번째 논제를 살펴보자. 반투막을 경계로 자유로이 이동할 수 있는 것은 용매분자뿐이다. 그런데 효소의 분자량을 구하려는데 NaCl이 들어 있다면 어떻게 될까? NaCl이 삼투압에 영향을 미치기 때문에 정확한 분자량을 측정할 수 없으므로, 반대쪽도 0.1M NaCl로 채워주어야 NaCl에 의해 분자량에 영향이 없게 된다.

세 번째 논제는 어려워 보이지만, 평소에 실생활에 과학이 어떻게 적용되는지 유심히 살펴본다면 어렵지 않게 해결할 수 있다. 농축은 삼투압과 반대로 액체 내의 수분을 제거하여 농도를 진하게 하는 것이다. 이를 이용한 것들이 어떤 것이 있었을까 차근차근 생각해 보면 된다. 농축은 다른 말로 역삼투압이라고 한다. 역삼투압은 저온농축이라고도 하는데 이는 보통 식품제조에 많이 사용된다. 산업현장에서 이용하기도 한다.

내용 정리를 바탕으로 기출문제를 풀어보는 것 자체가 논술을 대비하는 좋은 방법이다. 기출문제를 통해 고등학교에서 배운 것 중 대학교수들이 학생들이 알았으면 하는 내용이 무엇인지 어느 정도 파악할 수 있기 때문이다.

다음으로 기체에 관련된 내용도 정리해 보자. 논술에서는 액체보다는 기체가 더 중요하다. 기체에서는 이상기체 상태방정식과 관련된 내용과 이상기체 상태방정식에 적용되는 기체의 특징과 실제 기체와의 차이점을 알아두어야 한다.

실제 기체가 이상기체가 되려면 어떤 조건이 필요한지를 묻는 문제도 중요하다. 기체와 관련된 대부분의 법칙은 이상기체 상태방정식을 통해서 유추될 수 있기 때문에 이 식을 잘 알고 활용할 줄 알아야 한다.

이상기체란 기체 분자의 종류에 관계없이 빈 공간 속에서 자유롭게 운동하며 열에 의해서만 분자의 운동에너지가 변한다는 기체분자운동론을 만족하는 가상의 기체다. 기체 분자들 간에 인력이나 반발력이 전혀 작용하지 않고, 분자 간 완전탄성충돌을 하며, 분자 자체의 부피가 없기 때문에 0K에서 부피가 0이며, 평균 운동에너지는 절대 온도에 비례한다.

이상기체 상태방정식 $PV = nRT$를 정확히 이해해야 한다. 이상기체는 보일이나 샤를의 법칙, 돌턴의 법칙, 그레이엄의 법칙 등 여러 가지 기체 법칙들이 내포되어 있는 기체상태 방정식 이 정확히 적용된다.

정의를 포괄적으로 물어보는 문제 외에 아래의 문제도 이상기체 방정식만 안다면 쉽게 풀 수 있는 문제다. 기체와 관련된 공식은 이 밖에도 여러 가지가 있는데, 그중 그레이엄의 법칙과 반데르발스 상태방정식까지 정리해 두면 더 좋다.

[제시문1] 보일의 진공 실험 후 보일의 동료가 쓴 시의 내용 게이뤼삭의 실험 결과로부터 절대온도를 구하고, 현재 우리가 사용하는 값과 비교하여 설명

[제시문2] 게이뤼삭의 실험 결과와 다르게 기체의 종류에 따라 부피변화가 다르게 나타난다는 마그누스의 결과로부터 절대온도를 어떻게 구하는 것이 타당한지 설명

[제시문3] 질소기체와 암모니아기체가 일정온도(0℃)에서 분자량에 따른 분산력의 차이 및 기체 분자 자체의 부피로 인해 압력에 따라 PV/RT 값이 어떤 형태가 되는지를 묻는 문제

일정한 양의 X를 가지고, 온도 조절이 가능한 피스톤에서 실험이 진행되었다. 다음은 이 실험에서 얻은, 기체 X에 대한 온도, 부피 및 압력을 기록한 자료의 일부다. 이 자료에 근거하여 다음 질문에 답하시오.

[자료] 기체 X의 온도 부피 · 압력 관계

온도(℃)	부피(L)	압력(atm)
27	10	3
27	20	Ⓐ
177	5	9
327	Ⓑ	3

질문1. A값을 예측하고 어떤 법칙에 근거하여 계산할 수 있는지 설명하시오.
질문2. B값을 예측하고 어떤 법칙에 근거하여 계산할 수 있는지 설명하시오.

— 2006학년도 서울대 정시 자연계 논 · 구술

위의 문제는 이상기체 상태방정식이 보일의 법칙과 샤를의 법칙, 아보가드로의 법칙과 관련되어 있다. 문제에서 활용되어야 할 법칙이 어떤 것인지 안다면 문제를 해결하기가 한결 쉬워진다. 또한 물질의 상태와 관련된 문제들은 액체, 기체와 관련된 법칙을 정리하면서 실생활에 연관 지어 볼 필요가 있다.

각 공식들을 어떤 경우에 적용해야 할지 잘 생각하면서 문제에서 요구하는 정답을 하나하나 찾다보면, 문제 전체를 어렵지 않게 해결할 수 있다.

이 외에 기출된 대학

1. 삼육대 2005년 정시문제
2. 명지대 2006년 수시2학기
3. 한양대 2003년 수시2학기
4. 인하대 2007년 수시구술 1학기
5. 동국대 2004년 수시2학기
6. 한양대 2006년 과학논술 수시1학기

대학입시와
논술 대비전략

① 2008학년도 대학입시 안내

1. 28개大 수능만으로 응시 가능

2008학년도 총 모집인원 38만여 명 중 수시2학기 모집인원이 정시모집 인원을 처음으로 추월한다. 수시1학기 전형이 대폭 축소됐기 때문이다.

또 전국 4년제 198개 대학 중 65.8%(150개교)가 학교생활기록부(내신)를 50% 이상 반영한다. 논술을 치르는 대학도 20개교에서 49개교로 늘어난다. 한국대학교육협의회는 이 같은 내용의 전국 198개 대학 '2008학년도 입학 전형계획'을 발표했다.

2008년 입시에서 4년제 대학은 38만 8,268명(농·어촌, 실업고 등 정원 외 모집 포함)을 선발한다. 2007학년도보다 1,800여 명 늘었다. 이 중에서 수시2학기에서 184개 대학이 18만 6,740명(49.4%)을 선발해 정시모집 198개 대학, 17만 7,390명(46.9%)보다 9,350명을 더 뽑는다.

수시1학기는 90개 대학이 총 1만 4,138명(3.7%)의 신입생을 선발한다. 2008학년도 수시2학기는 3학년 1학기까지 내신만 반영되며, 수능은 최저학력 기준으로 사용하는 대학이 많다.

정시모집 군별 인원은 가군이 6만 5,345명으로 가장 많고, 나군 6만 4,876명, 다군 4만 7,169명 순이다. 정원 내 특별전형은 총 13만 1,012명을 선발한다. 이 중 대학은 '독자적 기준 특별전형' 방식으로 8만 3,225명을 선발해 가장 비중이 높다. 유형별로 보면 학교장·교사추천자전형이 1만 9,882명으로 가장 많고, 교과성적우수자전형 1만 5,808명, 지역고교출신자전형 6,227명 등이다.

2008 대입의 주요 특징은 '선발방법 다양화'다. 주요 사립대가 수시2학기에 학생부 100% 전형을 신설했고, 정시에서는 수능만으로 뽑는 인원을 대폭 늘렸다.

일반전형 정시 인문계열에서 학생부 반영 비율이 100%인 대학은 제주대 등 7곳이고, 80% 이상은 광주가톨릭대 1곳, 60% 이상 18곳 등이다.

학생부를 50% 이상 반영하는 대학 비율은 2007학년도 18.8%에서 65.8%로 증가했다. 수능을 100% 반영하는 대학은 부산대 등 국·공립대 6곳과 연세대 등 22개 사립대를 포함해 총 28개교다. 수능 반영 비율이 80% 이상인 대학은 계명대 등 11곳이고, 60% 이상은 강릉대 등 37개교에 달한다.

논술고사를 보는 대학은 서울대, 경북대, 서울시립대, 부산대, 한국교원대 등 국·공립대 5개교, 성신여대, 아주대, 건국대, 경희대, 고려대, 국민대 등 사립 36곳, 서울교대 등 교육대 8개교를 합쳐 49개 대학에 달한다.

2008학년도 입시는 큰 틀이 달라지기 때문에 수험생의 각별한 주의가 필요하다. 특히 전형 요강이 다양하기 때문에 희망 대학의 선발 방식을 꼼꼼히 파악해야 한다.

정시는 모집기간 군(가·나·다)이 다른 대학이나 동일 대학 내 모집기간 군이 다른 모집 단위 간 복수지원이 가능하다. 모집군이 같은 대학 간 또는 동일 대학 내 모집기간 군이 같은 모집단위 간 복수지원은 금지된다. 수시1학기 모집에 합격하면 등록 여부와 관계없이 수시2학기, 정시모집 등 이후 진행되는 모든 전형에 지원할 수 없다. 정시모집에 합격하고 등록(최초 등록, 미등록 충원 과정 등록 포함)하면 추가모집에 지원이 금지되지만 추가모집 기간 전에 정시모집 등록을 포기한 수험생은 추가모집에 지원할 수 있다.

2. 2008학년도 서울대 입시요강

2008학년도 서울대 입시에서는 논술과 구술이 당락을 결정하는 큰 요소가 될 것으로 보인다. 수능에서는 수리영역에 높은 가중치가 부여되고, 자연계열 특기자전형이 늘어나 과학고 출신의 합격 가능성이 높아질 가능성이 크다. 서울대는 이 같은 내용을 골자로 하는 '2008학년도 입학전형'을 발표했다.

김영정 입학관리본부장은 "입시는 예측가능하고 안정성이 있어야 하는 만큼, 지난번 입시의 기본 골격을 유지했다"고 밝혔다.

총 3,180명의 신입생을 뽑는 서울대는 처음으로 수시 정원(55.7%)을 정시 정원(44.3%)보다 늘렸다. 이는 수시에 해당하는 지역균형선발전형 인원이 늘어나고, 특기자 전형의 선발인원도 자연계 중심으로 확대됐기 때문이다. 정시 모집(1,402명)은 1단계 수능 100%로 인문계 2배수, 자연계 3배수를 뽑는다. 2007년 수능이 등급화되는 데다 동점자는 모두 합격시킬 방침이어서 1단계 합격자는 크게 늘어날 예정이다.

그러나 정작 중요한 것은 2단계다. "2단계에서는 1단계 성적을 전혀 고려하지 않는다"고 말해 수능을 자격고시화시켰다.

2단계에서 내신, 비교과, 논술, 면접 및 구술의 반영비율은 4:1:3:2다. 내신, 즉 교과영역에서는 '어떤 과목이냐'에 따라 점수차가 벌어진다. 고교 1학년이 배우는 '보통교과(국민공통 기본교과, 일반선택교과)'에는 상대적으로 낮은 점수가 주어지는 반면, 2,3학년이 배우는 '심화교과(심화선택교과, 전문교과)'에는 등급에 따라 높은 점수가 부여된다.

예를 들어 보통교과 1·2등급은 8점을 받지만, 심화교과 1·2등급은 10점을 받을 수 있다. 특히 심화교과 중 전문교과는 특목고나 자사고에서만 배우는 과목이어서 이들 학교 출신이 내신에서 받는 불리함이 상당부분 만회될 것으로 보인다. 이에 따라 전문가들은 정시에서는 대학별 고사가 당락에 절대적인 영향을 미치게 될 것으로 내다보고 있다.

논술고사는 인문계 3문항, 자연계 4문항이며 시간은 모두 300분(5시간)이다. 자연계열에 한해 연필 사용을 허락하며, 소년소녀 가장의 경우 별도의 가산점을 부여한다. 비교과 영역에 텝스, 토플 등 외국어 능력 시험 성적은 반영 안 되지만, 학생부를 반영할 수 없는 2006년 2월 졸업생부터는 이들 성적을 반영할 수 있다.

서울대는 2007학년도 입시까지는 자연계열에만 수리 가중치를 부여했다. 그러나 2008학년도 입시에서는 인문계열 모집에서도 가중치를 뒀다. 영역별 가중치는 언어(1):수리(1.25):외국어(1):사회탐구(1):제2외국어·한문(0.25)이다.

김영정 본부장은 "자연계 뿐 아니라 경영대, 법대, 사회과학대 등 인문계열 대학 모든 학장들이 수학을 잘하는 학생을 뽑기를 원했다"며 그 배경을 밝혔다.

수시2학기 지역균형 선발전형은 지역적 분포를 고려해 학교별 추천 인원을 현행대로 3명으로 유지했으며, 내신 1~9등급에 대해 8~0점의 등급 점수를 준다. 단, 소규모 지방 학교의 사정을 감안해 과목별 이수자가 38명 미만인 경우 2등급 이하 등급점수를 차등적으로 조정한다. 수능 최저학력기준은 현행대로 2개 영역 2등급 이내로 설정했으며, 소년소녀 가장에게는 별도의 가산점이 부여된다.

이번 수시의 특징은 특기자 전형이 자연계를 중심으로 정원이 929명으로 크게 늘어났다는 점이다. 1단계에서는 서류평가만으로 3배수 이내(2~2.5배수)를 선발하고, 2단계에서는 1단계 성적에 면접 및 구술(60점), 논술(40점)을 반영한다.

단, 자연계는 논술 없이 면접과 구술고사만 실시한다. 별도의 지원 자격은 없지만, 전공 특성에 부합하는 학생을 선발하는 전형인 만큼 인문계는 지원 유형, 자연계는 지원 수준을 예시했다.

김영정 입학관리본부장은 "특기자 전형은 자연계 특기자 전형은 모집단위에 적합한 학생을 뽑는 아주 바람직한 전형"이라며, "과학고에 문을 더 넓혔다고 할 수 있어 확실히 과학고 출신 학생은 늘어나겠지만, 서울대 입장에서는 좋은 일"이라고 말했다.

서울대는 2007년 9월 10일부터 수시 2학기 원서 접수를 실시하고 12월 15일 최종 합격자를 발표한다. 정시모집(나 군)은 12월 20일 지원서 접수를 시작해, 2008년 1월 11일 논술고사를 거쳐 2월 1일 최종 합격자를 발표한다.

김영정 서울대 입학관리본부장 일문일답

질문) 지역균형선발에 최저학력 기준이 적용된다는데?

답변 그렇다. 모집단위별로 지정한 수능영역 시험을 봐야 한다. 4개 영역(언어 수리 외국어 탐구) 가운데 2개 영역 이상이 2등급에 들어야 한다. 가령 법과대학은 언어와 외국어영역은 필수, 수리는 '나'형을 원칙으로 하되 '가'형도 가능하다. 탐구영역 역시 사탐과 과탐 중 선택할 수 있다.

다만 제2외국어 또는 한문에도 응시해야 한다. 수능 응시지정 영역은 지역균형선발(수시 2학기) 모집에서는 최저학력 기준으로 작용하고, 정시모집에서도 수능성적 반영에 동일하게 적용된다.

질문) 지역균형선발의 전형요소 평가는 어떻게 하나?

답변 우선 학교생활기록부(내신)에 표기된 석차 등급(1~9등급)에 따라 등급 점수를 부여한다.

가령 1등급 학생은 8점을 받지만 9등급은 0점을 받는다. 반면 예체능 교과는 원점수 70점 이상은 무조건 감점을 하지 않고, 60점 이상~70점 미만은 0.5점을 감점한다. 50점 미만은 1.5점이 감점된다.

서류평가는 생활태도와 학업배경, 잠재력 등을 종합적으로 평가한다. 면접·구술고사에서 인문계열은 영어 지문이나 한자가 혼용된 지문이 포함될 수 있으며 자연계열은 수학 또는 과학교과 관련 문항으로 실시한다. 지원자당 면접시간은 10분 내외다.

 **질문)** 지역균형선발에 최저학력 기준이 적용된다는데?

답변 가령 학업능력 우수자, 글쓰기 우수자(논술·문학 등), 외국어능력 우수자, 수학 분야 우수자 등을 들 수 있다. 구체적으로 보면 인문대학 언어학과는 정보 올림피아드 입상자가 지원할 때 유리하다. 또 사회과학대학 인류·지리학과는 지리 올림피아드 입상자가 우대받을 수 있다. 사범대학 지리교육과는 지역연구, GIS(지리정보) 관련 특기재능(지리 올림피아드, 환경 또는 정보 관련 올림피아드 입상자)이 유리하다.

 **질문)** 정시모집 비교과 영역 평가항목 기준은 어떻게 되나?

답변 영어능력는 텝스 510점 이상, 토플 CBT 193점 이상(IBT 69점 이상)만 인정한다. 임원 활동은 반장·부회장·회장으로 1회 이상 활동하면 된다. 또 교내 수상은 영어, 제2외국어, 수학, 과학 관련 교내 수상만 인정한다. 한자능력 국가 공인급수를 취득한 수험생도 한자능력시험항목에 인정된다. 평가항목 중 2개 이상을 만족하면 A등급을 받고, 1개만 만족하면 B등급이다. 다만 봉사활동 시간이 20시간 미만이거나 사고(무단) 결석일수가 11일 이상일 때는 결격사유가 된다.

3. 연세·서강대 2008학년도 5~7%, 내신·면접만으로 선발

연세대와 서강대는 내신과 면접만으로 신입생을 선발하는 전형을 신설했다. 또 연세대는 수시1학기 모집을 폐지하고, 정시모집 중 의예과·치의예과·예체능계를 제외한 전 모집 단위에서 수능성적만으로 정원의 50%를 우선 선발하기로 했다.

연세대와 서강대는 이 같은 내용의 '2008학년도 신입생 모집요강'을 발표했다. 연세대 모집요강에 따르면 교과·비교과 성적으로 면접 대상자를 선발한 뒤 총점으로 최종 합격자를 선발하는 '교과성적 우수자' 전형이 수시모집 1차 전형에 신설됐다. 반영 비율은 교과 80%, 비교과 10%, 면접 10%로 250명 내외를 선발한다. 또 특기자 전형도 전국 규모의 주요 문학상, 신춘문예 당선자(인문), 국제 올림피아드 참가자(자연) 등 수학·과학 우수자를 대상으로 총 200명을 뽑는다.

수시모집 2차 전형 중 일반우수자 전형은 면접·구술시험을 폐지하고, 논술을 신설해 50%를 반영하며, 정원의 30%를 선발한다. 정시모집 중 일반전형의 수능 반영·영역별 배점 비율은 2007학년도와 동일하다. 그러나 논술 부담을 완화하기 위해 모집인원의 50%를 논술시험 없이 수능성적만으로 우선 선발한다. 공학계열도 나군에서 학생부(20%)와 수능(80%)만으로 논술 없이 뽑는다.

서강대는 내년부터 내신과 면접만으로 신입생 정원의 5%를 선발한다. 서강대 2008학년도 대입 전형요강에 따르면 전체 정원(1,670명)의 5%가 수시2학기 학교생활 우수자 특별전형에 배정된다. 1단계로 교과 70%, 비교과 30% 비중으로 내신을 평가한 뒤 2단계에서 1단계 성적과 심층 구술면접을 50%씩 반영한다.

또 수시 2학기에 국제화 특별전형을 신설해 정원의 3%를 특정 분야 우수자와 특목고 출신자(동일 계열) 지원자를 우대하기로 했다. 국제화 특별전형은 학생부를 전혀 보지 않고 서류전형 30%와 심층 구술면접 70%를 반영해 신입생을 선발하게 된다. 전체 정원의 40%에 해당하는 정시 일반전형에서는 30%(전체 정원 12~13%)를 수능성적만으로 선발하고, 나머지 70%를 학생부 교과 40%, 수능 50%, 논술 10%의 반영 비율로 뽑는다.

02 2008학년도 대학 수학능력시험

1. 2008학년도 모의수능 분석

2007년 11월 15일 치러지는 '2008학년도 수능시험'의 경향과 난이도를 가늠할 수 있는 2008학년도 모의 수능이 6월 실시됐다. 처음으로 수능 등급제가 적용되는 2007년 수능은 영역·과목별 표준점수, 백분위 대신 1~9개로 나눠진 수능 등급만으로 평가된다.

특히 등급제로 '변별력 하락'을 우려하는 대학들을 안심시키기 위해 수능 주관 기관인 교육과정평가원이 문제 난이도를 어떻게 조정했는지가 초미의 관심사로 떠올랐다. 이번 모의 평가의 가장 큰 특징은 '난이도가 조금 어려워졌다'는 것이다. 언어, 수리, 사회탐구 영역 등 전 영역에 걸쳐 고난도 문항이 고르게 출제됐고, 접근 방식이 참신하거나 실제 사례를 통해 자료를 분석하는 문제들이 다수 선을 보인 점이 눈에 띈다.

평가원은 "작년 수능과 비슷한 난이도를 유지하고, 출제 방향을 똑같이 맞춰 문제가 쉽게 출제됐다"고 말했지만, 실제 시험을 본 수험생과 입시 전문 기관들은 "작년보다 어려웠다"고 한 목소리를 내고 있다.

(1) 언어영역

문항수가 60문항에서 50문항으로 줄어들고 풀이 시간도 90분에서 80분으로 단축됐다. 1단 반 이상으로 길게 인용되던 문학 지문 길이도 1단에서 약간만 넘치는 정도로 짧아져 수험생들의 부담이 줄어든 듯 보인다. 그러나 실제로는 쉽게 정답을 찾을 수 있는 만만한 문항이 별로 없고, 특히 비문학 지문의 경우 독해 자체가 까다로웠다는 평가다.

문학에서는 김소월, 윤동주, 황석영 등 유명 작가의 작품 중 비교적 덜 알려진 작품들이 나왔는데, EBS 방송 교재에 실려 있는 내용이 다수 출제됐다. 수필대신 몇 년간 출제되지 않았던 희곡이 추가되고, 현대시와 고전시가가 하나의 세트로 묶여서 출제된 점도 특징이다.

예술·과학에 관한 비문학 지문은 개념이 낯설고 정보량이 많아 수험생에게는 큰 부담이 돼 종합적인 난이도는 작년 수능시험보다 높아졌다고 볼 수 있다. 배점별로는 3점이 5문항, 2점이 40문항, 1점이 5문항으로 조정돼 1점짜리 문항이 크게 줄어들었다.

(2) 수리영역

언어영역과 마찬가지로 작년 수능보다 조금 어렵거나 비슷했다. 유형별로는 '가'형(자연계)은 비슷하거나 어렵고 '나'형(인문계)은 다소 어려워졌다. 이영덕 대성학원 평가이사는 "가형과 나형 공통으로 알고리즘을 구하는 수열문제와 규칙성을 찾는 수열의 극한 문제가 어렵게 출제됐다"고 분석했다.

특히 매년 어렵게 출제됐던 수학Ⅱ 문항은 다소 쉬워지고 가형과 나형 공통으로 출제되는 수학Ⅰ 문항은 다소 어렵게 출제됐다. 이는 2007학년도 자연계 수험생들이 인문계 수학인 수리나형 쪽으로 집중되는 상황을 완화하기 위해서 수리 가형과 나형의 출제 난이도를 조절한 것으로 풀이된다.

또 등급 구분을 위한 문항이라고 느껴질 만큼 어려운 고난도 문항이 3문항 정도 출제됐다. 자세히 살펴보면 가나 공통 17번은 몇 번의 시행을 통해 규칙성을 찾는 문항으로, 이 규칙성을 찾기가 까다롭고, 시행하는 중간에 실수가 많을 수 있다. 반복되는 부분을 찾아 군수열을 만들어 푸는 나형 23번은 수열의 특징을 2군데에서 찾아야 하는 어려운 문항이다. 따라서 수험생들은 가나형 모두 기본 개념을 확실하고 폭넓게 준비하되, 수리 나형도 어려운 문제에 대한 대비를 확실히 해야 한다.

(3) 외국어 영역

외국어 영역은 작년 수능과 난이도가 비슷했다는 평가다. 다만, 독해에서 속독 능력 및 시간 조절 능력을 요하는 문제들이 있고 지문의 소재가 다양해져 체감 난이도는 약간 상승했을 수 있다. 메가스터디에 따르면 상위권은 어법·어휘를 포함한 2~4문제 정도, 중위권은 속독을 요하는 문제, 하위권은 요지 및 내용 일치

관련 유형이 등급을 가를 것으로 내다봤다.

읽고 푸는 문제보다는 듣고 푸는 문제가 상대적으로 어려웠으며, 과학과 관련된 지문보다는 사회·문화와 관련된 지문(25, 30, 41, 42번)이 비교적 많이 출제됐다.

(4) 사탐·과탐 영역

사회탐구는 작년보다 어려웠다. 심층적인 자료 해석 능력이 요구되는 문제들로서 교과 과정을 이해하는 것만으로는 해결하기가 힘들었다. 스토아학파·칸트·동학사상을 종합적으로 물은 윤리 14번, 구체적인 사례를 들어 사료 비판을 하게 한 국사 8번, 제시된 여러 개의 지표를 분석해 종합적인 사고 능력을 물은 사회문화 7번 등이 여기에 해당한다.

요약하자면 윤리, 세계지리, 경제, 한국지리, 경제지리는 작년 수능과 비슷한 난이도를 보이고 있는 반면, 국사, 세계사, 법과사회, 정치, 사회문화는 다소 어렵게 출제된 것으로 평가된다.

과탐은 전반적으로 작년 수능과 비슷한 수준이었다. 물리Ⅰ, Ⅱ는 조금 더 쉬웠고 화학Ⅰ은 다소 어려웠다. 새로운 자료가 제시되거나 깊이 있는 개념을 묻는 고난도 문항이 선택 과목별로 고르게 출제됐다. 가령 지구과학I의 16번은 자동차에 김이 서리는 현상을 응용한 것인데, 묻는 형식이나 '보기'의 내용 모두 참신했다.

2. 모의 평가 후 수능전략

표준점수와 백분율이 표시된 2007학년도와는 달리 2008학년도 성적표에는 등급(1~9등급)만 제공된다. 그만큼 수능전략이 중요해졌다.

모의평가에서는 본 수능과 가장 닮은꼴 문제 유형이 출제되기 때문에 자신의 문제점을 정확히 진단할 수 있다. 정리는 구분을 나눠 전체적으로 어느 영역이 취약한지, 영역별로 어느 단원에 문제가 있는지, 어떤 문제 유형을 자주 틀리는지 순으로 하는 게 좋다. 가능하면 3학년 이후 치러본 모의평가 결과를 한꺼번에 정리해서 취약 영역을 파악해 놓을 것을 권한다.

그렇다고 어느 한 영역이라도 완전히 포기해서는 안 된다. 특히 수리영역은 다른 영역에 비해 어려워 아예 포기하는 학생이 많은데 이는 총점을 계산할 때 악재로 작용할 가능성이 있다. 2007년 6월 모의평가에 나온 신유형 문제는 11월 본 수능에서도 출제될 가능성이 매우 높다. 그러므로 유사한 문제를 찾아 여러 번 풀어 몸에 익혀야 한다.

특히 통합형 문제와 기본적인 개념의 이해를 묻는 문제와 같은 새로운 유형은 수능에서 활용될 수 있기 때문에 문제의 답뿐만 아니라 출제 의도가 무엇인지도 새겨 놓아야 한다.

6월 모의평가에는 재학생뿐만 아니라 재수생까지 참여했다. 응시생 규모면에서 수능에 가장 가깝기 때문에 본인의 상대적 위치를 객관적으로 파악할 수 있는 최적의 기준이 된다.

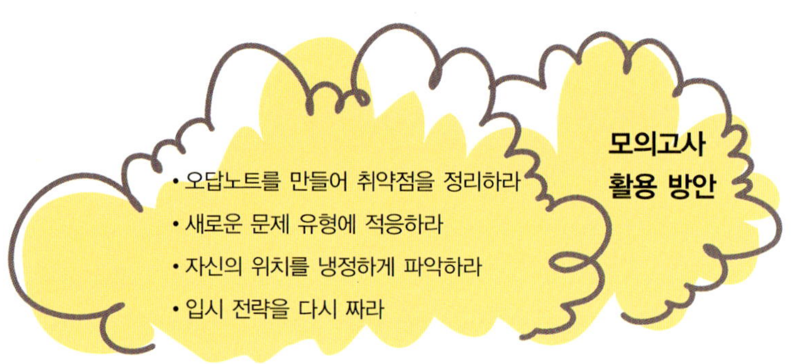

따라서 이번 시험 결과 다른 수험생들에 비해 상대적으로 취약한 부분이 무엇인지 객관적으로 점검하고 전략적으로 약점을 보완하도록 학습비중을 설계하는 것이 좋다. 예를 들어 언어영역과 외국어영역은 2등급이 나왔는데 수리영역은 3~4등급에 머무르고 있다면 학습량과 밀도 면에서 수리영역 비중을 높여야 한다.

등급제로 바뀐 2008학년도 수능에서는 특정 과목 만점을 받는 것보다 전 영역에서 고루 원하는 좋은 등급을 받는 것이 중요하다. 내신 성적과 논술 실력까지 함께 고려해 자신의 강점이 무엇인지 점검하고 남은 기간 수능 점수를 어느 정도 올릴 수 있을지 판단해 수시모집 지원 여부부터 결정해야 한다.

내신 성적은 상대적으로 우수한데 수능 성적이 떨어지는 수험생은 수시모집 지원을 적극적으로 고려할 필요가 있다. 하지만 2008학년도 대학 입시는 1학기 수시모집 규모가 대폭 축소됐기 때문에 기말고사나 수능 준비에 대한 집중력을 잃지 않는 것이 중요하다.

3. 수능의 절대 변수 수리영역, 어떻게 대비할까?

2008학년도 대학입시의 최대 변수로 수리영역을 지목하는 전문가들이 늘고 있다. "수학을 잘 하는 학생이 유리하다"는 말은 매년 있어왔지만 2008학년도 입시에서 상위권 대학들이 수리영역 비중을 뚜렷하게 늘렸기 때문이다.

서울대는 정시모집(1402명)에서 자연계, 인문계 모두 수리영역의 비중을 확대했다. 영역별 등급점수를 보면 언어 1, 수리 1.25, 외국어 1, 탐구 1, 제2외국어·한문 0.25 등으로 계열에 관계없이 수리영역의 점수가 가장 높다. 등급간 점수차도 언어·외국어영역 4점차(1등급 36점, 2등급 32점), 탐구·제2외국어 영역 1점차(각 과목별로 1등급 9점, 2등급 8점 등)인데 비해 수리영역은 5점차(1등급 45점, 2등급 40점)나 된다. 따라서 수리 등급이 낮은 학생은 서울대 합격이 매우 불리해진다.

연세대는 정시모집(자연계)에서 '수리 가'영역에 가중치를 둔다. 자연계 지원자의 경우 수리영역에서 1등급을 받지 못하면 만회가 쉽지 않다는 얘기다. 서울대와 마찬가지로 1~2등급 간 점수차이도 수리영역이 4점으로 가장 크다. 고려대는 수리영역에 가중치를 두진 않지만 등급간 점수차가 매우 크다. 특히 '수리 가'형의 경우 1~2등급 간 점수차가 8점이나 된다.

전문가들은 최근 수리영역 출제 경향을 파악하는 것이 가장 효과적이라고 말한다. 최근 수리영역의 가장 큰 특징은 '각 단원의 핵심개념'을 묻는 문제들과 대표적인 핵심유형의 문제들이 반복해서 출제된다는 것이다. 특히 등급제가 도입되는 2008학년도부터는 수능 기출 문제나 평가원 모의 수능과 유사한 문제뿐만 아니라, 고난이도 문항도 3~4개 정도 출제가 예상된다.

그럼 효율적인 대비법을 알아보자.

우선, 핵심적인 개념과 유형을 익혀야한다. 정리나 공식은 직접 유도·증명하고, 핵심유형 문제는 외워서라도 완벽히 내 것으로 만들어 둔다. 이 때 답을 보지 않고 다른 문제와 비교 검토하면서 풀어야 사고력이 생길 수 있다.

둘째, 기출문제는 테마별로 철저히 분석하고 키워드를 기억해야 한다. 최근 수능 경향은 핵심유형을 반복해서 낸다는 것이다. 따라서 기출문제의 답을 맞히는 것에 그치지 말고 어떤 테마의 문제인지, 어떤 식으로 접근하여 답을 내는지 등 키워드와 문제해결의 원리를 반복해서 공부해야 한다.

고난이도 문제에 대비하기 위한 전략도 필요하다. 전체적인 수리영역 난이도는 예년과 같겠지만 최상위 등급을 받으려면 선생님이 어렵다고 짚어주는 문제나 많은 학생들이 어렵다고 하는 유형의 문제들을 풀어봐야 한다. 이 때 오답노트 등을 활용하면 체계적인 도움이 된다.

4. 주요 대학 수능·내신·논술 필승전략

서울대는 2학기 수시모집 때 수능을 최저학력 기준으로 정시모집에서는 지원 자격화했다. 이 때문에 자칫 수능을 통과한 이후에는 전형 요소로 영향력이 없다고 판단해 소홀히 할 수도 있다. 하지만 최초 단계를 통과하지 못하면 논술·면접을 아무리 철저히 준비해도 소용없다.

연세대와 고려대는 수능 우선선발제도가 있기 때문에 학생부 성적 뒤집기가 가능하다. 비록 고교 저학년 때 학생부 성적이 낮더라도 수능만으로 학생부의 열세를 만회할 수 있다. 수능 점수는 특정 영역에 쏠림 없이 가능한 한 4개 영역에서 골고루 좋은 점수를 받는 게 중요하다. 대학들이 수능 등급을 기준으로 논술과 면접시험 기회를 부여하기 때문이다.

2008학년도 수능 난이도를 전망하면 언어영역과 외국어영역은 2007학년도와 비슷한 수준으로 출제될 것으로 보인다. 하지만 수리영역과 사회·과학탐구영역은 수능 등급제 전환으로 난이도에 변화가 있을 것으로 전망된다.

(1) 내신 : 성적 좋으면 수시선발에 도전하자

고교 2학년 때까지 내신 관리를 잘해온 학생은 서울대의 지역균형선발제도(831명 선발)와 연세대의 수시2학기 교과성적 우수자 전형(250명)에 도전해 볼 만하다. 서울대 지역균형선발제도에는 각 학교에서 내신 1~3등급을 대상으로 합격자를 가린다.

연세대의 교과성적 우수자 전형은 내신 비중이 90%나 된다. 고려대와 연세대가 수능 위주의 선발을 대폭 확대했다고 하지만 내신을 소홀히 해서는 안 다. 최종 지원 순간에 자신이 원하는 지원을 하기 위해서는 내신 관리에도 신경 써야 한다.

구술면접은 연세대와 고려대는 반영 비중이 미미하지만 서울대 입학에 결정적 요소가 된다. 수시 특기자 전형에서 구술면접은 50%, 정시 전형에서는 20%나 반영되기 때문이다. 특히 자신이 지원하는 모집단위와 관련한 교과는 심화학습

을 해야 한다. 평소 내신과 수능에서 나오는 객관식 시험이 주관식 시험으로 나
온다고 생각하면 된다.

(2) 논술 : 제시문 읽는 속도를 높이자

각 대학의 모의고사를 살펴본 결과 서울대, 연세대, 고려대 모두 논술문제 유형
은 비슷할 것으로 예상된다. 따라서 3개 대학을 한꺼번에 준비해도 크게 무리가
없다.

서울대와 연세대는 모의고사에서 논술의 변별력이 있다고 결과가 나왔기 때문
에 실질 반영률을 높일 가능성이 있다. 반면에 고려대는 실질반영 비율 축소를
발표했지만, 모의고사 결과에 따라 변동이 있을 수도 있다.

일단 논술에서 좋은 점수를 받기 위해서는 읽는 속도를 향상시켜야 한다. 제시
문에 숨은 행간을 읽는 훈련도 병행해야 한다. 문제에는 답안이 요구하는 논리가
숨어 있다.

인문계는 수리가 완전히 배제되지는 않을 것으로 보이지만 계산보다는 단순
히 자료를 분석·추론하는 수준일 것이다. 즉 경제 논술의 성격을 띨 가능성이
높다. 자연계는 철저히 수학·과학 위주로 가지만 언어적인 경향도 조금 반영될
것이다.

2008학년도 논술시험

1. 서울대 입시전형 분석

　서울시내 주요 대학들이 수능 비중을 높인 2008학년도 입학전형계획을 발표했다. 그리로 최근엔 교육부와 대학 간 내신 갈등이 불거져 '내신' 반영 비율이 대학입시의 새로운 화두로 떠올랐다. 그렇다면 수능, 내신과 더불어 대학입시의 한 축을 이루고 있는 '논술'은 대입 당락에 어느 정도 영향을 미치게 될까.

　2007년 6월 치러진 모의 수능평가와 2008학년도 서울대 입시전형을 분석해 논술이 갖는 비중을 다시 한 번 점검해 보자.

　서울대는 2007년 4월 발표했던 2008학년도 입시전형을 그대로 유지할 계획이다. 2008학년도 서울대 신입생 선발의 주요 특징을 살펴보자. 모집인원의 경우 전체정원(3,162명)의 55.6%는 수시모집으로, 나머지 44.4%는 정시모집으로 선발한다. 수시모집은 작년과 마찬가지로 지역균형선발과 특기자전형으로 나뉘는데, 지역균형선발은 내신성적을 위주로 한 전형이다.

　2008학년도 특기자전형에서 자연계열 지원자들은 수능최저학력등급을 적용하지 않는다. 이는 과학고 등 특수목적고 수험생들을 배려하기 위한 것으로 풀이된다. 다만, 인문계열 지원자들은 1단계 합격 후에 실시되는 대학별고사(논술, 면접)가 최종 합격을 가리는 기준이 된다.

　2008학년도 서울대 대학입학전형에서 가장 크게 변화하는 것이 정시모집이다. 1단계 전형에서는 수능만 100%반영하는데, 수능등급점수만으로 인문계 모집인원의 2배수와 자연계 모집인원의 3배수를 선발한다. 6월 평가원 모의고사를 기준으로 보면 서울대 인문계열(정시) 1차 합격자는 인문계열 모집인원 637명의 2배수인 약 1,200등 안에 든 수험생이다. 이는 언어·수리·외국어 영역에서 모두 1등급을 받고 3개 이상의 사회탐구 영역에서 1등급을 받아야 하는 수치다.

　자연계의 경우 모집인원 558명의 3배수인 약 1,600등 안에 든 수험생이 1단계

전형 합격권에 든다. 언어 · 수리 · 외국어 모두 1등급과 1개 영역 이상의 과학탐구 영역에서 1등급을 받아야 한다. 즉, 서울대 정시 1단계 수능전형을 통과하기 위해서는 수능에서 등급관리를 철저히 해야 한다는 결론이 나온다.

그러나 1단계 합격이 최종합격을 의미하는 것은 아니다. 정시 2단계 전형에서는 아예 수능이 배제되고, 학생부와 대학별고사만 반영되기 때문이다. 따라서 논술인 면접을 제대로 준비하지 않는다면 모든 수능 영역에서 1등급을 받고도 법대, 경영대, 의대 등 주요 단과대나 학과에 지원할 때 합격을 장담할 수 없다.

만약 6월 평가원 모의고사에서 최상위 등급을 받은 수험생들이 모두 서울대에 지원하면 어떤 결과가 나올까. 2008학년도 정시모집에서 서울대는 의대 27명, 법대와 경영대를 합하여 171명을 선발할 예정이다. 의예과의 경우, 모집정원의 3배수 선발에도 불구하고 동점자 인정 기준에 따라 수능 전영역 1등급을 받은 369명의 수험생 모두가 1단계 전형에 합격하게 된다. 이때 경쟁률은 13.67대1에 달한다.

2단계 전형에서는 수능이 완전 배제되고 내신과 논술로 선발한다. 그러나 내신 1,2등급에 모두 만점을 부여하는 서울대의 방침이 유지될 경우 결국 논술에 의해 당락이 결정된다. 마찬가지로 법대와 경영대의 경우, 1단계 전형에서 전체 모집 예정인원 171명의 2배수를 선발하지만, 동점자인 466명이 모두 선발되고 경쟁률은 2.75대1이 된다. 인문계 전형 또한 논술의 영향력이 커지는 셈이다. 수능 성적이 표준점수나 백분위 없이 등급으로만 반영될 경우, 수능 성적 상위 4%의 학생은 무조건 동일한 성적을 받게 되기 때문이다.

전문가들은 '2008학년도 입시는 수능에 올인하라'는 주장이 제기되고 있지만, 수능만을 위주로 입시전략을 세울 경우 자칫 수능에서 좋은 등급을 받는다 하더라도 논술에 의해 당락의 결과가 뒤집히는 상황이 발생할 수 있다며, 2008학년도 정시모집부터는 자연계 논술도 처음 도입되는 만큼 논술에 보다 철저히 대비해야 최후의 합격통지표를 받을 수 있다고 강조했다.

2. 연고대 입시 결국은 논술

연세대와 고려대의 2008학년도 입시요강을 들여다보면 모집유형과 전형방식 면에서 많은 변화가 있음을 알 수 있다. 2008학년도부터는 자연계도 논술고사를 치르고, 전체정원 중 절반을 뽑는 '수능 우선선발'도 눈에 띄는 요소다.

그러나 서울대와 마찬가지로 연세대·고려대 입시에서도 논술은 큰 위력을 발휘할 것으로 보인다. 입시전형 분석을 통해 수능과 내신 비중을 가늠해 보고 실패 없는 입학전략을 짜 보자. 우선 2007학년도에 비해 크게 달라진 연고대 수시2학기 모집 전형요소를 살펴보자.

연세대는 2007학년도에 '일반우수자전형'만으로 선발하던 방식을 바꾸어 2008학년도부터는 논술고사 중심의 '일반우수자전형'과 학생부 중심의 '교과성적우수자전형'으로 분리해 선발한다. '일반우수자전형'에서는 1단계와 2단계로 나누어 선발하던 2007학년도와 달리 학생부와 논술성적을 일괄 합산해 선발한다. 단 '일반우수자전형' 모집인원 중 50%는 수능우수자로 선발한다.

한편 2008학년도에 새로 신설된 '교과성적우수자전형'은 학생부(교과 80+비교과 10)를 적용해 면접(10) 대상자를 선발한다. 고려대 역시 전형방식을 대폭 수정해 '일반전형'으로 신입생을 선발한다. 크게 달라지는 점은 2007학년도에 30%였던 학생부 반영비율을 50%로 크게 높였다는 것이다. 또한 연세대와 마찬가지로 전형 모집인원 중 50%는 수능우수자로 선발한다.

효과적인 입시 전략을 세우기 위해서는 정시모집의 변화도 눈여겨봐야 한다. 가장 주목할 사항은 2007학년도와 달리 자연계 지원자들도 논술고사를 치러야 한다는 사실이다. 연세대, 고려대 모두 2008학년도 정시모집에서 자연계 논술고사를 실시함에 따라 2007학년도와 달리 인문계와 자연계가 동일한 방식으로 신입생을 선발하게 된다. 또한 수시모집과 마찬가지로 일반전형('가'군)에서 수능 성적 위주로 정시 모집정원 중 50%를 우선 선발하게 된다.

연세대와 고려대의 2008학년도 입학전형에서 가장 눈에 띄는 것은 수시모집과 정시모집 전체 인원 중 50%를 선발하는 '수능우선선발전형'이다. 수시모집에서 높은 수능 성적으로 수능 우선선발 전형에 선발되었다 하더라도 최종 합격자는 학생부(20)와 논술고사(80) 성적을 합산해 선발하므로 수능 성적이 높다고 해서 결코 안심할 수 없다. 따라서 수능우선선발 자격조건에 들어가기 위한 수능 대비와 함께 합격 당락을 결정하게 될 논술고사에 대한 준비가 매우 중요하다.

연세대와 고려대 모두 수능 이후 시험을 치르게 되지만, 논술고사 일정은 2007년 11월 24일로 같다. 다시 말해 수능(11월 15일)을 치른 후 논술고사를 준비할 수 있는 기간이 고작 8일 정도여서 수능시험일 이전에 논술 준비를 철저히 해야 합격의 영광을 누릴 수 있다는 말이다.

이는 정시모집에서도 마찬가지다. 연세대는 논술시험 이전에 '수능우선선발전형' 합격자를 발표할 예정이지만 수능 동점자에 대한 처리를 어떻게 할 것인지는 아직 발표하지 않았다. 연세대와 달리 고려대는 정시모집 지원자 모두 논술을 치르고 수능 성적 동점자일 때는 논술점수를 기준으로 합격자를 선별하게 된다. 따라서 정시모집 '수능우선선발전형'에 지원하고자 하는 수험생은 본인 논술 능력에 대한 냉정한 평가에 따라 연세대를 지원할지, 고려대를 지원할지 신중하게 결정해야 한다.

2007학년도 정시모집에서 연세대는 1,702명 모집에 7,751명이 지원해 평균 경쟁률 4.55대1을 보였다. 전체 지원자 중 상위 21.9%만이 합격할 수 있었다. 이를 연세대에서 발표한 2008학년도 논술모의고사 점수 분포표에 적용해 분석하면 인문계열은 평균점수 70.35에 비해 80점대와 90점대 비율이 이미 12%를 넘어서고 있다.

따라서 인문계는 논술고사에서 평균점수보다 상위인 70점대 후반 점수를 받아야 합격 가능성이 있다. 또한 자연계에서도 평균점수 62.75보다 높은 70점대, 80점대, 90점대 학생이 25.53%를 차지하고 있어 자연계 지원자들은 논술고사에서 고득점을 얻어야 합격권에 들 수 있다.

고려대는 2007년 초 입시설명회에서 2008학년도는 새로운 입시의 첫 해인 만큼 논술고사 난이도를 높이지 않을 것이지만, 2009학년도부터는 논술변별력을 높이기 위해 어렵게 출제할 것이라고 했다. 이에 비해 연세대는 인문계열 평균 70.35점, 자연계열 평균 62.75점을 보인 다면사고형 논술 모의고사 결과를 볼 때 논술고사 난이도가 다소 높을 것으로 예상된다. 따라서 논술에 대한 능력을 냉정히 평가해 논술에 자신이 있는 학생은 연세대를 지원하는 것이 유리하다.

3. 연세대 통합논술은 인문, 자연과학 접목해 다면적 사고 요구

연세대가 2008학년도 입시부터 적용할 다면사고형 논술 2차 예시문항을 2007년 6월에 공개했다. 2차 논술에서도 교과과정 내 과목 간 통합, 다문항 출제 등 논술 출제의 기본방향은 그대로 유지됐다. 다만 문항 구성과 작성 요구분량, 시간 등 수험생이 반드시 숙지해야 할 내용이 크게 바뀐 점이 눈에 띈다. 연세대 측은 공식 자료를 통해 "2008학년도 실제 입시에서 신촌캠퍼스 자연계열 논술 시험 문제는 2차 예시문제 형태로 출제하겠다"며 "원주캠퍼스 자연계열 문제는 수리 2문항만 출제할 계획"이라고 강조했다.

우선 인문·사회계열 문항 특징을 살펴보자. 인문·사회계열(신촌캠퍼스) 2차 예시문제는 4개 제시문에서 총 3문제가 출제됐다. 제시문 길이는 다소 길어졌지만 1차 때와 마찬가지로 교과서 지문은 활용되지 않았다. 그러나 배점만 제시됐던 1차 때와 달리 시험시간 180분, 답안 분량 1, 2번은 800자 내외, 3번은 1,000자 내외 등 구체적인 내용이 제시됐다.

2차 예시문항에는 과학 관련 제시문(다윈의 《종의 기원》)을 통해 '진화'라는 과학적 개념을 사회과학·인문학적 분야에 적용해 다면적 사고를 요구했다. 과학 교과와의 통합적 논술방식이 출제된 것이다. 1번 문제는 자료에 대한 이해와 분석 능력을 측정하기 위한 문제다. 1차 예시문항과 비교하면 자료 해석 능력을 평가하는 문제라는 점은 같지만 2차 예시문항이 좀 더 복잡하고 까다로워졌다.

2번은 '생물체의 진화'와 '인류의 역사 발전'이라는 상이한 분야에 대한 설명 방식을 비교·분석하는 문제로 통합적이고 다면적인 사고 능력을 평가한다. 3번은 비판적 사고와 창의력을 측정하기 위한 문제다.

자연계열 2차 예시문항의 경우 문항 구성이 달라졌다. 연세대는 1차 시험에서 수학 2문제, 과학 1문제를 출제했지만, 2차에서는 수학 1문제, 과학 2문제로 출제 비율을 조정했다. 문항, 제시문 수와 배점 방식 등도 달라졌다. 1차 시험에 비해 제시문과 문항 수를 1개씩 늘려 총 8개 소문항과 8개 제시문으로 문제를 구성했다. 배점은 문제별로 점수를 주는 방식으로 바뀌었다. 자연계열은 분량 제한이 없다. 과학 문제 문항 수를 늘려 심도 있는 통합을 시도했다는 점이 자연계 논술의 가장 큰 특징인 셈이다.

이차곡선의 광학적 성질을 주제로 한 1번 문제는 수리적인 해결력을 요구하며 기하학적인 논리 전개를 통해 최적화 문제를 해결하는 문항, 최적화 문제를 창의적으로 해석해 이차곡선의 광학적 성질을 논리적으로 추론하는 문항을 세부 논제로 제시했다. 2번과 3번은 모두 과학 문제로 각각 물리와 지구과학, 화학과 생물이 결합됐다.

논술 출제경향에 맞춰 연세대 진학을 희망하는 수험생의 대비전략도 달라져야 한다. 2차 예시문항은 표, 도표 등 자료해석, 제시문의 관점 비교·분석, 자신의 생각 기술을 요구했다는 점에서 지난 1차 예시문항과 크게 다르지 않다. 그러나 1차 때보다 긴 제시문이 주어졌으며 난이도가 좀 더 높아졌다.

자연계열 논술은 수학의 경우 교과 과정에서 배운 개념과 원리를 도출 과정부터 면밀히 이해하는 것에서 시작해 하나의 상황에 다양한 개념을 적용하는 학습이 중요하다. 과학도 교과 개념을 우선적으로 공부하되 하나의 현상을 다양한 측면에서 해석하고 실험·탐구 과정에 대한 논리적인 분석과 함께 자신의 주장을 논리적으로 전개하는 능력을 중점적으로 길러야 한다.

4. 고려대 인문계 논술은 창의성보다 논제의 정확한 이해 필요

고려대는 2007년 5월, 4월 논술 모의고사의 출제 의도와 문제 해설 등을 담은 《2008학년도 고려대학교 논술 백서》를 발간했다. 이 백서 안에는 모의 논술 채점에 참여한 고교 교사와 대학 교수들의 토론 내용이 담겨 있다. 그들이 말하는 고려대 논술 대비 요령은 다음과 같다.

인문계 논술의 경우 고려대 모의고사에서는 창의성보다는 논제를 잘 분석하고, 출제자의 의도를 충실하게 반영한 답안이 높은 점수를 받았다.

고려대는 논술의 기본 방향을 근본적으로 어떠한 텍스트가 주어지든지 정확하게 해석하고 분석할 수 있는 능력을 키우는 데 있다고 본다. 따라서 수험생들은 남들과 다른 글을 쓰려고 노력하기보다는 우선 제시문과 문제를 정확하게 이해하는 데 보다 많은 주의를 기울여야 할 것이다. 또 이번 고려대 논술에서는 교과서 지문을 있는 그대로 활용하지는 않을 것으로 보인다.

'교과서라고 하는 게 특정한 입장을 가지기보다는 사실을 단순하게 언급하는 경우가 많아 다른 제시문과 연결되지 않는 경향이 있다'는 게 고려대의 입장이다. 따라서 논술 제시문으로 교과서 외의 지문이 나오더라도, 제시문에서 주장하고 있는 내용을 수험생 본인의 가치관을 기준으로 판단하지 말고 있는 그대로 파악한 뒤 답안을 꾸리는 습관을 길러야 한다.

답안을 제출하면서 유의해야 할 점은 제시문에서 명시적으로 규정한 것을 그대로 따라야 한다는 것이다. 수험생들은 논술을 하면 으레 서론, 본론, 결론을 갖춰 쓰려고 하는 경향이 있다.

고려대 모의 논술 채점 위원들은 한결같이 "논제에서 요구한 그대로 글을 구성해야 한다"고 조언했다. 제시문에서 벗어난 형식의 답안은 감점 요소가 될 수 있다는 말이다. 또 답안에 제시문을 그대로 차용하기보다는 자신만의 글을 써야 한다. 여기에서 논술 고득점 여부가 갈리게 된다. 평소 문제를 읽고 난 뒤, 문제지를 덮고 논제에 따라 자신만의 언어로 글을 요약하는 연습이 큰 도움이 된다.

2008학년도 고려대 인문계 논술은 사회탐구 영역과의 통합 외에 수리 영역이 연결되지는 않는다. 결국 도표와 그래프를 제시문에 걸맞게 해석하는 문제가 또 하나의 관건이 될 것으로 예상된다. 이를 위해서는 신문 기사에 나오는 각종 도표나 그래프가 묶인 기사를 보고 나름대로 글을 풀어나가는 습관이 큰 도움이 된다.

다음은 자연계 논술. 이번 자연계 모의 논술의 특징은 기존 언어와 수리가 통합된 방식에서 과학이 중심이 된 수리와 언어를 통합하는 방식으로 변화된 것이었다. 자연계 논술은 글쓰기 형식이 강조되기보다는 이과적인 색채가 보다 많이 가미됐다. 이렇듯 과학이 논술 문제의 축이 됨에 따라 고교 과정에서 다소 벗어난 주제가 제시문으로 차용될 수 있게 됐다.

이에 대한 대비 여부에 따라 고려대 자연계 논술의 승패가 갈릴 것으로 전망된다. 고려대 자연계 논술 문제는 교과 과정을 다소 넘을 수도 있을 것으로 보인다. '고등학교의 교과 과정은 가능한 한 고려할 것이지만, 교육과정상 빠져 있는 중요한 부분도 많다'는 게 고려대의 기본 입장이다.

수험생들은 평소 고교 과정을 공부하면서 교과서 지식 이외에 관련 지식을 기르는 게 좋다. 또 논술 틀이 바뀜에 따라 수험생들은 답안 작성에 보다 많은 주의를 기울여야 한다. 고려대 자연계 논술에 있어서는 필요 없는 내용을 중언부언 늘리면 감점하겠다는 입장이다. 긴 답안보다는 논제에서 요구하는 대로 간명한 답안이 고득점을 받는 다는 얘기다. 고려대는 이와 관련해, 논리 전개 단계마다 중심이 되는 개념(Key Point)을 찾은 연습을 할 것을 수험생에서 권한다.

5. 논술시험 막바지 대비법

막바지에는 새로운 지식을 늘리는 것보다 약점을 메우는 전략이 효율적이다. 누구나 글쓰기에 약점은 있다. 개요를 잡고 전체 글의 구성이 약한지, 아니면 주제문을 너무 산만하게 써서 주장을 흐리지는 않은지, 또 논증 과정에 불필요한 말을 하거나 터무니없는 예를 만들어 글에 대한 신뢰성을 떨어뜨리지 않는지 등이다. 따라서 반복되는 실수들을 정리하고 그 부분을 극복하기 위한 연습이 필수적이다.

'이번 글에서는 주제문을 짧고 명쾌하게 써야지' 혹은 '이번 글에서는 불필요한 문장을 넣지 말아야지'라는 인식을 해야 한다. 그것을 실천하기 위해서는 지금부터라도 꼭 주의해야 할 것들에 대한 체크리스트를 만들어야 한다.

대부분 학생들이 첨삭에서 많은 지적을 받는다. 그러나 정작 다음에 글을 쓸 때 그 지적은 머릿속에 남아 있지 않다. 문제의 중압감에 눌려 자신이 조심해야 할 것을 또다시 잊고 글을 쓴다. 하물며 실전에서는 말할 것도 없다.

나만의 승부처도 만들어야 한다. 자기 글의 장점을 극대화할 필요도 있다. 즉 자기 글의 경쟁력과 승부처를 어디에 둘 것인지를 미리 기획하는 것이다. 글의 경쟁력은 다양한 곳에서 만들 수 있다. 가령 문학 작품을 예로 활용하거나 세상에 대한 관심을 바탕으로 시사성 있는 사례를 활용하여 경쟁력을 확보하기도 한다.

내 승부처와 경쟁력은 무엇인가? 제시문과 문제를 읽고 개요를 짜는 순간 꼭 고민해야 하는 질문이다. 사소해 보이지만 중요한 사항도 있다. 시간·분량 관리다. 논술고사를 앞둔 시점에선 무조건 제시된 분량과 시간 내에 실전 연습을 해야 한다. 가령 2시간에 1,600자가량을 써야 할 때 제시문 읽기와 개요짜기에 50분, 실제 쓰기 50분, 나머지 20분은 퇴고의 방식으로 배정할 수 있다.

물론 실전 모의논술로 실험하고 확인하며, 자신에게 맞게 조정을 해야 한다. 또한 전체적인 분량 배분 역시 미리 생각해야 한다. 특히 자연계 논술처럼 분량 제한이 없을 때는 적절한 연습을 통해 분량에 대한 계획을 세워야 할 것이다.

필기도구 역시 희망 대학 측 요구사항에 맞춰 연습하는 세심함이 필요하다. 가장 중요한 것은 '연필사용이 가능한가'다. 시간 관리에 큰 영향을 미치기 때문이다. '내 글이 정답이다'라는 자신감도 당락을 좌우하는 열쇠다. 자기 글을 신뢰하지 않는다면 합격을 기대할 수 없다. 실제 시험에 앞서 지금까지 한 번도 자신을 믿지 않는 학생이라도 이번 한 번만은 꼭 자신을 신뢰하려고 시도해야 한다. 자신감이 없는 글은 주장이 불분명하다.

논술에는 정답이 없다. 고3 수준에서 체험하고 생각할 수 있는 수준으로 글을 쓰면 된다. 그러나 학생들은 이 '정답'에 대한 환상을 버리지 못한다. 진짜 좋은 논술은 이 같은 환상을 극복해야 가능하다는 것을 잊지 말자.

04 구술 면접고사 대비

1. 시사이슈, 나만의 논리 세워라

구술·면접고사는 변수가 많다. 사고력뿐만 아니라 말하는 법, 태도 등 많은 요소가 복합적으로 평가되기 때문이다. 영어 제시문도 수험생을 당황하게 만들 수 있다. 구술·면접 점수는 비슷한 점수대에 수험생들이 몰렸을 때 영향력이 크다. 구술·면접고사 대비전략을 살펴본다.

시사문제는 수험생들의 가치관과 깊이 있는 이해를 평가하기 위한 중요한 소재다. 시사적인 질문에 답하기 위해서는 사회적인 반향을 불러일으킨 문제에 대해 견해를 정리해 두고, 이를 뒷받침할 수 있는 논리적 근거를 갖추는 연습을 해야 한다. 또한 신문 사설이나 칼럼을 통해 주장에 대한 근거를 어떠한 관점에서 제시하고 있는가를 확인하고 자신의 논거로 재흡수하는 과정을 거쳐야 한다.

어떤 시사적인 쟁점에 대해 견해가 무엇인지 질문을 받으면 자신의 견해가 왜 타당한지 논리적인 근거를 통해 밝히면 된다. 내 의견에 반론하는 질문을 받았을 때는 그 반대 견해를 논리적으로 반박해 주고, 그 견해가 부분적으로 타당하다면 그 타당성을 인정하는 것이 좋다.

구술·면접고사에서 영어독해 실력은 무엇보다 중요하다. 논술고사에서는 영어 지문을 출제하지 못하기 때문이다. 영어 면접 대학을 희망하는 수험생들은 영어독해 준비에 많은 시간을 할애해야 한다. 특히 구술·면접고사는 입실하기 바로 전에 제시문을 나눠 주고 시간적 여유를 충분히 주지 않는다. 누가 빠르고 정확하게 제시문을 이해했는가의 싸움이라 해도 과언이 아니다. 따라서 독해력이 어느 수준에 올랐다면 시간을 정해두고 제한된 시간 안에 핵심 내용을 정리하는 연습을 반드시 해야 한다.

영자신문이나 시사주간지 등을 읽고 핵심 내용이 무엇인지 파악하고, 더 나아가 상반된 견해 차이 근거가 무엇인지까지 정리해 둔다면 영어 실력뿐 아니라 배경 지식을 쌓는 데도 도움이 된다. 구술·면접의 모든 열쇠는 교과서 안에 있다고 해도 과언이 아니다. 특히 인문계열은 윤리나 일반사회 교과서를 통해 사회현상이나 문제점 등을 점검하도록 한다. 자연계열은 수학이나 화학, 물리, 생물 등 교과서에 제시된 내용들을 습득하고 응용된 문제를 풀면 도움이 될 것이다.

구술·면접시험은 학교마다 가중치를 두는 항목이 조금씩 다르다. 지원하고자 하는 대학에서 어떠한 문제가 나오는지, 그 대학에서 강조하는 가치가 무엇인지 기출문제를 통해 점검할 수 있다면 많은 도움이 된다. 기출문제뿐 아니라 유사한 형태 예상문제들도 꼼꼼히 점검해 두는 것이 좋다.

구술·면접고사는 자신의 생각을 말로 표현하는 것인 만큼 정확한 표현능력을 기르는 것이 중요하다. 또한 답변 내용뿐만 아니라 의사소통능력과 언어표현능력에 대한 평가가 매우 중요하다. 따라서 질문 내용을 정확하게 파악하고 자신의 생각을 자신 있게 또박또박 말할 수 있도록 평소에 훈련해야 한다. 구술·면접고사일까지 하루에 10분 이상씩 소리 내어 자신의 생각을 말하는 연습을 하자. 머릿속으로 말하는 것과 실제로 소리 내어 말하는 것과는 많은 차이가 있다.

누군가에게서 도움 받는 것이 여의치 않다면 거울을 통해 자신의 말투나 자세 등을 직접 보면서 잘못된 부분이 무엇인지, 고쳐야 하는 태도가 무엇인지 살펴보자.

2. 면접 기술, 결론부터 말하고 부연설명하라

"TV 진행자도 키워드가 적힌 카드를 들고 진행합니다. 지식을 외우되 키워드를 중심으로 암기하세요. 돌발상황에 쉽게 대처할 수 있습니다."

커리어컨설팅업체 윤코치연구소 윤영관 소장은 구술·면접에도 '기술'이 있다고 말한다. 동일한 내용을 말하면서도 면접관에게 높은 점수를 받을 수 있는 전략이다. 가장 중요한 것은 결론을 미리 말하는 것이다.

윤 소장은 "첫 문장에 핵심 결론을 간결하게 말해야 수험생 입장을 분명히 전달할 수 있다"고 말했다. 핵심내용을 말하고 이후 부연 설명을 붙이는 방식이 효과적이라는 것이다. '왜냐하면', '예를 들어'와 같은 단어를 사용해 구체적인 근거를 말하는 연습을 해야 한다.

희망 학교의 면접질문과 대답유형은 외워야 한다. 그러나 '키워드'만 외우자. '통째로 외웠다'는 인상을 주는 것은 금물이다. 원고를 기계적으로 외우다 보면 그때그때 상황에 대처하기 힘들다. 운 좋게 준비한 대답을 하더라도 이어지는 추가 질문에는 취약하기 십상이다. 또박또박 끊어서 단문으로 말하는 연습도 해야한다. 말의 호흡이 길어지면 핵심을 못 잡고 있다는 인상을 주기 쉽다.

"긴장해서 말이 빨라지면 핵심이 면접관에게 제대로 전달되지 않기 때문에 자기 속도를 일관되게 유지하는 것이 좋다"고 말한다. 손짓과 몸짓을 적당히 사용하는 것도 좋다. 대화에서 말로 전달하는 건 7%뿐이며 93%는 비언어적 요소로 전달된다. 가령 첫째, 둘째 등 순서를 꼽을 땐 손가락을 사용하는 게 훨씬 설득력 있어 보인다.

05 수석 합격자의 논술 전략

1. 이화여대 김유선 씨

신학기를 앞두고 최고 고민거리는 논술이다. '벼락치기'로 실력이 늘지 않는 만큼 학기 초 1년 공부전략을 짜야 하기 때문이다. 이에 〈매일경제신문〉은 2007학년도 주요대 논술시험에서 최고 점수를 받은 '논술 수석입학생'에게 논술 공부 정도(正道)를 들어봤다.

"논술이요? 논술은 글짓기가 아니잖아요. 화려한 글보다 자신이 어떻게 생각하고 해결하는지를 짧은 단문으로 쓰면 됩니다. 저도 시험 2주 전에 이 사실을 깨달았죠."

이화여대 2007학년도 수시 2학기 논술시험에서 최고점을 받은 김유선 씨가 꺼낸 첫마디다.

김유선 씨는 논술 성적이 워낙 탁월해 수능시험·면접 절차도 없이 2006년 10월 법학과에 '특채' 합격했다. 의외로 논술 공부법에 대한 답변은 평범했다. 그러나 두 가지 전략은 분명히 지켰다. 우선 논술과 수능을 동떨어진 별개 과목이라고 생각하지 않았다.

"EBS 교재 중 비문학 지문을 읽으면서 단락별 주제와 내 생각을 정리했습니다. 자연스럽게 논술배경 지식과 제시문 독해능력이 쌓였죠. 논술 준비한다고 수능 공부를 소홀히 하는 건 너무 위험한 실수입니다."

김유선 씨는 문제풀이가 아니라 다양한 지문을 많이 접했다. 이런 공부법이 어떤 지문을 접해도 빨리 이해하고 써내려 갈 수 있는 '자양분'이 됐다고 했다.

둘째, 각 대학 측이 제시한 예시답안에서 고득점 실마리를 찾았다.

"2학년 때 희망 학교에 관계없이 예시답안을 모을 수 있는 만큼 모은 뒤 10번 이상씩 읽었습니다. 나중에는 거의 외우다시피 술술 입에서 나올 정도로 말입니다. 학교마다 요구하는 답안 틀이 있는데 예시답안이 가장 확실한 공부 자료입니다."

　예시답안을 읽다가 '이 문장 정말 좋다'고 생각되는 구절은 노트에 따로 정리했다. 책도 마찬가지다. 좋은 말과 문장을 별도 노트에 옮겨 적은 뒤 틈틈이 읽었고, 실제 논술시험에서도 적절하게 활용했다.

　김유선 씨는 논술문을 쓸 때 주의해야 할 포인트를 항상 되새긴다고 했다. 글의 수준이 비슷할 때는 결국 '작은' 차이가 당락을 가를 수 있기 때문이다. 글이 술술 읽히도록 각 문단은 제대로 나눴는지, 동의어는 반복하지 않았는지 그리고 문장에 쓸데없는 군더더기는 있는지 등을 하나하나 따져보는 것이다. 이 중 특히 하나의 글 내에서 동의어를 절대 쓰지 않으려고 많은 노력을 기울였다고 했다.

　"제시문을 요약한 제 답안을 분석해 보니 제시문 글을 그대로 옮겨 적은 문장이 많았죠. 대학 측 우수답안과 비교를 해봤습니다. 제시문 내 단어를 다른 추상적인 단어로 바꿔놓았더라고요."

　호흡이 짧은 단문도 김유선 씨의 강점이다. 그의 글을 읽은 교사들이 가장 칭찬하는 부분이기도 하다. 그는 의도적으로 글을 짧게 쓰려고 노력한다고 했다.

　김유선 씨도 2학년 때부터 일주일에 한 번 논술학원에 다녔다. 물론 도움이 되는 부분도 있었다. 생소한 분야에 대한 배경지식을 쌓을 수 있었기 때문이다. 그러나 "결국 논술은 자기 사고를 쓰는 것이고 생각하는 방식은 절대 학원에서 배울 수 없다"고 단언한다.

　사고능력을 키우는 데 가장 도움을 받은 교재는 신문과 교과서다. 중학교 때부터 신문을 읽었다며 "고등학교 때는 관심 분야가 아니더라도 모든 뉴스를 꼼꼼히 읽고 생각을 정리해 봤다"고 말했다. 다만 사설은 별도로 정리하지 않았다. 일방적인 주장만 담겨 있다고 판단했기 때문이다.

　"교과서에 논술의 답이 있다고 하잖아요. 정말 그렇더라고요. 특히 사회문화와 윤리 교과서 주요 개념은 꼭 알고 있어야 해요. 암기할 정도로 말이죠. 결국 내신과 수능 그리고 논술 공부는 절대 별개가 아닙니다."

2. 연세대 오유진 씨

　2007학년도 연세대 정시논술 응시자 4,588명 중 논술점수가 가장 높았던 오유진 씨에게 1등을 차지한 비법(秘法)을 묻자 웃으며 대뜸 건넨 한마디는 "최고점 받은 것 맞나요?"였다.

　연세대 논술 주제는 '타인의 생각과 감정을 이해할 수 있는가. 현실의 예를 들

어 설명하라'였다. 생각지 못한 주제에 당황했지만 이틀 전 뉴스에서 본 소재를
차분히 떠올린 뒤 최대한 쉽게, 논리적으로 쓰려고 노력했다고 했다.

"장애인 자녀에게 성장 억제 호르몬을 투여한 미국 부모 이야기가 소재였는데
요. 부모 당사자가 아닌 이상 윤리적 여부를 떠나 비난해서는 안 된다고 주장했
죠. 맞고 안 맞고 여부를 떠나 제 생각과 주장을 일관되게 써 내려 갔습니다. '자
기 목소리를 쓰는 것'이 좋은 점수를 받은 비결인 것 같습니다."

오유진 씨의 논술 논리전개 방식은 명쾌했다. 특정 주제에 대해 양측이 모두
옳다(양시론) 혹은 틀렸다(양비론)는 단어는 절대 쓰지 않았다. '중도'적 주장도 피
했다.

"인터넷에 '의사소통' 단어가 들어가야 모범답안이라는 의견이 적지 않았죠.
그러나 저는 이 단어를 쓰지 않았어요. 대신 내 생각을 끝까지 그대로 밀고 나갔
는지를 읽고 또 읽어 봤죠. 결론도 '타인을 완전히 이해했다고 믿는 오만을 버리
고 타자성(他者性 : 타인만의 고유한 성질)을 인정하는 태도가 필요하다'는 문장으로 맺
었어요. 모든 것을 인정하고 포용하자는 주장은 결국 생각에 자신감이 없는 것으
로 비쳐질 수 있죠."

다만 설득력 있는 근거를 최대한 제시했다고 한다. 누가 읽어도 '그럴 수 있겠
구나' 하고 느껴질 수 있도록 말이다. 독특하거나 참신한 사례보다 논리에 집중했
다는 그는 "평소 글을 쓸 때 정확한 근거를 찾고 쓰는 습관을 기르는 게 중요하
다"고 했다.

또한 본인 수준에 안 맞는 이론이나 사상은 과감히 버렸다. 본인도 100% 이해
하지 못한 사례를 갖고 쓴 글로 채점교수들을 설득할 수는 없다고 판단했기 때문
이다.

"철학자 표현을 예로 들 때는 최대한 자세히 쓰려고 했습니다. 최소 5~10줄 정
도를 썼죠. 내가 그냥 외운 것이 아니라 완전히 이해한 뒤 소화했다는 것을 글 속
에 녹여줄 필요가 있습니다."

오유진 씨는 연세대 논술 2시간 중 40분을 개요짜기에 할애했다. 서론, 본론,
결론은 물론 본론도 각 전개 단락마다 핵심 단어와 아이디어를 최대한 꼼꼼히 적
었다. 그리고 한 단락을 완성한 다음, 과연 개요의 핵심내용을 잘 반영했는지 반
드시 퇴고과정을 거친다.

"저도 연습할 때 시간 부족으로 당황한 적이 많았죠. 개요 자체를 짜지 않고
바로 써내려 갔거든요. 그러나 개요를 상세히 짜고 나서부터 오히려 시간이 남더

라고요. 시간을 많이 뺏기는 것 같아도, 개요짜기가 글 쓰는 데 많은 도움이 됐습니다.”

오유진 씨는 평소 남이 쓴 글을 많이 읽어봤다고 했다. 여기서 좋은 단어와 문체 등은 노트에 옮겨 적은 뒤 다음 논술연습에 활용했다.

오유진 씨는 의자에 ‘독하게’ 붙어 있는 스타일이 아니다. 오히려 일상생활 속에서도 논술 소재와 주제를 찾을 수 있다는 게 논술 지론이다. 가령 그림 한 장을 보더라도 어떻게 논술에 적용할 수 있을지를 고민한다. 뉴스 하나에서 논술 소재의 실마리를 발견한다. 특히 모든 사람이 공유하는 실생활 사례만큼 설득력 있는 논술 소재는 없다고 말한다.

“논술 수업시간은 물론 학교생활 매 시간을 그냥 흘려보내지 마십시오. 논술과 무관해 보이는 과목도 논술을 쓰는 데 분명 도움이 됩니다.”

대입 논술 완전정복
논술짱 도전하기

초판 1쇄 2007년 9월 17일

....

지은이 매일경제 교육팀 · 대성논술아카데미
펴낸이 김석규 **담당PD** 한지은 **펴낸곳** 매경출판(주)
등 록 2003년 4월 24일(No. 2-3759)
주 소 우)100-728 서울 중구 필동1가 30번지 매경미디어센터 9층
전 화 02)2000-2610(출판팀) 02)2000-2636(영업팀)
팩 스 02)2000-2609 **이메일** publish@mk.co.kr

....

ISBN 978-89-7442-472-5
값 12,000원